관광정보론

최기종 · 박상현 · 문승일 공저

Tourism Information
TECHNOLOGY

백산출판사

머리말

오늘날 '정보와 네트워크'는 물리적 거리를 초월하고 있으며, 기존의 질서를 새롭게 구축하고 있다. 컴퓨터 앞에 앉아 관광정보를 얻고 관광상품을 구매할 수 있는 세상이 되었다. 인터넷을 개발한 클라인로크 교수는 "인터넷이 인간생활을 이처럼 혁명적으로 변화시키리라고 예상했느냐"는 질문에 "예 그리고 아니오"라고 대답했다고 한다.

클라인로크 교수는 자신이 만든 '컴퓨터 네트워크'가 전화나 전자기기처럼 각 가정과 회사에 널리 보급될 것이라고 예측했지만, 지금처럼 어린이나 주부에게까지 광범하게 확산되리라고는 상상하지 못했고, 이를 통해 엄청난 돈을 번다는 생각도 하지 못했다. 정보와 네트워크는 늘 우리의 예측을 앞질러 왔다. 빠르게 변화하고 있는 정보세상에 적응하지 못하면 '정보 빈민층'으로 전락하고 앞으로 정보 빈부차가 심화될지도 모른다.

이제 관광객은 여행사의 일방적인 행사일정에 의존하지 않고, 인터넷을 통해서 정보를 수집하여 저렴하고 자신의 취향을 만족시키는 '맞춤관광'을 추구하고 있다. 이러한 모습은 젊은 세대 소비주도계층에서 두드러지게 나타나는데, 관광업계가 살아남기 위해서는 신속하고 정확한 정보를 제공하는데 전력을 다해야 한다.

유익한 관광정보를 쉽게 얻을 수 있다는 것은 관광객에게 관광활동에 대한 동기를 부여하고, 관광목적지를 선택하는데 다양성을 제공한다. 아직도 많은 경영자가 정보시스템을 추가비용으로 인식하지만, 오히려 판매와 이익의 원천이 된다는 발상의 전환(paradigm shift)을 하여야 한다. 다시 말해서 미래 관광산업의 성공은 정보화에 대한 대응능력에 달려 있다고 해도 과언이 아니다.

본서는 관광과 관련된 정보시스템을 이해시키는데 역점을 두었다. 관광정보시스템은 관광에 관한 정보를 수집해서 적절히 가공한 후 필요한 곳에 사용하는 것으로, 이러한 일련의 과정은 컴퓨터와 네트워크를 통해서 이루어진다.

따라서 본서는 관광과 정보에 관한 기초이론부터 여행정보시스템, 호텔정보시스템, 항공예약시스템 등 실질적인 정보시스템 활용까지 다루고 있다. 부록에는 관광과 관련된 주요 기관, 학교, 기업에 관한 웹사이트를 정리하여 수록하였다.

본서 출간에 많은 도움을 주신 백산출판사 진욱상 사장님과 임직원 여러분께 감사드린다.

2020. 2

저자 일동

차 례

제1장

관광일반

학습목표

- 관광에 관한 일반적인 이해를 갖는다.
- 관광의 개념과 효과를 설명할 수 있다.
- 국내외 관광동향에 관한 안목을 높인다.

관련기사

"400년 된 불씨"

일본 동쪽 해안가 센다이 지방에는 **천년 여관 사칸(佐勘)**이 있다. 그리고 그 안에 **400년 동안 꺼지지 않은 불씨**가 있다. 그 불씨 위에는 천장에서 줄로 매단 양철 주전자가 올려져 있다. 주전자의 물이 끓으면 차(茶)를 준비한다. 400년 된 불씨로 끓인 차라…! 그 맛에는 역사를 초월하여 가슴을 뜨겁게 만드는 깊은 향기가 있다. 이곳에는 불씨만 관리하는 2명의 전담 직원이 교대 근무를 한다. 불씨를 꺼뜨리면 그날로 해고다. 해고보다 무서운 것은 대대로 이어질 불명예다. 왜 이들은 400년간 불씨를 지켜온 걸까? 400년 전, 당시 이 지역 일대는 대화재로 많은 인명 피해를 보았다. 살아남은 사람들은 이날을 기억하여 다시는 이런 재앙이 없도록 그때의 불씨를 자손들에게 물려주고 있는 것이다. 불씨의 보존도 놀랍고, 그에 얽힌 이야기도 감탄스럽다. 이제 이 불씨는 방문객의 마음에 꺼지지 않는 영원한 불씨가 될 것이다.

우리나라의 관광지에도 이런 **스토리(story)**와 그것을 증거하는 유형물이 있는가? 사람들은 종종 우리의 관광자원이 빈약하다고 말하지만 혹시 스토리가 빈약한 것은 아닐까? 불씨 하나가 얼마나 거창한 관광자원이겠는가! 그러나 스토리가 있으면 숨막히는 감동으로 되살아난다. 사실 우리에게도 스토리가 없는 것은 아니다. 다만 그 중요성이나 가치를 인식하지 못했거나, 인식했어도 어떻게 살려야 할지 몰랐거나, 아니면 노력이 부족했을 수도 있다.

스토리가 있다는 자체도 중요하지만 스토리에 어떤 내용을 담아 전달하고 무엇이 떠오르게 할 것인가도 중요하다. 가령 충청남도 부여에는 백제 의자왕의 3천 궁녀가 떨어졌다는 **'낙화암'**이 있는데, 이곳을 관람하는 사람들 중 일부는 '한 명의 왕이 3천 명의 궁녀를 거느리다니… 그러니까 망하지, 쯧쯧' 하며 조소를 하는데, 이렇게 부정적인 스토리는 사람들에게 감동을 주지 못한다. 우리가 기대하는 바람직한 스토리는 나당연합군(羅唐聯合軍)에게 쫓겨 막다른 절벽에 이르자 자신을 욕보이기보다는 죽음을 택했던 절박하고 순결한 누이를 생각하는 것이다. 꽃잎 떨어지듯 아름답고 슬픈 '낙화(落花)'를 말이다.

관광기업이 보유하고 있는 스토리는 종업원과 방문객에게 메시지를 전달하거나 사고의 방향을 제시하기도 한다. 세계 최대의 호텔 그룹인 **아코르(Accor)**는 캐나다 기러기를 로고로 사용하고 있는데, 이들은 비행할 때 V자 형태로 대열을 지어 선두 기러기가 팀을 이끌고 나머지 기러기는 선두를 독려한다. 그리고 선두 기러기가 힘들어 보이면 다른 기러기가 교대하면서 목적지에 도착한다. 만약 무리 중 하나가 아프거나 지쳐서 이탈하면 다른 두 마리가 함께 내려가 돌본다. 아코르(Accor)는 스토리가 있는 로고를 사용함으로써 직원들의 동기부여에 강한 메시지를 전달하고 있으며, 그것이 오늘날 세계 최대의 호텔 그룹을 만드는데 크게 기여했음은 물론이다. 또 이 로고는 방문객에게도 자신을 그렇게 케어(care)해 줄 것이라는 무언(無言)의 기대와 신뢰를 상징한다.

스토리를 발굴하는 방법 중에 하나는 고대 설화를 들춰보는 것이다. 삼국유사 2권에 실려 있는 **서동설화**는 백제 30대 왕인 무왕의 탄생과 왕위에 오르는 과정에 관한 이야기인데 한 여인과 연못의 용 사이에서 태어난 서동은 신라 진평왕의 셋째 딸인 선화공주와 결혼하고 황금을 발견하여 이를 바탕으로 백제의 무왕이 되고 전라북도 익산시에 미륵사를 건립한다. 이것은 국내에서 드라마로 만들어져 꽤 인기가 있었는데, 때마침 일본 오이타현 분고오노시 주민들이 자기 지역에도 유사한 전설이 있다고 주장하였다. 바로 **마나노장자전설**이다. 그 내용은 스미야키코고로라는 사람이 도시에 사는 타마츠 공주와 결혼하고 황금을 발견하여 부자가 된 후 백제의 연성법사가 가져온 불상을 맞이하여 연성사를 건립했다는 이야기다. 이제 이 지역에서는 한국과의 연관성을 계속 발견하면서 익산시와 자매 결연을 맺는 등 상호교류와 관광산업을 일으키려 하고 있다.

자기 지역 또는 기업에 특별한 스토리가 없다고 체념할 필요는 없다. 이전에는 없었지만 새롭게 만들어지는 스토리는 얼마든지 있다. 그 중 하나가 **함평나비축제**다. 나비축제가 있기 전에 전라남도 함평은 거의 알려지지 않은 곳이었다. 인구 4만 명의 작은 농촌 마을, 노령화에 재정자립도마저 열악한 지역이었지만 이제 이곳은 나비축제 기간에만 400만 명의 관광객이 몰리고 직접수익 20억원, 간접수입 110억원의 소득이 창출되는 남부럽지 않은 지역이 되었다. 그 중심에는 지방 방송국 PD 출신인 39살의 군수가 있다. 젊은 군수가 처음 나비축제를 제안했을 때 엄청난 반대에 부딪혔다. 전국 대부분의 축제가 그 지역의 특산물이나 문화자원을 소재로 하는 것인데 뜬금없이 웬 나비냐는 것이다. 또 쌀을 더 생산할 생각은 안하고 철없는 군수가 마을을 말아먹는다고 반발이 거셌다. 그러나 젊은 군수는 이에 굴하지 않고 설득을 거듭하면서 축제를 개최했다.

그런데 막상 축제가 개최되자 군민들은 자기 일처럼 나서서 자원봉사자, 가이드, 홍보사절이 되어 혼연일체가 되었다. 그리고 오늘날의 성공적인 신화를 이룩하였다. 중년의 나이가 된 군수는 요즘 폭스바겐을 타고 축제를 홍보한다. 외제차를 타고 과시하려는 것이 아니라, 곤충을 연상시키는 딱정벌레 차에 나비를 그려 넣어 나비축제를 알리려는 것이다. 미국 LA 디즈니랜드에 들어서면 미키마우스의 손을 잡고 있는 디즈니 동상이 사람들은 맞이해주는데 훗날 함평의 입구에도 손 위에 나비를 올려놓은 젊은 군수의 동상이 사람들을 맞이해주지 않을까? 사람들은 그 동상을 보면서 오늘의 스토리를 얘기할 것이다.

한동안 국내에 스토리텔링(story telling)이라는 말이 유행했다가 요즘은 시들해졌다. 그러나 우리의 관광산업은 처음부터 스토리텔링 없이는 논할 수 없다. 아무리 훌륭한 자원이라도 스토리가 없으면 생명력 없는 마네킹에 불과하며 아무리 보잘것없는 돌멩이도 스토리가 있으면 웅장한 스펙터클이 펼쳐진다. 어차피 우리에게 알프스와 같은 산이 없고, 그랜드캐년이나 나이아가라처럼 웅장한 협곡과 폭포가 없고, 푸껫이나 발리처럼 눈부신 해변이 없다면 스토리텔링의 활용은 더욱 절실하다. 스토리는 상품, 사람, 기업, 관광지 그 어디에도 적용할 수 있다. 우리의 하드웨어가 부족하다고 불평하거나 낙담하지 말고 좋은 스토리를 찾아내고 또 새로 만들어 보자.

자료 Travel Journal 2006년 7월호
한양사이버대학교 호텔관광경영학과 박상현 교수 칼럼

1 관광의 개념과 효과

(1) 관광의 개념

관광(觀光)의 개념에 대한 사전적 의미는 '다른 지방이나 다른 나라의 풍물과 풍속을 구경하는 것'이다. 즉 생활 거주지를 벗어나 다른 지역의 문화를 보고 체험하는 것이다. 주역(周易)에서는 관광을 '관국지광(觀國之光)' 즉 '나라의 빛을 보는 것'이라고 하여 타국의 훌륭한 문물, 풍속, 제도 등을 시찰한다는 의미를 담고 있다. 고려시대 '고려사절요(高麗史節要)'나 조선시대 '중종실록(中宗實錄)' 그리고 연암 박지원의 '열하일기(熱河日記)' 등에서도 관광이 같은 의미로 사용되고 있다.

관광의 영어표현은 'tour'이다. 이것은 라틴어 'tornus'에서 기원하였으며 '돌다' 또는 '순회하다'의 뜻을 가지고 있다. 즉 집을 떠나 다른 지역에 갔다가 다시 돌아오는 행위를 표현한 것이다. 그리고 관광객 또는 관광자는 tourist라고 하고, tourism은 산업·공공·학문 분야에서 주로 사용된다. 예를 들어 관광산업은 tourism industry, 세계관광기구는 UN World Tourism Organization, 문화체육관광부는 Ministry of Culture, Sports and Tourism, 한국관광공사는 Korea Tourism Organization, 관광학과는 department of tourism, 한국관광학회는 the Tourism Sciences Society of Korea라고 한다.

관광과 유사한 의미로 사용되는 여행(旅行)은 글자 그대로 '나그네가 걸어가는 것'으로 '이동성'이 강조되고 있다. 여행의 영어 표현인 travel은 불어의 travail(고통, 노고)에서 유래되었다고 하는데 배낭여행, 오지여행, 무전여행 등 발로 직접 답사하며 어렵고 힘든 것도 감수할 때 '여행'이라는 표현을 쓰곤 한다.

그러나 관광과 여행의 개념이 명확하게 구분되는 것은 아니며 상황에 따라서 동일하게 또는 다르게 사용된다. 일반인들은 종종 관광을 여행사에서 주

단체여행 – 베트남 호치민

배낭여행 – 체코 프라하 성(城)

학과답사 – 충남 외암민속마을

관하는 단체여행으로 인식하고, 상대적으로 여행을 개인여행, 배낭여행, 개인여행, 좀 더 탐구적이고 깊이 있는 것으로 간주하기도 한다.

그밖에 유사 개념으로 답사, 순례, 소풍, 나들이 등이 있으며 영어로는 trip, excursion, journey 등이 있는데, 이들은 일상을 떠나 다른 지역을 방문한다는 공통성을 가지고 있지만 상황에 따라 다소 다르게 사용된다.

(2) 관광의 구조

관광은 관광주체, 관광객체, 관광매체의 구조로 이루어져 있다. 관광주체는 자연을 향유하고 문화를 체험하는 관광객이다. 관광객체는 관광객의 욕구를 충족시켜 주는 대상으로 산, 바다, 박물관, 공연, 테마파크 등을 말한다. 관광매체는 관광주체와 관광객체, 즉 관광객과 관광지를 연결시켜 주는 관광기업과 관광지로의 이동 그리고 관광지 안내 등이 포함된다. 특히 관광매체의 역할은 매우 중요하다. 관광매체는 관광주체의 욕구에 따라 관광객체를 홍보하고, 관광상품을 만들고, 관광상품을 판매한다. 관광매체가 없다면 관광주체와 객체는 연결되지 못한다.

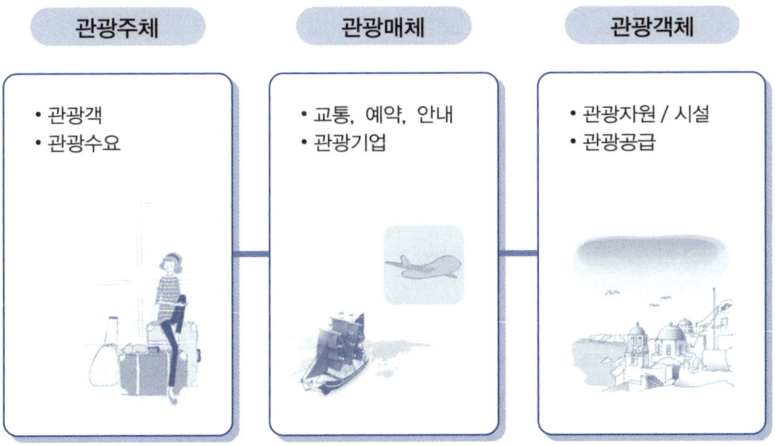

(3) 관광의 분류

관광은 거주국가와 관광지의 위치에 따라 국내관광, 국외관광, 외래관광으로 분류된다. 국내관광(intrabound or domestic tourism)은 내국인이 국내를 관광하는 것이고, 국외관광(outbound tourism)은 내국인이 국외를 관광하는 것이고, 외래관광(inbound tourism)은 외국인이 국내를 관광하는 것이다.

아래의 동영상 이미지는 한국관광공사에서 제작하여 배포한 '대한민국 구석구석'이라는 캠페인으로 국내관광 활성화를 도모하고, 'Korea, Sparkling'이라는 슬로건으로 외래관광 유치를 목표로 하고 있다. 참고로 국외관광 활성화를 위한 동영상은 제작되지 않고 있다.

대한민국 구석구석

Korea Sparkling

자료: 한국관광공사 홍보동영상

관광을 여행기간에 따라 분류하면 당일관광과 숙박관광으로 구분할 수 있다. 당일관광은 관광지에서 숙박하지 않는 것이고, 숙박관광은 관광지에서 1박 이상 체류하는 것이다. 아래 캡쳐 화면과 같이 쁘띠프랑스, 남이섬, 아침고요수목원, 대관령 양떼목장, 봉평 허브나라, 외도 등이 당일관광 상품으로 판매되고 있고, 외도/부곡온천, 보길도와 미황사, 해운대, 홍도/흑산도 등이 숙박관광 상품으로 판매되고 있다.

당일관광상품

달콤한 쁘띠프랑스와 낭만의 남이섬 당일여행 15% 할인가 추천 MD추천
29,900원
· 출발 : 매주 토,일,공휴일 접수가능
· 일정 : 쁘띠 프랑스-남이섬
· 포함 : 왕복교통비.입장료.여행자보험.안내비(개별중식)

달콤한 쁘띠프랑스와 아침고요수목원 당일여행 15% 할인가 추천 인기상품
29,900원
· 출발 : 매주 토,일,공휴일 접수가능
· 일정 : 쁘띠 프랑스-아침고요수목원
· 포함 : 왕복교통비.입장료.여행자보험.안내비(개별중식)

대관령 양떼목장 봉평 허브나라.경포바닷가 ! 10%할인가 추천 new 히트
29,900원
· 출발 : 매주 토,일,공휴일 접수가능
· 일정 : 봉평 허브나라-대관령 양떼목장-경포대
· 포함 : 왕복교통비.입장료.여행자보험.안내비(개별중식)

환상의섬 외도, 해금강의 비경 몽돌해변 여행(당일)10% 할인가 추천 new 히트
55,000원
· 출발 : 매주 토,일,공휴일 접수가능

숙박관광상품

[호텔숙박]환상의섬 외도 부곡온천 해인사 함양상림1박2일여행 추천 ☆특별가
139,000원
· 출발 : 날짜 추후 공지
· 일정 : 외도-부곡온천-해인사-함양상림
· 포함 : 왕복교통비,조중식,입장료,여행자보험,안내비

[숙박여행]최남단 보길도와 미황사, 두륜산 남도 일주 1박 2일 여행 20%할인가 기획상품
139,000원
· 출발 : 주말 출발
· 일정 : 보길도-해남땅끝마을-미황사-해남 녹우당
· 포함 : 왕복교통비,1박 2식,입장료,여행자보험,안내비

**[부산씨티투어] 해운대 로맨스 ~ 부산 기차여행 2008년 09월 01일 ~ 09월 30일 [기간:
발]** MD추천 신상품
195,000원
· 출발 : 기간중 매일 접수가능
· 일정 : 부산 태종대-자갈치시장-해운대-용궁사-광안리-용두산공원
· 포함 : 왕복교통비,입장료,여행자보험.숙박료(1박1식)

**[열차▶1박2일] 붉은 노을이 아름다운 섬 홍도/흑산도 10월 05일 ~ 12월 24일(크리스
정연휴기간제외)** new
209,000원
· 출발 : 전화 문의

자료 : 테마투어(http://www.tmtour.co.kr)

캐나다 몬트리올 성요셉 성당

관광을 목적에 따라 분류하면 예술관광, 종교관광, 스포츠관광, 건강관광, MICE, 학습관광, 자연관광, 문화관광 등으로 구분할 수 있다. 첫째, 예술관광은 오페라, 미술, 조각 등 예술작품을 감상하는 것이 주요 목적인 관광이고, 둘째, 종교관광은 성지순례, 사찰이나 교회에서의 참배 및 관람을 위한 것이고, 셋째, 스포츠관광은 스포츠 경기를 관람하거나 스포츠를 직접 즐기기 위한 관광이다. 넷째, 건강관광은 온천, 요양, 피서 등 심신의 건강을 위한 것이고, 다섯째, MICE는 모임(meeting), 포상(incentive), 국제회의(convention), 전시(exhibition)의 목적을 갖는 관광이고, 여섯째, 학습관광은 수학여행, 답사 등 교육이 주요 목적인 관광이다. 자연관광은 일곱째, 산, 바다, 계곡, 폭포, 동굴 등 독특한 자연의 경관을 감상하기 위한 것이고, 여덟째, 문화관광은 자연관광과 대비되는 개념으로 인간이 만들어낸 독특한 건축, 축제, 유적 등을 방문하는 것이다. 앞서 설명한 예술관광, 종교관광, 스포츠관광도 문화관광에 포함된다.

관광목적의 중복여부에 따라 순목적관광과 겸목적관광으로 나누기도 하는데, 순목적관광은 순수하게 즐거움과 휴식을 위한 관광이고, 겸목적관광은 출장 · 회의 · 스포츠 · 종교 등의 목적으로 타지를 갔다가 지역의 관광지를 둘러보는 형태이다. 따라서 동일한 장소라도 그 목적에 따라 다르게 분류될 수 있다.

위의 사진의 경우 가톨릭 신자가 신비한 힘을 가지고 있다는 성당을 방문하기 위한 것이라면 종교관광이라고 말할 수 있고, 만약 종교가 없는 일반관광객이라면 종교관광이라기 보다는 문화관광 정도로 분류할 수 있으며, 그곳에 출장을 갔다가 잠시 시간을 내어 성당을 방문했다면 겸목적관광이 될 수 있다.

(4) 관광의 효과

관광은 굴뚝 없는 산업, 외화획득, 외화유출, 무역수지, 소비향락, 사치 등 경제적으로 부가가치가 높은 산업이다. 한 명의 방한 외국인이 소비하는 국내 지출액은 자동차 1대를 수출하는 것보다 낫다는 보고가 있을 정도다. 그러나 경제적 관점에만 너무 집중하다보면 우리 국민의 국외관광은 무분별하고 사치스러운 행동으로 치부하는 우를 범할 수 있다.

관광은 경제적 효과 외에 정신적·문화적 활동을 하면서 견문을 넓히고 다양하고 균형 잡힌 사고를 기르고 마음을 성장시키는 등 중요한 역할을 한다. 18세기 영국에서는 Grand tour라고 하여 귀족 자녀를 1년간 유럽 각지에 여행을 보내고 그들이 돌아오면 국가의 중요 직책을 맡겼다는 기록이 있으며, 신라의 화랑도는 전국 각지를 여행하며 호연지기를 익혔다는 점에서 관광의 효과가 입증된다.

관광은 상호의 문화, 종교, 가치관, 생활양식을 교류하여 이해를 증진하고 평화에 이바지한다. 관광은 자문화 우월주의나 타문화 사대주의로부터 벗어나 인류와 환경에 대한 존경심을 높인다. 관광을 통해서 세계적인 문물을 접하게 되면 관광 상품을 개발할 때에도 세계화된 시각으로 접근하기 때문에 국가 발전의 원동력이 된다.

(5) 현대의 관광

18세기 후반에 시작된 산업혁명은 현대 관광에도 많은 영향을 미쳤다. 기차와 선박의 출현은 다른 지역으로의 이동시간을 줄여서 원거리 여행을 증폭시켰다. 또한 생산성의 증대로 인하여 소득과 여가시간이 증가되면서 관광욕구를 높였고 숙박시설, 리조트, 관광상품, 서비스 등의 개발을 유도하였다.

1841년 영국의 토마스쿡(Thomas Cook)은 철도를 이용한 단체여행상품을 개발하여 최초의 여행업을 시작하였다. 토마스쿡은 많은 시간과 경비를 부담하는 개별 여행자에게 단체 할인요금과 잘 짜여진 여행일정을 제시하여 호평받았다. 이후 많은 사람들이 다양한 단체여행을 개발하여 관광의 대중화를 이끌었다.

현대 관광의 성장에는 개방화와 자유왕래, 소득 및 여가시간 증가, 기술발전, 관광에 대한 인식변화 등이 기여하였다. 1989년 베를린 장벽이 철거되고 냉전시대가 종식되면서 세계는 자유롭게 왕래하기 시작하였다. 중국에서는 등소평의 흑묘백묘론(黑猫白猫論)으로 대변되는 실용주의와 개방화를 추진하였고, 각국에서는 FTA(Free Trade Agreement) 체결, 출입국 간소화 등 국경없는(borderless) 시대에 합류하였다. 전반적인 교류와 무역의 증가는 개인의 소득증가와 여가시간 증대에도 기여하였다.

우리나라는 국민소득 2만불에 도달한 바 있으며 현재 5일 근무제를 실시하고 있다. 기술의 발전은 여행의 편리성과 가격의 저렴화에 기여하였다. 인터넷을 비롯한 각종 매체를 통한 상세한 관광정보는 현지에 대한 기대를 높이고 불안감을 낮추었을 뿐만 아니라 직접 현지의 숙박, 항공, 공연 등의 예약도 가능하게 되었다.

관광에 대한 인식변화도 관광발전에 도움이 되었다. 과거에는 노동은 선(善)이고 여가는 악(惡)이라는 인식이 강했으나, 이제 관광은 삶의 질을 높이고 재창조(recreation)를 위한 활동으로 의식이 전환되고 있다. 실제로 선진국일수록 여가와 관광을 중요하게 생각한다.

최근의 관광형태는 대규모 관광보다 소규모 관광이 선호되는 추세다. 또한 보는 관광에서 참여하는 관광으로, 친구・연인・동료의 관광에서 가족관광으로, 단체관광에서 개인관광/자유관광으로, 환경파괴적 관광에서 환경보호적 관광으로 변화하고 있다.

관광발전의 저해 요소로 경기침체, 전쟁과 테러, 전염병 등을 들 수 있다. 우리나라의 경제적 위기였던 IMF(International Monetary Fund) 시대에 여행시장은 30% 이상 감소했으며 많은 여행사들이 도산했다. 2001년 9・11 테러가 발생하자 세계는 불안에 떨었고 여행시장은 급격히 위축되었다. 2003년 이라크 전쟁과 사스(SARS)도 여행시장의 위기를 초래하였다. 이처럼 외국에서 일어난 테러와 전쟁에 의해서도 우리나라 여행시장이 영향을 받는다.

2 관광동향

(1) 세계관광동향

세계의 국제관광객 수는 1950년 2천 5백만 명에 불과했으나 해마다 꾸준히 성장하여 2019년 14억명을 돌파하고, 2030년 18억 명에 달할 것이라고 전망하고 있다. 관광수입도 1950년 20억 달러였으나 2019년 1조 6천억 달러를 넘어섰다. 국제관광의 성장세는 2000년 이후 가속화 되어 10% 전후로 증가하고 있다. 일부 성장이 감소된 기간이 있는데, 이것은 테러, 전쟁, 전염병 등에 의한 것이다.

국가별 외래 관광객 유치 현황은 프랑스가 가장 많고 스페인, 미국 등이 뒤를 잇고 있다. 최근 중국의 상승세가 두드러지며 한국은 매년 30위 전후를 기록하고 있다. 관광수입은 미국이 가장 많고 스페인, 프랑스 순이다. 한국은 매년 20위 전후를 차지하고 있다. 국가별 방문객수와 관광수입 현황은 <표 1-1>, <표 1-2>와 같다.

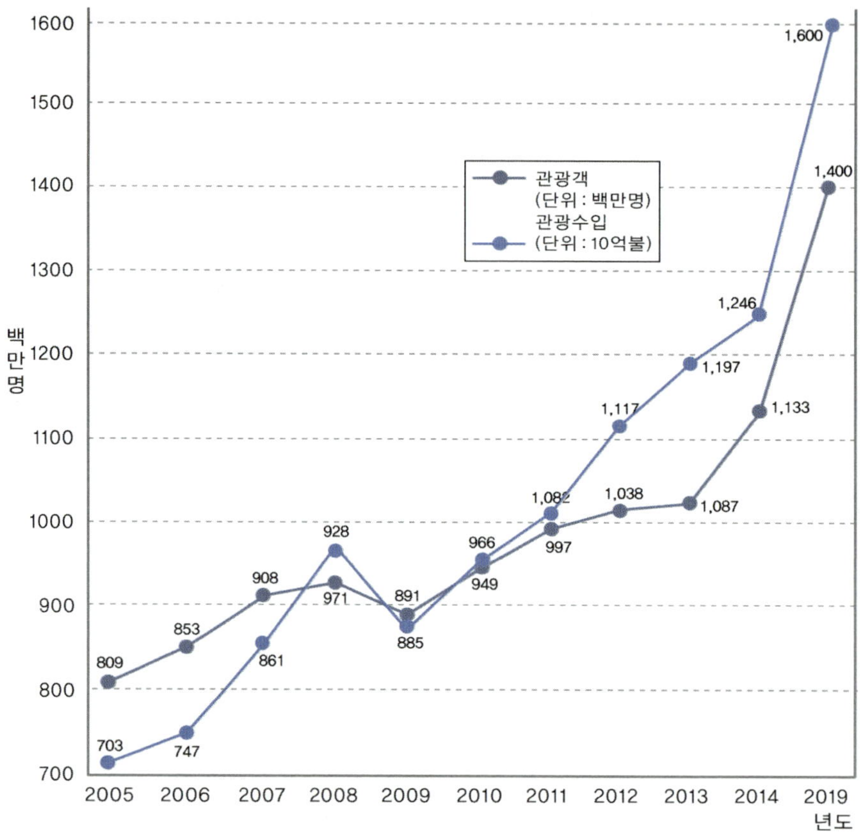

자료 : UNWTO World Tourism Barometer(2019)

〈표 1-1〉 국가별 방문객수 (단위 : 백만 명)

순 위	국가명	방문객수
1	프랑스	89
2	스페인	83
3	미 국	80
4	중 국	63
5	이탈리아	62
6	터 키	46
7	멕시코	41
8	독 일	39
9	태 국	38
10	영 국	36

자료 : UNWTO World Tourism Barometer(2019)

〈표 1-2〉 국가별 관광수입 (단위 : 십억불)

연 도	국가명	관광수입
1	미국	214
2	스페인	74
3	프랑스	67
4	태국	63
5	영국	52
6	이탈리아	49
7	호주	45
8	독일	43
9	일본	41
10	중국	40

자료 : UNWTO World Tourism Barometer(2019)

세계관광기구(UNWTO)에 따르면 전 세계 국가 중 상위 10개국을 방문한 관광객 수가 약 40%를 차지했으며 유럽을 방문한 관광객은 48%로 절반에 가까웠다. 국가별로는 프랑스 8천9백만 명, 스페인 8천3백만 명, 미국 8천만 명, 중국 6천3백만 명 순이었다.

전 세계 관광수입을 살펴보면 상위 10개국이 전체의 절반에 해당하였으며 전년보다 4.4% 증가한 1조7천억 달러에 달했다. 이것은 세계 경제 성장률인 3.6%보다 높은 증가율이다. 전체 관광수입을 365일로 나누어보면 하루에 50억 달러(6조 원)나 소득을 올리는 것이 된다. 관광수입 중 관광객이 지출한 금액은 1조5천억 달러이며 항공운임은 2천5백억 달러였다.

가장 많은 관광수입을 기록한 미국은 2천140억 달러(259조 원)로 2위인 스페인의 740억 달러보다 무려 3배나 많다. 10위권 내에 일본과 중국이 포함되어 있는데 각각 410억 달러(9위), 400억 달러(10위)이다. 주목할 만한 것은 일본과 중국의 관광수입 증가율이 각각 19%와 21%로 다른 국가에 비해 높다는 것이다. 특히 일본은 7년 연속 두자리 수 증가율을 기록하여 가파른 성장세를 보이고 있다.

관광지출 측면에서는 중국인 관광객이 2천770억 달러(335조 원)로 1위였으며 전체의 1/5이나 됐다. 신흥 부유층의 급증, 여행 제한 완화, 비자 간소화, 항공편 증가 등에 힘입어 14억 중국인 중 10%가 해외여행을 하였다. 그 다음으로 관광지출이 많은 국가는 미국 1,440억 달러, 독일 940억 달러, 영국 760억 달러, 프랑스 480억 달러, 호주 370억 달러, 러시아 350억 달러 순이었다. 한국은 320억 달러(38조7천억 원)로 9위를 차지했다.

(2) 외래관광동향

우리나라를 방문한 외래관광객은 1962년 1만 5천명에 불과했지만 1978년 100만 명을 넘어섰으며, 1988년 서울올림픽을 계기로 200만 명을 초과하였다. 그리고 2018년에는 외래관광객 1,500만 명 시대를 열었다.

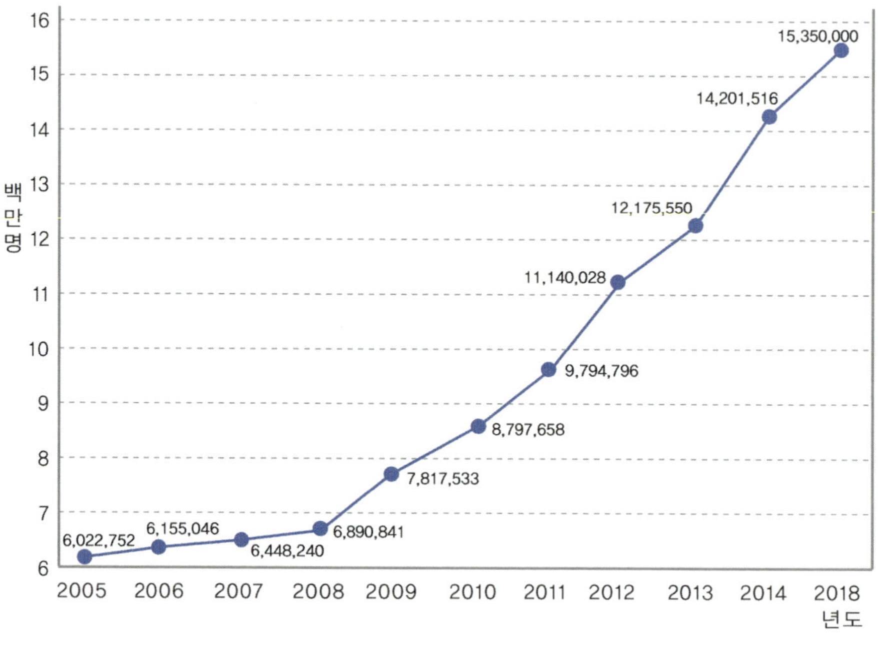

자료 : 문화체육관광부(2019), 2018년 관광동향에 관한 연차보고서

〈표 1-3〉 국가별 외래방문객 방한 현황 (단위 : %)

연 도	일 본	중 국	미 국	구 주	교 포	기 타	계
2000	46.5	8.3	8.6	8.5	5.2	22.9	100.0
2001	46.2	9.4	8.3	8.3	5.6	22.2	100.0
2002	43.4	10.1	8.6	9.4	5.9	22.6	100.0
2003	37.9	10.8	8.9	10.1	6.0	26.3	100.0
2004	42.0	10.8	8.8	8.6	5.2	24.6	100.0
2005	40.5	11.8	8.8	8.4	4.7	25.8	100.0
2006	38.0	14.6	9.0	8.7	3.7	26.0	100.0
2007	34.7	16.6	9.1	8.7	4.6	26.3	100.0
2008	34.5	17.0	8.9	8.6	4.5	26.5	100.0
2009	39.1	17.2	7.8	7.6	3.0	25.4	100.0
2010	34.4	21.3	7.4	7.3	3.6	26.0	100.0
2011	33.6	22.7	6.8	7.0	3.3	26.6	100.0
2012	31.6	25.5	6.3	6.4	3.0	27.2	100.0
2013	22.6	35.5	5.9	6.3	2.5	27.2	100.0
2014	16.1	43.1	5.4	6.0	2.1	27.3	100.0
2015	13.9	45.2	5.8	6.1	2.0	27.0	100.0
2016	13.3	46.8	5.0	5.5	1.6	27.8	100.0
2017	17.3	31.3	6.5	7.0	2.0	35.9	100.0
2018	19.2	31.2	6.3	6.5	1.6	35.2	100.0

자료 : 문화체육관광부(2019), 2018년 기준 관광동향에 관한 연차보고서

국적별로는 그동안 일본인이 가장 많았으나 2013년부터 중국인이 가장 많이 방한하고 있다. 그리고 해마다 중국인의 입국 비율은 점점 높아지고 있다. 국가별 방문객 방한 현황은 <표 1-3>과 같다.

(3) 국외관광동향

1986년에 45만 명이던 국민 국외여행자수는 매년 꾸준히 성장하다가 1989년 국외관광여행 허용연령의 제한이 전면적으로 폐지됨으로써 국외관광객이 급증하는 계기가 되었다. 1989년에 처음으로 100만 명을 넘어섰고, 2018년에 2,800만 명을 돌파하였다. 국가별로는 중국 · 일본 · 미국 등의 순서로 국외관광을 많이 하고 있다. 국외관광 현황은 아래 도표와 같다.

〈국외관광 현황〉

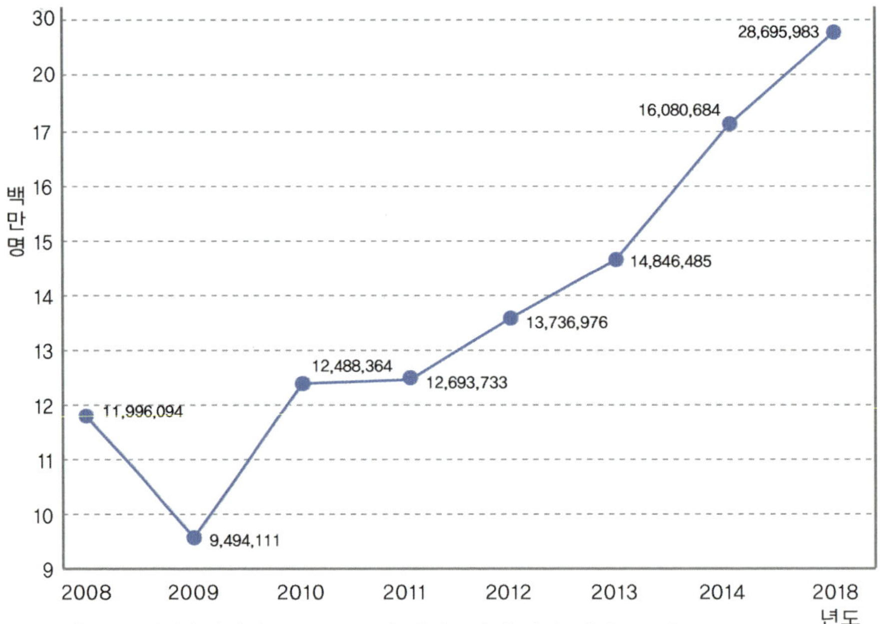

자료 : 문화체육관광부(2019), 2018년 관광동향에 관한 연차보고서

제2장

정보의 이해

학습목표

- 정보와 데이터베이스에 대해 설명할 수 있다.
- 정보시스템과 네트워크에 대해 설명할 수 있다.
- 인터넷 정보에 대해 설명할 수 있다.

관련기사

"롯데닷컴 여행사업부의 고객 DB 활용"

여행업은 인터넷 기술을 이용하여 고객에게 세 가지 수준의 서비스를 제공할 수 있다. 첫째, 기존의 여행사 종업원이 제공하던 서비스를 인터넷으로 제공한다. 즉 여행상품 검색과 여행정보, FAQ나 게시판을 통한 질의응답, 온라인 예약 상황 확인 등과 같은 서비스를 제공한다. 둘째, 쌍방향 교류를 통해 개인별 특성에 맞추고 충성도를 높인다. 즉 과거의 여행상품 구매 내력이나 선호도와 관련된 데이터베이스를 이용하여 여행자의 기호와 특성에 맞는 여행상품이나 서비스를 제공한다. 셋째, 가치 있는 정보를 저렴하게 제공한다. 매주 e-메일로 발송되는 뉴스레터나 정보지 등을 활용하여 여행자들에게 유용한 정보를 제공하며 온라인 커뮤니티나 채팅방을 개설하여 다른 여행자와의 정보 교환을 유도하기도 한다.

구매자에 관한 정보획득은 인터넷 기업들에게 가장 큰 영업 가치로 여겨지고 있는데 이 점에 있어서 초기의 롯데닷컴 여행사업부는 매우 강점을 가지고 있었다. 롯데카드와 롯데백화점 카드 회원들을 기반으로 고객 데이터베이스를 구축할 수 있었기 때문이다. 특히 고객의 이름, 주민번호, 전화번호뿐만 아니라 고객의 구매 형태, 구매력, 구매습관 등이 포함되어 있어 다양한 수준의 전략을 활용할 수 있는 정보를 가지고 있었던 것이다.

가령 20~30대 고객은 대졸 학력, 신혼이거나 나이가 어린 자녀들을 갖고 있으며 상품 구매 시 인터넷에서 많은 정보 탐색을 많이 하고, 가격이나 조건을 꼼꼼하게 따지는 경향을 발견하였다. 또한 비교적 언어 소통에 부담이 없으므로 처음부터 끝까지 가이드가 동행하는 여행보다는 개성과 낭만을 추구하여 개인 여행을 선호하는 고객층이다. 그리고 직간접 경험이 많아 여행에 대한 눈높이는 높지만 아직 경제력이 그들의 요구를 들어줄 만큼 높지 않기 때문에 진정으로 원하는 형태의 여행은 잠시 보류한 고객군이다.

따라서 롯데닷컴 여행사업부는 이들의 욕구를 충족시켜 줄 수 있는 상품을 개발하여 판매하였다. 즉 주말을 포함하여 4~5일 이내의 단기 여행으로 상품을 만들고 자유시간을 할애하고, 이들이 브랜드에 영향을 많이 받는 점을 감안하여 신혼상품 등에는 힐튼, 하얏트, 메리어트 등 글로벌 브랜드를 가진 호텔을 이용할 수 있도록 하였으며 유아와 소아의 가격대를 과감히 낮추었다.

그러나 40대 이상은 주로 중상류층이고 신문이나 잡지 등의 고전적 매체를 선호하고 구매에 있어서 합리적 의사결정 보다는 지인 등을 통한 관계 중심적이며 가격에는 비교적 덜 민감한 편이어서 이들에게는 인터넷을 활용한 여행 상품 판매에 한계가 있으므로 롯데카드와 롯데백화점에서 발행되는 안내지를 활용하여 상품을 광고하고 판매하였다.

자료 박상현·염지환(2008), 롯데닷컴 여행사업부의 영업전략, 경영교육연구, 11(2)에서 발췌

1 정보와 데이터베이스

정보(information)는 현상 파악이나 의사결정에 필요한 지식이다. 정보는 자료와 대별되어 설명되곤 하는데, 자료(data)가 관찰이나 측정을 통해서 수집된 사실이나 값이라면 이 자료를 어떤 기준이나 목적에 따라 가공한 것이 정보이다.

정보의 영어 표현인 in + form + ation도 어떤 모양이나 형태를 갖추는 과정을 의미하고 있다. 1년간 우리나라를 입국한 관광객의 자료를 국적별로 정리하면 유용한 정보가 될 것이다. 정보와 자료의 관계를 공식으로 설명하면 다음과 같다.

I = P(D) I : 정보, P : 처리기, D : 자료

[그림 2-1] 관광통계 데이터베이스

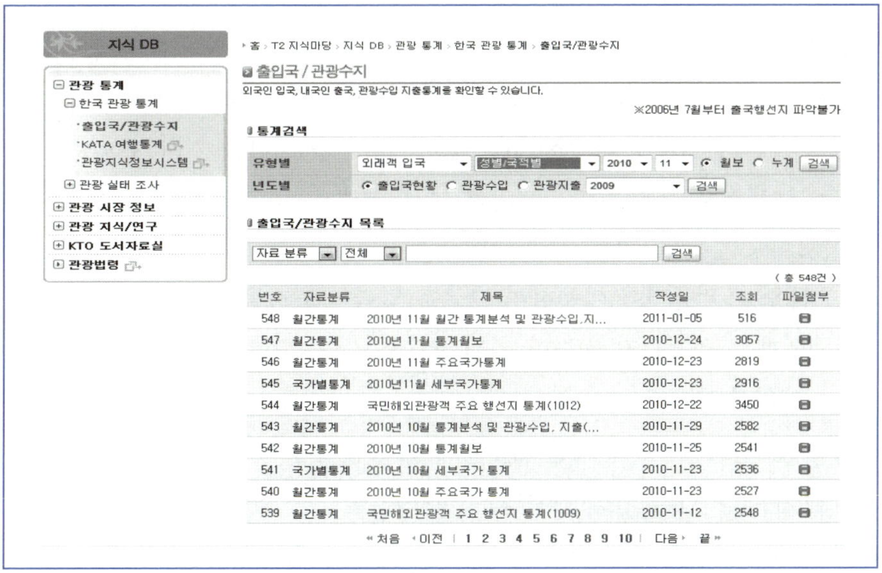

자료 : 한국관광공사(http://korean.visitkorea.or.kr)

데이터베이스(database)는 여러 사용자가 공용할 수 있도록 자료를 통합하여 저장한 것이다. 데이터베이스는 공용성과 통합성의 특징을 가지고 있는데, 공용성은 자료를 여러 사람이 공동으로 소유하고 유지하며 이용할 수 있는 것이며, 통합성은 분산된 자료를 한 곳에 집중하여 필요한 자료를 조회할 수 있게 하는 것이다.

데이터베이스는 컴퓨터 프로그램을 통하여 입력 · 가공 · 저장 · 조회로 사용된다. 29쪽 [그림 2-1]과 같이 한국관광공사는 국내외 관광객의 출입국 현황 등을 데이터베이스화하여 일반인들도 공용할 수 있도록 하고 있다. 즉 월별 · 연도별 · 성별/국적별 · 연령별 등 다양한 조건에 맞게 조회할 수 있다.

2 정보와 컴퓨터

(1) 컴퓨터의 효용

많은 양의 자료를 신속하게 처리하고자 하는 욕구는 오늘날 컴퓨터와 각종 저장매체를 탄생시켰다. 컴퓨터가 일부 전문가들의 전유물이었던 시대가 지나고 이제는 남녀노소 누구에게나 또한 일상생활 전반에 깊이 사용되고 있다. 기존의 수작업에 비해 컴퓨터가 주는 혜택은 다음과 같이 막대하다.

① 신속성 : 컴퓨터를 이용하여 자료를 입력하면 자동으로 정리되고, 필요할 때는 언제든지 적절한 키워드를 이용하여 자료를 신속하게 검색할 수 있다.

② 비용 절감 : 컴퓨터가 인력을 대체하고, 종이나 인쇄비용 등을 줄여주기 때문에 기업의 입장에서 많은 비용을 줄일 수 있다.

③ 정보 공유 : 다른 사람과 정보를 공유함으로써 업무의 효율을 높일 수 있다.

④ 단순작업 감소 : 수십 개의 영수증을 전자계산기로 계산하면 시간도 오래 걸리고 오류가 발생할 수 있다. 그러나 컴퓨터는 일일이 계산하지 않아도 자동계산된다. 비슷한 문서를 작성할 때도 기존 파일의 일부분만 수정해서 간단하게 작성할 수 있다.

⑤ 공간의 효율성 : 종이문서 한 장이 비록 적은 부피라고 해도 수천장, 수만장이 모이면 꽤 넓은 사무공간을 차지하게 된다. 컴퓨터가 도입되면서 종이문서는 점차 전자화된 컴퓨터 파일로 대체되고 있다.

⑥ 고객만족 : 빠르고 정확한 처리는 고객의 만족을 높인다. 또한 관광종사원이 고객 앞에서 컴퓨터를 이용해 업무처리를 하는 모습은 첨단적이고 세련되게 보인다. 그만큼 고객에게 좋은 인상과 신뢰감을 주고 만족을 높인다.

반면에 부작용도 도사리고 있다. 디스크 손상과 같은 하드웨어의 고장, 바이러스와 같은 소프트웨어의 오류로 인해 한순간에 모든 자료를 잃어버릴 수 있으며, 한 번 파괴된 자료는 복구하기 어렵다.

(2) 컴퓨터의 구성

컴퓨터는 하드웨어(hardware)와 소프트웨어(software)로 구성되며, 하드웨어는 중앙처리장치, 기억장치, 입출력장치로 구분되고, 소프트웨어는 시스템프로그램과 응용프로그램으로 나눠진다.

하드웨어 중 중앙처리장치(CPU)는 인간의 뇌에 해당하는데 인텔이 80XXX 시리즈를 내놓으면서 세계시장을 석권하였고, 이후 펜티엄 시리즈로 시장을 선도하였다. 90년대 후반부터 미국 AMD가 인텔제품보다 20~30% 저렴한 제품을 내놓으면서 강력한 경쟁자로 부상하였다.

하드웨어 중 기억장치는 ROM과 RAM으로 구분되는데, ROM(Read Only Memory)은 일반 사용자가 중요 정보를 접근할 수 없도록 Read Only로 제작한 것으로 ROM의 내용을 변경할 수 없고 전원이 꺼져도 소멸되지 않는다. ROM은 컴퓨터의 전원이 연결되자마자 가장 먼저 활성화되는 장치로 컴퓨터의 장치들을 점검하고, 이상이 없으면 디스크에 있는 OS를 RAM에 상주시키고 제어권을 넘겨주는 역할을 한다.

RAM(Random Access Memory)은 컴퓨터의 전원이 켜져 있는 동안 정보를 저장한다. 특히 우리나라는 세계 DRAM 시장의 주도권을 가지고 있는데, 256M DRAM의 경우 손톱만한 크기에 신문지 2천1백장을 저장할 수 있다. 기타 기억장치로는 하드디스크, 플로피디스크, CD롬 등이 있다. 컴퓨터의 입력장치로는 키보드, 마우스, 터치패드 등이 있고 출력장치로는 모니터, 프린터가 있다.

소프트웨어는 명령어의 집합이며 컴퓨터에 생명을 불어넣는 역할을 한다. 소프트웨어 없이 하드웨어만 존재하는 컴퓨터는 고철덩어리에 불과하다. 인간의 몸 자체가 하드웨어라면 인간이 가지고 있는 지식, 성품, 기능 등이 소프트웨어이다. 컴퓨터는 양질의 그리고 다양한 소프트웨어를 가지고 있을 때 효과적이다.

소프트웨어 중 시스템 소프트웨어(system software)는 OS(Operating System) 또는 운영체제라고 말하기도 하는데, 컴퓨터의 기본 동작이 원활하게 이루어지도록 컴퓨터를 운영하고 관리한다. 대표적인 시스템 소프트웨어로는 MS-DOS, WINDOWS, UNIX, MAC OS, LILUX 등이 있다. 소프트웨어 중 응용소프트웨어(application software)는 시스템 소프트웨어 이외의 다른 모든 소프트웨어로 워드, 그래픽, 게임 등이 포함된다.

소프트웨어는 쉽게 복제가 가능하기 때문에 불법복제가 큰 문제로 대두되고 있다. 소프트웨어의 불법복제는 관련 업체의 매출에 피해를 초래하고 내수시장을 위축시킴으로써 소프트웨어 산업발전을 근본적으로 저해하는가 하면, 투자 및 기술개발 의욕을 상실시키고 미국 등 대외적인 통상마찰을 야기한다.

소프트웨어의 구매를 촉진하기 위하여 일정기간이나 일정횟수동안 무료이용 기회를 제공하는 경우가 있는데, 일단 사용해 보고 마음에 들면 구입하는 방식으로 보통 '평가판', '트라이얼 버전(trial version)', '쉐어웨어(shareware)' 등의 이름으로 공개된다. 이것은 상품구매를 자극할 뿐만 아니라 결함을 발견하는 기회도 된다. 프리웨어(Freeware) 또는 공개 소프트웨어라는 이름으로 소프트웨어가 무료 공개되는 경우도 있는데, 바이러스 백신 소프트웨어인 V3 Lite가 여기에 해당된다.

[그림 2-2] 컴퓨터의 구성

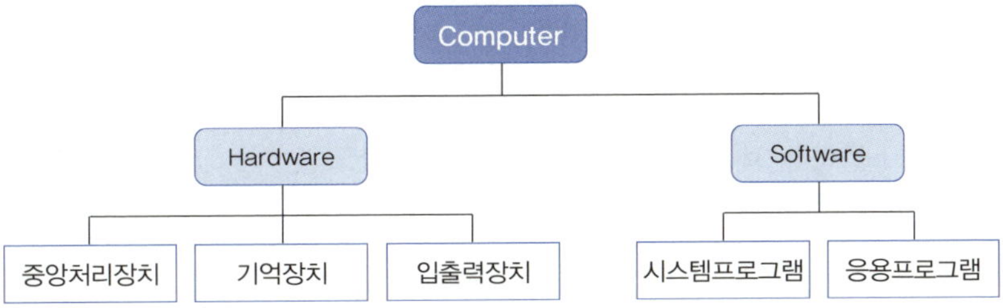

(3) 정보시스템과 네트워크

정보시스템(information system)의 구성은 정보를 취합하고 분배하는 중앙컴퓨터, 정보를 입력하거나 가공된 정보를 조회하는 단말기, 그리고 이들을 연결하는 네트워크로 구성된다. 전국 각 지사에서 단말기를 네트워크를 통해 본사의 중앙컴퓨터에 접속하여 정보를 교환한다. 여행사에서 항공좌석을 조회하고, 전세계 체인호텔에서 객실을 예약하는 것도 이와 같은 방식이다.

네트워크(network)는 컴퓨터와 컴퓨터를 연결하여 정보를 교환하고 자원을 공유하게 해준다. 네트워크는 케이블이나 전화선을 통해서 문자·그림·파일·이메일을 전송하고, 하드디스크·프린터와 같은 자원을 공유할 수 있게 한다. 근거리 통신망인 LAN(Local Area Network)은 학교, 사무실, 연구소 내에서 정보와 자원을 공유하기 위하여 컴퓨터와 프린터 등을 연결한 것이다. 원거리 통신망인 WAN(Wide Area Network)은 지리적으로 멀리 떨어진 컴퓨터들을 서로 연결하는 것으로 과거에 하이텔, 천리안, 유니텔과 같은 PC통신 업체가 이에 해당하는 서비스를 제공하였다.

인터넷(internet)은 전세계의 수많은 네트워크를 모두 연결하고 하나의 네트워크로 만든 것이다. 인터넷은 공간의 개념을 초월하여 어떤 국가, 어떤 연구소, 어떤 기업이든 자유롭게 연결하여 정보를 공유할 수 있게 하고 전자상거래(e-commerce)를 가능하게 한다. 인터넷은 1969년 미국의 4개 대학 컴퓨터를 연결하면서 시작되었는데, 인터넷은 원래 핵전쟁에 대비해 개발되었다.

美 국방성 고등연구계획국(ARPA, the Advanced Research Projects Agency)은 아르파넷(ARPA NET)을 개발하여 핵전쟁이 일어났을 때 수많은 기지가 파괴되고 대부분의 네트워크 경로가 차단되더라도 단 하나의 기지만 살아 있으면 그 경로를 찾아 통신을 하고 핵무기를 발사할 수 있도록 고안하였다. 이것이 발전하여 오늘날의 거대 인터넷이 되었다.

(4) 인터넷 정보

인터넷은 정보의 바다로 불릴 만큼 방대한 정보를 보유하고 있기 때문에 초기부터 큰 반향을 일으켰다(e-information). 점차 단순정보 제공이 아닌 쇼핑이 가능하게 되었으며(e-commerce), 모든 비즈니스가 가능하고(e-business), 이제 우리 생활 전반에 파고들고 있다(e-life).

인터넷으로 관광정보 검색, 관광상품 예약, 주민등록등본 발급, 식사 주문, 수업 듣기, TV 시청 등 대부분의 일상생활로 영역을 확장하고 있어 24시간 언제 어디서나 정보를 얻을 수 있고 상품을 구매할 수 있게 되었다.

인터넷은 시간과 교통비 절약, 편리성, 광범위한 상품정보, 저렴한 가격 등의 장점이 있는 반면 불량정보, 불량상품, 배달지연, 음란사이트, 개인정보 노출, 보안문제 등의 문제가 있다. 특히 주민등록번호, 신용카드, 계좌번호 등은 범죄에 악용될 수 있으므로 각별한 주의가 요구된다. 악성코드와 바이러스는 컴퓨터의 속도를 느리게 하거나 정보를 파괴한다. 이에 대한 피해를 막기 위해서 백신 프로그램을 설치하는 등의 노력이 필요하다.

아래 표는 관광정보를 제공하고 있는 공공기관, 신문, 잡지를 정리한 것이다.

〈표 2-1〉 관광 정보 웹사이트

	명 칭	사이트
공공기관	세계관광기구	www.unwto.org
	문화체육관광부	www.mcst.go.kr
	한국관광공사	www.knto.or.kr
	한국문화관광연구원	www.kcti.re.kr
신 문	여행신문	www.traveltimes.co.kr
	관광산업신문	www.tip.co.kr
	여행정보신문	www.travelinfo.co.kr
	세계여행신문	www.gtn.co.k
잡 지	트래비	www.travie.com
	여행정론	www.tbj.co.kr
	한국관광저널	www.ttj.co.kr
	에어타임스	airtimes.co.kr

제3장

관광정보

학습목표

- 관광정보의 개념과 역할을 이해한다.
- 관광정보의 분류와 활용을 이해한다.
- 관광정보제공 매체의 유효성 및 개선방안을 이해한다.
- 정보시스템을 살펴본다.

관련기사

문화체육관광 AI시대 준비 국회 세미나…
"데이터 확보 · 분야간 융합이 핵심"

문화체육관광위원장 'AI시대, 문화체육관광 어떻게 준비할 것인가?' 주최
AI기술 발전 속도는 점점 더뎌져… 향후 경쟁력은 데이터 확보에서 승부
문화예술 · 콘텐츠 · 관광 · 스포츠산업과 첨단기술 융합해
4차산업혁명 선도 주문

국회 문화체육관광위원장이 국회의원회관에서 주최한 'AI시대, 문화체육관광 어떻게 준비할 것인가?' 세미나에서는 AI(인공지능)시대를 맞아 문화체육관광 분야도 보다 적극적으로 변화에 나서야 한다는 지적이 잇따랐다. 가장 시급한 과제로는 방대한 양의 데이터 확보와 함께 각 분야와 첨단기술의 융합을 꼽았다.

발제에 나선 고려대학교 인공지능학과 교수는 "과거의 전통적인 머신러닝(machine learning)은 데이터를 계속 넣어줘도 정확도가 85%에 불과하다는 한계가 있었지만 딥러닝(deep learning)은 90~95% 이상, 때로는 완벽에 가까운 수치를 보이고 있다"면서 "AI시대 핵심인 딥러닝은 실질적으로 활용할 수 있을 정도로 고도화됐다"고 설명했다.

딥러닝은 AI시대의 핵심 기술로 손꼽힌다. 컴퓨터가 수많은 정보를 스스로 분류하고 학습하는 기술로, 이세돌 9단과 승부를 펼쳤던 '알파고'와 같은 인공지능도 딥러닝을 통해 만들어졌다. 딥러닝의 핵심은 인간이 할 수 없는 방대한 정보를 처리해 미래를 예측하는 데 있다. 딥러닝으로 각종 정보를 학습한 AI는 음성인식 · 얼굴인식 기술, 24시간 예약 및 상담이 가능한 AI챗봇(대화로봇), 국가 간 언어의 장벽을 없애주는 AI동시통역, 환자 정보를 기록 · 관리하고 영상 판독 · 분석을 할 수 있는 AI로봇 등 다양한 곳에서 활용되고 있다.

정부는 AI가 경제 · 사회 전반에 적용되면 2030년까지 최대 630조원의 경제효과가 창출될 것으로 내다보고 있다. 이 중 AI를 통한 신규 산업의 경제적 가치는 240조원에 달한다. 특히 의료와 제조업은 각각 150조원으로 가장 높은 파급효과가 있을 것으로 전망했다. 일자리 측면에서도 2030년까지 최대 730만개의 신규일자리가 생길 것으로 내다봤다. 반면 AI 적용이 늦어질 경우 630조원의 경제효과는 280조원으로 절반 이상 줄어들고 일자리 창출 또한 500만개에 그칠 것으로 분석했다.

발제 교수는 문화체육관광 분야에서 AI가 이미 변화를 만들어내고 있다고 평가했다. 그는 "애니메이션에서 색깔 변화에 대한 텍스트만 입력하면 AI가 자연스럽게 색을 바꿔주는 등 인공지능이 예술 등 창작 과정에서 다양하게 활용될 수 있다"면서 "달리는 말 사진을 입력하면 얼룩말 사진으로 바꿔주거나 사람의 사진을 입력하면 여러 가지 다른 표정으로 바꿔주는 등 이미지를 그럴듯하게 생성해주는 능력도 고도화되고 있다"고 설명했다. 이어 "특정 내용에 대한 지문이 주어졌을 때 질문의 답을 찾아내거나 두세문장만 입력했는데 스토리를 완성해낼 수도 있다"고 덧붙였다.

이같은 AI기술을 활용해 문화체육관광 산업경쟁력을 보다 강화하기 위해서는 데이터 확보가 가장 필수적이라고 지적했다. 발제 교수는 "AI기술 발전속도는 2~3년 전보다는 점점 더뎌지고 있고 기술 자체가 공공재가 되어가면서 기술에 대한 진입장벽은 점점 낮아질 것"이라면서 "학습 데이터만 확보되면 예술이든 어떤 분야든 공통적으로 사용될 수 있는 파급효과가 있다. 향후 경쟁력은 데이터에서 승부가 나뉠 수 있다"고 강조했다. 그러면서 "확보된 데이터의 종류나 그 양과 질 측면에서 승부처가 나뉠 것인 만큼 예술문화 분야의 AI기술 저변 확대를 위해서는 디지털화된 체계적인 데이터 확보가 중요하다"고 말했다.

경희대학교 스마트관광연구소장은 "컴퓨터는 주어진 방대한 데이터를 분석하고 그 패턴을 파악해 학습하고 이를 바탕으로 새로운 추론을 하게 된다. 이것이 바로 우리가 최근에 주목하는 인공지능, 이른바 AI의 요체"라며 "AI는 방대한 관광객의 행동 패턴을 분석해 최적의 정보를 제공하는 방식으로 관광분야에서 활용될 수 있다"고 진단했다. 그는 "현재 제공 중인 챗봇은 단순하게 주어진 정보 내에서만 답변할 수 있지만 향후 더 많은 관광객의 패턴, 질문 등을 학습하게 된다면 현재보다 더 높은 수준에서 서비스 제공이 가능하다"면서 "AI를 통해 번역기술 수준이 높아지면 실시간 언어 통역이나 메뉴판, 안내판의 언어를 인식하고 자신이 원하는 언어로 정확하게 빠르게 번역해주는 서비스도 가능하게 될 것"이라고 전망했다.

여러 분야가 서로 협업해 AI와 융합하기 위한 기반을 만들어야 한다는 제언도 이어졌다. 문화체육관광부 문화예술정책실장은 "문화예술·콘텐츠·관광·스포츠산업과 첨단기술의 융합은 4차산업혁명을 선도할 것으로 주목된다"면서 "예술·기술 융합, 첨단기술 기반 콘텐츠 활성화, 스마트 관광기반 조성, 기술과 스포츠 접목 등을 통한 디지털 문화 생태계를 구축할 필요가 있다"고 말했다.

성균관대학교 스포츠인터랙션사이언스학과 교수는 "스포츠와 공학, 스포츠와 의학, 스포츠와 법학 등 융합교육 과정 개설이 미흡하다"면서 "학제간 융합교육을 개설해 전문가를 양성하기 위한 과정이 필요하다. 이를 위한 교육기관과 지원이 있어야 할 것"이라고 주문했다.

세미나를 주최한 위원장은 "국회 문화체육관광위원회에서 해방 이후 처음으로 AI관련 행사를 하는 것"이라면서 "사회 모든 영역에서 AI시대를 준비하고 있는데 정작 국회 해당 상임위원회에서는 아무 준비도 못했던 것 같다. 위원장으로서 상임위 마지막 행사로 AI를 해야겠다고 생각했다"고 말했다

자료 국회TV뉴스(2020. 02. 10)

1 관광정보의 개념과 역할

관광정보는 관광객들의 관광목적에 부합되는 정보로서 관광객과 관광대상을 연결하는 매개체이다. 이와 같은 관광정보를 교통개발연구원(1994)에서는 '관광현상과 직접적 또는 간접적으로 관련된 정보와 관광객과 관광자원, 관광지, 관광산업 등의 수요 및 공급에 관한 통계자료와 자료의 결과치로서 계량화된 일체의 자료'로 정의하고 있으며, 김향자 외(1999)는 '관광관련정보를 제공함으로써 이용자의 관광욕구를 충족시키며, 목적 지향적인 관광활동을 위해 가치있는 형태로 수집, 가공, 제공되는 일련의 관광관련정보'라고 정리하고 있다.

관광정보는 좀 더 세부적으로 수요측면과 공급측면으로 나누어 정의하기도 한다. 수요측면에서의 관광정보는 '관광객의 욕구를 충족시키고 목적지향적인 관광활동을 위하여 가치 있는 형태로 처리, 생산, 전달되는 관광관련 정보'라 정의할 수 있다.

또한 공급측면에서의 관광정보는 '관광객들이 관광행동을 선택, 결정하는데 필요로 하는 정보를 제공할 목적으로 관광객들의 경험에 대한 정보를 수집하고 가치를 평가한 후, 관광지에서의 여가활동에 대한 정확하고 유익한 정보를 제공하는 안내 및 해설을 통해 관광객들의 만족도를 높임과 동시에 관광지 관리도 가능하게 하는 것'을 의미한다.

이와 같은 관광정보는 실제로 절대적이거나 보편적인 가치를 가지는 것이 아니라 상황에 따른 상대적인 가치를 갖으며, 이용자에게 정확하게 전달되기

〈표 3-1〉 관광정보의 기능

주기능	부수적 기능
· 관광객의 관광의사결정시 불확실성의 감소 · 관광수요의 유발	· 관광관련 조직의 활성화 · 관광산업의 경영합리화 · 관광지와 지역사회의 경제활성화

위해서는 공통적인 커뮤니케이션 수단이 개발되어야 한다. 관광정보는 관광객과 관광대상을 연결하는 매개역할을 수행하게 되는데, 관광정보의 중요성을 세부적으로 살펴보면 다음과 같다.

첫째, 관광정보는 관광객들을 관광대상이 소재한 지역사회로 유인하는 마케팅 커뮤니케이션 도구로서의 역할을 수행한다.

둘째, 관광객들은 관광정보를 통하여 관광자원을 인지하고 이해하게 되며, 관광자원에 대한 역사·문화·사회적 배경과 가치를 전달하는 교육기능을 수행한다.

역할에 따른 관광정보의 중요성은 관광정보가 정보기술과 결합되면서 더욱 커지고 있다. 최근에는 인터넷을 이용한 온라인 관광정보나 휴대전화를 이용한 관광정보의 제공이 활성화되면서 관광산업의 영역확대에도 커다란 영향을 미치고 있다.

2 관광정보의 분류와 활용

관광정보에 대한 분류는 학자마다의 기준이 상이하고, 나름대로의 특징이 있기 때문에 일률적인 분류기준을 제시하기는 어려움이 있다. 따라서 다음과 같은 절충적인 방식의 분류기준을 제시해 본다.

〈표 3-2〉 관광정보의 분류

분류기준	구 분	내 용
정보갱신	동태정보	갱신주기가 일, 월, 년 등
	정태정보	관광지 소재지, 관광시설의 종류 등
제공방식	직접정보	관광기업, 관광기관에서 관광객을 유치하기 위해 또는 관광행동의 변화를 위해 직접적으로 제공
	간접정보	안내책자, 광고나 홍보물, 구전, 일반적인 문헌

이용주체	공공기관	관광객출입국 통계, 1인당 도시공원 비율 등
	관광학계	관광관련교통비, 접근소요시간, 연간휴가일수
	관광업계	객실판매율, 평균체제일, 시설이용자수
	일반인용	관광지 안내, 숙박시설, 편의시설 소개 등
공간적분류	국내관광정보	국내 관광객 이동, 국내관광참여율 등
	국제관광정보	해외 관광동향, 국제행사안내, 각국별 관광통계 외래객입국 및 관광수입현황 해외관광자수, 내국인해외여행 경비
정보활용 여부	관광객지향	관광객을 위한 소개, 안내 등 관광객 지향자료
	관광객비지향	관광객에게 영향을 미치는 문헌이나 구전

자료 : 김향자 외(1999), 임성영(1995)

이와 같이 다양하게 분류가능한 관광정보는 정보의 유형에 따라서 활용대상이 다양함을 알 수 있다. 먼저 관광객은 관광기대욕구를 충족하기 위하여 CRS, 인터넷 등을 활용하여 정보의 접속성과 편리성을 꾀하고 다양한 매개체를 통하여 관광정보를 수집하고 예약 등을 한다. 관광업계에서는 관광객의 관광욕구를 파악하여 관광상품을 개발하고 판매 증대를 위하여 노력한다. 그들은 관광서비스 확충을 통한 관광사업진흥과 마케팅전략 수립에 정보를 활용한다. 특히 관광지 개발, 관광시설 확충과 보존 그리고 관련업계와의 유대강화 등을 추구한다.

관광학계에서는 관광현상에 대한 연구를 위하여 관광정보를 활용하게 되며 인력배출, 관광개발 및 정책에 대한 이론연구 등에도 필요하다. 공공기관은 관광정책의 수립, 법제도정비 홍보 등을 위하여 관광정보를 활용한다.

3 관광정보제공 매체의 유효성

관광객의 관광행동과 행동과정에 영향을 미치는 정보매체는 매우 다양하게 존재한다. 과거에는 PC통신이나 FAX 등을 활용하여 관광정보를 제공하기도 했으며, 최근에는 주로 인터넷을 활용하고 있다. 이외에도 안내소나 인쇄물 등을 이용하는 사례는 주변에서 많이 발견되는 매체들이다.

현재 주로 활용되는 인터넷 매체는 향후 무선화된 다양한 정보기술이 활용될 것으로 예상되는데, 이러한 매체들의 유효성을 살펴보면 다음과 같다.

〈표 3-3〉 관광행동과정에 있어서 정보전달매체의 유효성

<table>
<tr><th>구 분</th><th>유발정보</th><th>선택정보</th><th>계획정보</th><th>현지정보</th><th>정보교환</th></tr>
<tr><td>안내소
(안내원)</td><td>-</td><td colspan="2">○
직접 면담을 통해 정확한
정보제공</td><td>○
가장 적합한
정보제공</td><td>◎
1:1면담으로
정보제공</td></tr>
<tr><td>인쇄물</td><td>◎
팸플릿,
포스터</td><td>○
관광가이드북
여행잡지</td><td>△
조건검색
불가</td><td>×
개별정보만
취득가능</td><td>×</td></tr>
<tr><td>전화(ARS)</td><td>×
음성은
부적합</td><td>×
음성은
부적합</td><td>△
재택예약
일부가능</td><td>○
정보취득
제한적</td><td>×</td></tr>
<tr><td>FAX</td><td>△
유발용
부적합</td><td>△
정보단위
한정</td><td>○
교통접속
지도정보가능</td><td>○
취득정보량
풍부</td><td>×
기본적으로
1:1정보교환</td></tr>
<tr><td>인터넷</td><td>◎
동영상 등
실시간 가능</td><td>◎
데이터베이스
정보검색</td><td>◎
조건검색
기능제공</td><td>◎
시공
초월</td><td>◎
평가, 통제
정보 검색</td></tr>
</table>

주 : ◎ 매우 우수, ○ 우수, △ 보통, × 불량
자료 : 김향자 외(1999)

위에서 살펴 본 바와 같이 관광정보의 제공 매체로서 가장 뛰어난 기능을 갖춘 것은 인터넷 매체임을 알 수 있다. 따라서 국가 및 지방자치단체와 관광기업체 등이 관광정보를 효율적으로 제공하기 위하여 인터넷 매체를 활용하는 최근의 추세는 이에 근거한 것으로 볼 수 있다.

4 관광정보 제공기관

(1) 한국관광공사

한국관광공사는 1962년 6월 26일 한국 관광산업의 발전을 위하여 설립된 공기업이다. 1969년 호텔학교(현 관광교육원)을 개설하였고, 1975년에는 국내 관광안내원 자격제도를 처음으로 시행하였다. 1977년부터는 관광고객만족도를 제공할 목적으로 관광불편신고센터를 설치하여 운영중에 있으며, 현재 관광안내전시관 등을 통해 관광정보 제공, 여행상품 및 교통편 예약, 한류 및 전통문화 전시체험, 관광관련 세미나 및 행사개최 등을 수행하고 있다.

한국관광공사에서 제공하는 관광정보는 관광안내소, 안내책자 및 지도, 관광안내전화 1330, 모바일 서비스, 인터넷 등 다양한 매체를 통해 전달되고 있다. 다음 그림은 한국관광공사의 홈페이지로서 한국어 · 영어 · 일본어뿐만 아니라 세계 각국의 언어로 우리나라의 관광정보가 서비스되고 있음을 알 수 있다.

한국관광공사는 1987년에 터치스크린 방식의 PC관광안내 서비스를 실시한 바 있으며, 외국인의 의사소통 불편을 해소하기 위하여 1330을 이용한 영어 · 일어 · 중국어의 수신자부담 통역 서비스를 선보이기도 했다.

인터넷을 이용한 웹서비스는 1996년 10월부터 한국여행에 유용한 일반정보와 주요 관광지 소개, 지역정보, 숙박, 교통, 관광상품, 이벤트, 지역축제, 입출국 정보를 제공했으며, 국내 관광업계와 호텔, 박물관, 해외공보관 등의 웹사이트와 연계 운영되고 있다. 특히 트래블 플래너, 여행예약, 대중교통 안내, 관광전자지도 서비스를 통하여 관광정보 제공의 질을 높이고 있다.

[그림 3-1] 한국관광공사 홈페이지 인트로 화면

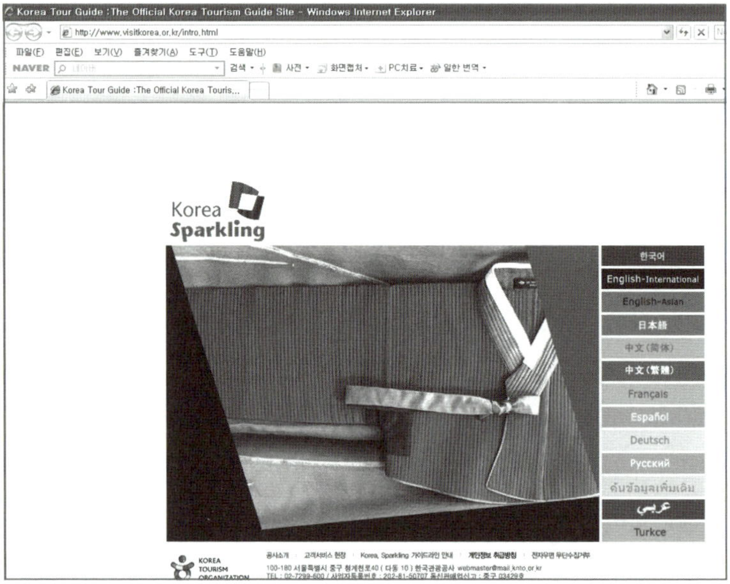

[그림 3-2] 한국관광공사 홈페이지 메인 화면

(2) 지방자치단체

지방자치단체(이하 지자체)들은 지역의 관광자원을 국내 및 국외에 홍보하기 위하여 인터넷 홈페이지를 개설하여 운영하고 있다. 우리나라는 1998년부터 각 지자체의 홈페이지 주소의 3차 도메인을 광역시는 metro, 도는 provin을 공통으로 사용하는 체제로 일원화 하였다. 지자체의 인터넷 홈페이지는 그 운영목적이 지자체의 홍보에 일차적인 목적을 두고 있으므로 관광정보제공사이트로서 존재하는 것이 아니고 다른 정보들과 함께 수록되어 있어 관광정보 사이트로서의 역할에는 한계가 있다.

다만 이와 같은 역할의 한계를 극복하도록 독려하기 위하여 한국관광공사는 문화체육관광부의 후원을 받아서 전국의 지자체 관광 홈페이지에 대한 평가 및 시상을 하고 있다. 최우수 지자체의 경우 광역 부문과 기초단체 부문으로 시상하고 있으며, 우수 지자체 부문에 대한 평가와 포상도 이루어지고 있다. 2008년의 전국 지방자치단체 관광홈페이지 평가과정과 결과를 살펴보면 다음과 같다.

한국관광공사가 주관하고 문화관광체육부가 후원하는 2008년 전국 지방자치단체 관광홈페이지 평가는 2008년 3월부터 11월까지 전국 16개 광역시 / 도 및 134개 기초지자체 등 총 150개 지자체 관광홈페이지를 대상으로 관광정보, 여행일반정보, 사용자 참여도, 운영관리, 영문 등 분야별 지표를 기준으로 평가가 이루어졌다. 관광공사는 사용자의 여행정보 이용행태를 분석하고 편의성을 고려한 사용자 중심의 지표를 개발하고 웹기획자, 관광학계전문가, 트래블로거, 여행전문기자, 외국인 등 지자체 관광홈페이지를 자주 이용하는 전문가들을 평가에 참여시킴으로써 평가의 객관성과 신뢰성을 확보하고자 하였다.

이와 같은 평가는 2001년부터 이루어지면서 지자체 관광홈페이지의 콘텐츠, 서비스, 디자인 등 다방면에서 많은 개선이 이루어지는데 공헌을 하였다고 보여진다. 2008년 평가결과에 따르면 최우수 지자체 광역부문에서는 제주도가 경남 통영시가 기초단체부문을 시상하였고, 우수 지자체로는 부산 해운대구와 경남 김해시 그리고 기초단체 부문에서는 강원도 정선군이 각각 선정되었다.

[그림 3-3] 제주특별자치도 문화관광 홈페이지

자료 : 제주특별자치도청(http://www.jeju.go.kr/contents/index.php?mid=05)

지방자치단체의 홈페이지에서 주로 제공되는 정보의 항목과 운영실태를 파악하는 것은 현재 관광정보 제공의 현주소를 파악하는 많은 도움이 될 것이며, 향후 발전과제를 도출하는데도 필요할 것이다.

첫째, 관광지정보이다. 각 지자체들의 정보 제공 수준은 큰 차이가 없는 것으로 판단된다. 대부분의 지자체가 유형별, 지역별로 구분하여 제공하고 있으며, 지자체의 환경에 따라서 약간의 차이는 존재하고 있다. 예를 들면, 서울시는 전철과 도보로 이동수단을 세분화 한다든가 부산광역시는 테마여행, 축제투어, 코스관광, 알뜰관광, 근교여행, 관광지 소개 등으로 세분화하고 있다.

둘째, 숙박정보는 호텔과 여관 등의 숙박정보를 기본으로 휴양콘도미니엄, 민박, 야영시설 등의 정보가 제공되기도 한다. 정보제공 방법으로는 관광지별로 정보를 제공하는 경우도 있고, 별도의 사이트 항목을 만들어서 제공하는 경우도 있었다. 숙박정보에서 아쉬운 점은 정보제공에 국한되고 직간접적으로 예약을 유도하는 적극적인 정보제공이 되지 않는 경우가 많았다.

셋째, 교통정보는 지자체마다 정보제공 수준은 비슷하나 일부 지자체는 항공사, 철도청, 여행사 등과 제휴하여 정보검색이 용이하고 정확한 정보를 제공하려는 노력을 하는 사례가 있었다.

넷째, 역사와 문화정보는 관광정보에서 매우 중요한 정보이다. 특히 외국인 관광객들은 방문지의 고유문화에 관심이 높기 때문에 광광대상에 대한 상세한 설명이 필요하다. 물론 내국인에게도 이와 같은 정보는 교육차원에서 가치가 높아지고 있다. 선진국에서는 문화관광의 수요증가에 맞추어 관광자원에 대한 설명과 안내방법에 대한 관심이 고조되고 있다.

다섯째, 관광에 있어 그 중요성이 날로 증대되는 요소는 레저, 스포츠 활동이 될 것이다. 각 지자체들이 자연환경과 어울리는 레저스포츠를 소개하려는 노력은 늘고 있지만, 우리나라의 스포츠와 레저시설의 부족으로 그 제공수준이 빈약한 것이 사실이다. 이에 대한 개발 노력이 요구된다.

여섯째, 사회 및 산업정보는 특산물에 대한 정보제공이 대다수를 자치하며 전화를 통한 주문이 가능하고 최근에는 전자결재를 통한 쇼핑몰의 형태로 제공되기도 한다. 공연, 전시, 박람회 정보가 제공되기도 한다.

일곱째, '금강산도 식후경' 이라는 옛말과 같이 관광정보에서 중요성이 날로 증대되는 항목이 음식정보가 될 것이다. 각 지자체마다 향토음식과 전통음식에 대한 설명과 이미지 그리고 유명한 음식점의 전화번호 등의 정보가 제공되고 있다. 하지만 유명음식점이라는 이유만으로 제공되는 정보만을 믿고 방문했던 소비자들의 만족도가 낮은 경우가 많고, 제공되는 정보의 양도 부족한 사례가 많다. 따라서 지자체의 검증 노력과 세부정보의 취득절차가 수립되어야 할 것이다.

이외에도 지자체의 관광정보 사이트에서는 쇼핑정보, 이벤트 정보, 기타 관련 사이트 링크 등이 제공되고 있으며, 이러한 정보는 점차 확대되고 있는 실정이다.

(3) 한국관광협회중앙회

한국관광협회중앙회는 1963년 3월 11일 관광진흥법 제39조에 의거 설립된 특수법인으로 한국의 관광업계를 대표하여 업계 전반의 의견을 종합조정하고, 국내외 관련기관과 상호 협조함으로써 산업의 진흥과 회원의 권익 및 복리증진에 이바지함을 목적으로 설립된 단체로서 그 기능과 업무는 다음과 같다.

- 관광업계 전반의 건전한 발전과 권익증진을 위한 사업
- 관광업계의 대표기능과 관련된 업무
- 업종별 · 지역별관광협회 및 관광업계의 지도조정 업무
- 관광진흥과 관련 정책의 제안 및 대정부 건의 업무
- 관광사업 진흥을 위한 각종 관련 정보의 수집, 조사 · 통계 업무
- 건전 관광문화 정착을 위한 대국민 홍보활동
- 관광진흥을 위한 국제관광기구에의 참여 등 대외 활동
- 관광상품권 발행 및 운영에 관한 사항
- 관광복권 발행
- 관광종사원 자격시험 시행 및 사후 관리 등 정부 위탁사업
- 관광진흥을 위한 국내 관련기관 · 단체와의 유대강화

- 관광공제사업과 관광명품점 운영
- 자산 임대사업
- 기타 협회의 목적 사업수행 함에 있어 필요한 경비를 충당하기 위한 사업

[그림 3-4] 한국관광협회중앙회 홈페이지

자료 : http://www.koreatravel.or.kr

이와 같은 한국관광협회중앙회 홈페이지를 통하여 제공되는 관광정보는 관광법규, 관광식당안내, 국내여행정보, 국내숙박정보, 국외여행정보, 국외여행도우미, 국외여행안전정보, 관련 사이트 등이다.

(4) 기타 기관 및 업체

현재 인터넷에서 우리나라를 해외에 홍보하는 웹사이트는 한국관광공사와 해외홍보원의 사이트가 대표적이다. 문화체육관광부는 해외홍보원을 1995년부터 코리아윈도(www.kois.go.kr)로 개설 운영하고 있으며, Korea.net은 문화체육관광부 해외문화홍보원이 운영하는 대한민국의 정부대표 영문 웹사이트로, 한국과 관련된 전반적인 정보를 편리한 웹 환경에서 제공하는 한국 소개의 관문 역할을 수행하고 있다.

문화 중심 한국소개 포털 사이트로서 Korea.net은 한국에 대한 좀 더 정확하고 시의성 있는 정보를 전달하는데 목적을 두고 있으며, 좀더 나은 사용자 환경을 위해 현재 Korea.net은 4개의 메인 섹션 - News Today, Korea Info, Events, Library, Directory로 메뉴를 구성하였다.

[그림 3-5] 가고파 여행포탈 사이트

자료 : www.kagopa.com

이외에도 민간차원에서 관광정보를 꾸준히 제공하는 사이트도 있다. 가고파(www.kagopa.com)는 10여년의 업력을 바탕으로 국내여행정보관련 데이터베이스를 구축함으로써 실용적인 수요자 중심의 정보를 제공하려는 노력을 기울이고 있다. 여행정보, 여행교통, 테마여행, 숙박 및 맛집 정보 등이 제공되고 있으며, 특히 여행자들의 여행과정을 기록해 둠으로써 비슷한 여행을 즐기려는 소비자들에게 유익한 정보를 제공할 목적으로 만들어진 여행만들기 컨텐츠는 차별화된 서비스로 호평을 받고 있다.

제4장

관광정보 시스템의 이해

학습목표

- 관광정보시스템의 개념과 내용구성을 이해한다.
- 관광정보시스템의 효과와 이를 극대화하기 위한 마케팅을 이해한다.
- 관광정보시스템의 구성 및 개발단계를 이해한다.

관련기사

"[문화관광부] 선진형 관광안내체계, U-travel City 시범사업 추진!"

인터넷, 모바일, 유비쿼터스 등 정보 기술을 응용하여 관광지, 숙박·음식, 지리정보 등 지역 관광 정보를 실시간으로 쉽고 빠르게 제공하는 '선진형 관광안내정보 서비스 시범사업'인 U-travel City 사업 추진이 본격화된다.

문화관광부는 '04~'05년 안동·속초에서 실시한 관광정보화 시범지역 구축사업의 성과를 기반으로, '06년에는 통영시·보령시에서 모바일과 RFID(Radio Frequency IDentification : 사물에 전자태크를 부착, 무선통신 기술을 이용하여 사물 및 주변상황 정보를 감지하는 센서 기술) 시범 서비스가 결합된 새로운 선진형 관광정보서비스 시스템을 구축한다. 특히, RFID를 이용한 관광안내정보 시범 서비스 모델을 정립하기 위하여 '06년 3월부터 5월까지 정보통신부, 이동통신사 및 한국문화관광정책연구원등 관계 기관이 참여하는 TF를 구성하여 운영하는 등 사업의 성공적 추진을 위한 협력 체계를 지속, 강화해오고 있다.

사업 추진을 위해 관광진흥개발기금 15억원, 지방비 15억원 총 30억원의 예산이 투입되며, '07년 상반기 중 시스템 구축을 완료하고 서비스를 실시할 계획이다.

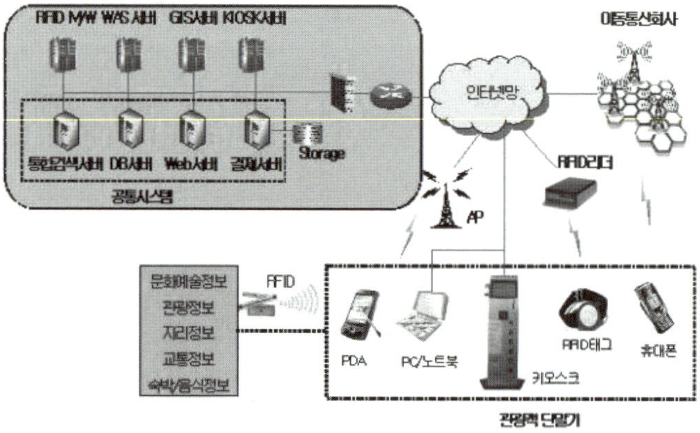

U-travel City 사업의 주요 구성은 다음과 같다.
우선, 해당 지역의 관광특성을 고려하여 관광지 정보, GIS(geographic information system, 지리정보시스템)정보, 관광예약(숙박 / 음식) 및 결제가 가능한 관광포털사이트를 구축하고 웹과 KIOSK(공공장소에 설치된 터치스크린 방식의 정보전달 시스템), 모바일과 연동하여 관광정보를 제공한다.

또한, 유비쿼터스 기반기술인 모바일RFID 기술을 이용하여 관광안내정보를 제공하고, 지속적인 서비스 확대를 위해 이동통신망을 이용한 관광안내서비스를 구축한다. 구체적으로는 관광지, 박물관 등 시범지역의 관광자원에 RFID Tag를 부착, 이동통신망을 이용하여 RFID를 인식할 수 있는 모바일 또는 Reader기를 통해 관광자원 정보를 제공하게 된다. 아울러 해당지역의 관광안내 및 홍보를 위해 관광객에게 SMS(short message service), MMS(Multimedia Message Service) 등을 통해 관광홍보서비스를 제공하고, 이동통신망을 통해 모바일 쿠폰 서비스를 제공하여 지역관광사업체의 홍보 효과를 높일 계획이다.

이와 더불어 시범도시에 적합한 관광지리정보서비스 및 해당 지역의 관광교통안내도를 구축하여 웹·KIOSK·모바일과 연계한 서비스를 제공하고, 시범지역의 주요 관광거점에 KIOSK를 설치하여 지역 방문객에게 관광정보, 교통정보, GIS 정보, 숙박예약 결제 기능 등을 제공하고 1330관광안내전화와 연동하여 서비스를 제공할 계획이다.

유비쿼터스와 관광서비스의 만남으로 새로운 차원의 관광안내정보서비스를 제공하게 될 U-travel City 사업은 9월 27일 통영시 및 10월초 보령시의 사업 발주로 본격적인 구축사업이 본격화될 예정이다.

자료 연합뉴스(2006. 09. 26)

관련기사

관광지식정보시스템 - 투어고

지식기반 관광정보의 요람, 관광지식정보시스템입니다

한국문화관광연구원 관광지식정보시스템은 지식기반 사회로의 이양 및 정보기술 발전 추세에 따라 관광부문의 정보화 사업 추진 전략을 제시한 국가관광정보화 추진 전략계획(문화관광부, 2002년)에 근거하여 연차사업으로 운영되고 있습니다. 현재 관광DB서비스를 통하여 통계DB, 지식DB, 자원DB 등의 수요자 중심의 관광관련 서비스를 제공하고 있으며, 통계 수요의 증가에 따른 다양한 형태로의 통계제공이 가능토록 지속적인 시스템 개선을 통해 수요자 요구에 맞는 서비스를 제공하고 자 노력하고 있습니다.

자료 투어고 홈페이지(2020. 01. 30)

1 관광정보시스템의 개념과 내용구성

관광정보시스템(TIS, Tourism Information System)은 관광객, 종업원, 경영자에게 필요한 관광정보와 부수 정보를 데이터베이스로 구축한 정보시스템이다. 관광정보시스템에 구축된 정보는 관광지, 교통, 숙박, 예약, 여행일정, 가격, 문화, 기후, 환율, 고객정보, 관련회사 정보, 매출액, 이익 등에 관한 총체적 자료이다.

이것은 ① 관광지정보, ② 상품정보, ③ 고객정보, ④ 경영정보로 나누어 설명하면 다음과 같다. 관광지정보와 상품정보는 고객을 위한 정보이고, 고객정보와 경영정보는 사업자를 위한 정보이다. 관광지정보는 관광지의 역사, 문화, 기후, 교통, 안전, 환율, 쇼핑, 축제 등을 포함하고, 상품정보는 관광일정, 숙박, 교통, 가격, 서비스 등을 포함한다.

양질의 관광지정보와 다양한 상품정보는 매출이익에 직결되므로 경영자는 여기에 중점을 두어야 한다. 고객정보는 고객의 인적사항 및 취향에 대한 정보를 데이터베이스화하여 마케팅에 활용하고 경영정보는 판매현황, 재고현황, 매출, 이익, 회계, 총무 등에 관한 정보를 활용한다.

관광지에 관한 정보는 기본적으로 관광지의 지도, 사진, 역사, 특색, 유래, 연계관광지 등을 포함하고 있어야 한다. 고객을 상담할 때 이들 정보를 활용할 수 있다. 만약 고객이 요청한 정보를 즉시 제공하지 못해서 당황하는 모습을 보이면 신뢰감을 주지 못한다.

관광정보시스템에 관광지 이름만 입력하면 지도가 펼쳐지고, 그 지역의 역사와 문화자원을 동영상으로 보여준다면 효과적인 상담이 될 것이다. 부가적으로 지역의 축제, 메가이벤트, 주변의 연계관광지 등에 대한 정보를 제공한다면 좋은 관광지 소개는 관광상품의 질을 높이는 +α의 느낌을 줄 수 있다.

[그림 4-1] 관광지의 예

또한 지역의 문화는 오랜 시간에 걸쳐 지역특성에 따라 형성된 것으로, 외국인에게 호기심과 존경의 대상이 되는가 하면 불편하고 당황스럽기도 하기 때문에 사전에 문화정보를 제공하여 지역문화를 이해하는 기회를 제공하는 것도 바람직하다.

그 밖에 날씨 · 안전 · 교통 · 전통음식 · 기념품 등에 관한 정보도 필수적이다. 가령 날씨의 경우, 우리나라의 기후만을 생가하고 해외여행을 갔다가는 낭패를 볼 수 있다. 호주나 뉴질랜드 같이 남반구에 속한 나라는 우리나라와 기후가 정반대이고, 중국의 북경은 우리나라보다 북쪽에 있으면서도 여름철에는 최고 40도가 넘는 찜통이다. 또 백두산은 기온이 낮기 때문에 여름 3개월만 개방되는데, 그걸 모르고 여행을 계획했다가는 허탕을 칠 수 있다. 그 밖에 건기와 우기도 고객에게 제공해야 할 중요한 관광정보이다.

안전에 관한 정보는 고객의 생명과 재산에 관한 것이므로 유의해서 작성해야 한다. 해외여행 도중 말라리아로 사망을 하거나 강도, 소매치기, 테러, 지진 등으로 곤경에 처하지 않도록 중요 사항을 반드시 포함시켜야 한다. 특수한 상황뿐만 아니라 래프팅, 바나나보트, 해수욕과 같은 일반적인 관광활동 중에도 생명을 잃은 경우도 있으므로 수시로 안전에 관한 정보를 고객에게 알려주어야 한다.

교통정보는 이동수단과 이동거리 및 이동시간에 관한 정보이다. 교통수단은 가격과 시간, 그리고 고객의 건강과 심리상태와 관계가 있으므로 정확한 정보가 제공되어야 한다. 해외여행을 할 경우에 같은 지역을 가더라도 교통수단이 비행기인지 선박인지에 따라 여행시간과 비용이 다르고, 피로도와 감동이 다르기 때문에 교통정보는 가급적 자세하게 제공해야 한다.

전통음식과 기념품 그리고 토산품은 여행의 빼놓을 수 없는 즐거움이다. 가령 토산품에 대한 자세한 정보를 제공하고 현지에서 제작과정을 견학할 수 있다면 관광객은 그 상품에 더욱 매료될 것이다. 필자들도 유럽 등지를 여행하면서 프랑스 향수공장, 네덜란드 다이아몬드 세공공장, 피렌체 가죽공장, 베니스 유리공장, 독일의 전통주 공장 등을 견학할 수 있는 기회가 있었는데 매우 값진 여행이 되었다.

2 관광정보시스템의 효과

컴퓨터산업 및 정보기술의 발전에 힘입어 다양한 산업분야에서 사무 자동화 및 업무 전산화에 초점을 맞추어 활발한 발전이 이루어지고 있다. 조직의 업무환경을 하나로 통합 운영하고자 하는 욕구는 근거리 통신망과 인터넷의 실용화로 가능하게 되었다.

그런데 호텔과 항공사는 대부분 각자의 사업특성에 맞는 호텔정보시스템과 항공예약시스템을 갖추고 있지만, 정작 관광정보시스템이 가장 필요한 여행사는 자본구조가 영세하고 경영자의 정보화 마인드가 부족하여 시스템 구축에 어려움을 겪고 있다.

경영주의 입장에서 관광정보시스템은 시간, 비용, 인력이 필요하고 뿐만 아니라 그에 따른 유지비도 뒤따르는 반면 당장 가시적인 이익이 없기 때문에 선뜻 결정을 내리지 못하는 것 같다. 그러나 관광정보시스템은 경영주, 종업원, 고객 모두에게 혜택을 줄 수 있는데, 그 효과를 살펴보면 다음과 같다.

첫째, 경영주의 입장에서 운영이익을 높이는 하나의 방편이 될 수 있다. 관광정보시스템은 업무효율을 향상시켜 종업원의 업무처리가 신속하게 이루어지므로 더 많은 고객을 응대할 수 있게 되고, 고객에게 양질의 서비스를 제공하여 매출과 이익을 증가시키고 종업원의 증원을 최소화하고, 장단기 경영정보를 얻을 수 있다.

둘째, 직원의 입장에서 관광정보시스템의 사용에 익숙해지기까지 다소 시간이 걸리겠지만, 점차 신속한 업무를 처리할 수 있는 도구가 되고 단순반복업무를 줄일 수 있게 된다. 특히, 관광정보와 상품내용을 다 기억할 수 없는 직원의 입장에서 관광정보시스템은 신속한 상담을 지원한다.

셋째, 고객의 입장에서 전산처리에 대해 신뢰감과 전문성을 느낄 수 있고, 다양한 정보를 제공받을 수 있다.

이와 같이 관광정보시스템은 경영주에게 최대의 이윤을 보장하고, 직원에게 업무환경을 개선하여 보람있는 일터를 조성하고, 고객에게 양질의 서비스가 지원될 수 있도록 한다. 관광정보시스템의 필요성에 대해서 다시 한 번 세부적으로 살펴보면 다음과 같다.

첫째, 관광객의 욕구를 쉽게 파악할 수 있다. 급변하는 사회・문화적 환경과 관광객의 욕구를 시의적절하게 파악하고 대응하는 노력은 관광기업의 최대 과제임에 틀림없다. 갈수록 치열해지는 관광환경 속에서 경쟁력을 확보하기 위해서는 관광객의 다변화된 욕구를 적시에 파악하고 이에 대응하기 위한 관광정보시스템이 요구된다.

둘째, 기업의 성과를 극대화할 수 있다. 관광기업의 경쟁력은 빠르고 정확한 의사결정을 통해서만 가능하다. 소비자가 원하는 상품을 빠른 시간 내에 만들어서 제공할 때 안정적인 수요를 확보할 수 있다.

셋째, 관광객의 만족도를 높일 수 있다. 관광정보가 양적 질적으로 확대되면서 그동안 수작업으로 제공되던 정보는 관리의 한계에 도달했다. 텍스트 위주에서 멀티미디어 환경으로 전환되는 시대에 고객의 만족도를 높이기 위한 관광정보시스템은 차별화요소이기 보다 기본적인 요소가 되었다.

3 관광정보시스템과 마케팅

훌륭한 관광정보시스템은 그 자체가 매력적인 마케팅 도구이다. 호텔직원이 체크인하는 고객을 앞에 두고 한참동안 예약카드를 뒤적이는 것보다 클릭 몇 번으로 고객의 신상정보를 조회해서 수속을 완료하는 것이 훨씬 인상적이다.

여행사를 방문한 고객에게 여행상품 일정표와 여행지 정보를 서류 꾸러미에서 찾아주는 것보다 여행사 직원과 고객이 동시에 볼 수 있도록 두 개의 모니터가 양쪽으로 놓여 있고, 화면에는 세계지도가 있어서 지역을 클릭하기만 하면 관련정보가 화려한 동영상으로 펼쳐지는 쪽이 만족을 높이고, 상품의 구매를 촉진하는 요인이 된다.

[그림 4-2] 여행상담

적절한 관광정보제공은 관광욕구를 가진 현재의 관광객뿐만 아니라 잠재된 관광객에게 효과적인 마케팅 수단이 된다. 관광정보제공은 Dann의 pull factor에 해당하는데, 이것은 관광지에 존재하는 정보(흥미로운 시설, 자연경관,

이벤트 등)를 제공하여 관광욕구를 자극한다. 상품정보는 다양한 관광객의 취향을 충족시키기 위해서 관광내용, 숙박, 교통, 가격, 서비스 등을 상세하고 충분하게 소개하는 것이 좋다. 고객의 성별, 연령, 학력, 소득 등에 관한 정보는 고객의 성향을 파악하는데 도움이 되며, 행사가 끝난 뒤에도 DM 발송, 텔레마케팅을 통해 재구매를 유도하는데 활용할 수 있다.

전세계에 체인을 가진 호텔에서는 고객의 정보를 상호 공유하여 영업에 활용하기도 한다. 즉 뉴욕에 소재한 호텔에서 투숙할 때 딱딱한 베개를 요청했던 기록을 보고 다른 도시의 호텔에서 고객의 요청이 없어도 알아서 준비해 두었을 때 고객은 감동한다. 단골 투숙객에게는 더 세심한 배려와 혜택이 필요한데 마일리지와 같은 제도가 좋은 예이다. 정보시스템의 구축은 고객을 분류하고 예측하는데도 유용하다.

고객의 신상명세와 개인정보를 조합해서 '판별분석'을 하면 단골고객 가능성에 대한 정도를 파악할 수 있고, 그에 따라 VIP서비스를 제공할 것인지, NORMAL 서비스만으로 충분한지 판단할 수 있게 된다.

인터넷이 보급되면서 호텔에서도 홈페이지를 구축하고, 동영상으로 객실 내부를 보여주는가 하면, 인터넷으로 예약시에 할인혜택을 주는 등 사이버 공간의 활용이 극대화 되고 있다. 이제 고객은 전화로 상담할 필요없이 온라인 상에서 예약현황을 직접 보면서 예약하는 시대가 되었다.

자사 홈페이지를 방문하는 고객의 e-mail을 꾸준히 확보하여 DB를 구축하고, 고객에게 생일카드를 e-mail로 보내거나 할인상품 소개를 꾸준히 한다면 고객만족과 매출증대에 크게 도움이 될 것이다. 또 고객의 의견도 수렴할 수 있어 신규상품 기획에 대한 아이디어도 얻을 수 있다.

4 관광정보시스템과 관광사업

관광사업은 관광진흥법 제2조에 '관광객을 위하여 운송 · 숙박 · 음식 · 운동 · 오락 · 휴양 또는 용역을 제공하거나, 그 밖에 관광에 딸린 시설을 갖추어 이를 이용하게 하는 업'이라고 정의되어 있다. 또 관광사업의 종류는 제3조에 여행업, 관광숙박업, 관광객이용시설업, 국제회의업, 카지노업, 유원시설업, 관광편의시설업으로 분류되어 있다.

가장 대표적인 관광사업이라고 할 수 있는 여행사 · 호텔 · 항공사는 각자의 특성에 따라 정보시스템을 발전시켜 왔다. 호텔은 객실이 주요 상품이므로 호텔의 정보시스템은 객실예약, 객실관리 그리고 고객계정에 관한 내용이 주를 이루고 그밖에 식음료업장관리, 전화요금산출관리, 백오피스관리 등을 포함하고 있다.

항공사는 항공좌석 판매가 주업무이므로 항공좌석의 예약 및 발권이 정보시스템의 상당 부분을 차지한다. 여행사는 상품자체에 호텔, 항공, 식사 등을 모두 포함하고 있어 이들을 포괄하는 관광정보시스템을 제공하여야 한다.

인터넷이 급속하게 성장하고 있는 요즘은 분야에 상관없이 종합적인 관광정보를 홈페이지에 담고 있는 추세이고, [그림 4-3]과 같이 관광정보만을 전문적으로 제공하는 웹사이트도 늘고 있다. 〈표 4-1〉은 종합여행정보를 제공하고 있는 웹사이트다.

〈표 4-1〉 종합관광정보 웹사이트

사이트명	웹주소	주 요 내 용
insidekorea	www.insidekorea.com	외래관광객을 위한 한국 관광 정보
Tour World	tour.daum.net	관광일정별 관광지 소개, 날씨, 환율, 시차
toursys	www.prosyss.co.kr/toursys	종합관광정보

WEBSITE 114	www.letsgo.co.kr	종합관광정보
여행사랑	www.ilovetour.co.kr	종합관광정보
원스탑코리아	1stopkorea.com	국내 거주 외국인들이 한국 관련 정보를 직접 수집해 제공
택리지21	www.koreantour.net	종합 관광정보, 각종 예약, 여행담, 날씨
테마 코리아	www.themekorea.co.kr	한국을 방문하는 외국인들에게 한국의 문화와 여러 가지 정보를 제공
투르마	www.tourma.com	여행정보, 전세계 이벤트와 축제, 예약, 환율
투어리즘코리아	www.tourism.co.kr	관광정보, 관광구인구직, 관광법규, 관광뉴스, 관광학교, 관광자료, 관광서적
한국관광공사	www.knto.or.kr	관광정보, 관광통계, 관광지도
한국의 창	www.kocis.go.kr	한국의 문화, 역사, 예술, 음악, 사회, 정치 등에 관한 정보

[그림 4-3] 종합여행정보를 제공하는 여행사랑 홈페이지

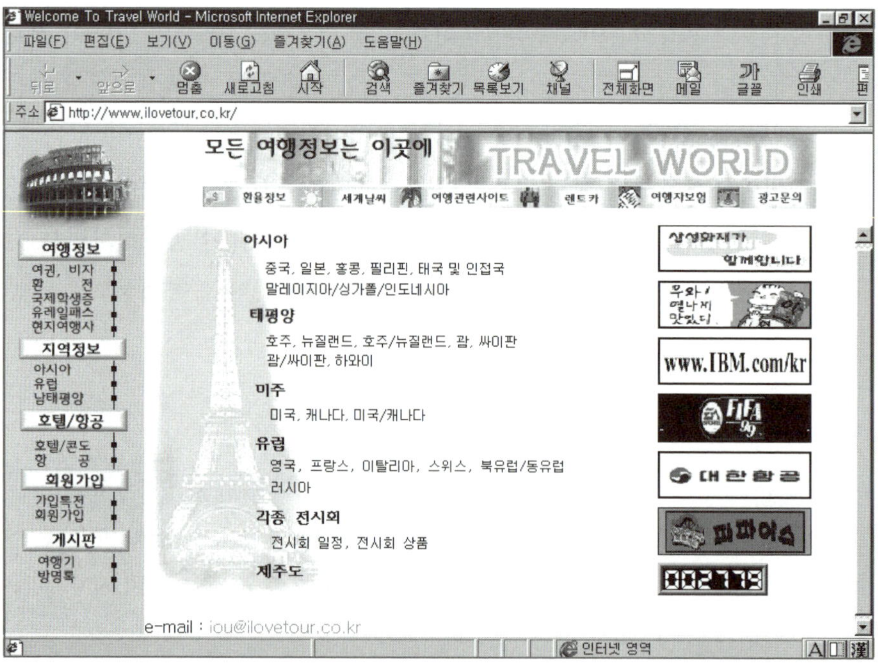

5 관광정보시스템의 접근법

다양한 정보시스템의 접근법을 통하여 관광정보시스템의 이해를 돕고자 하며, 이후 이러한 접근법의 이해를 통해 조직의 상황과 환경에 맞도록 통합 조정하는 능력이 필요하다고 본다.

첫 번째, 기술적 접근법이다. 이는 컴퓨터와 인간을 대비하여 컴퓨터의 기능적인 면을 부각시키는 방법이다. 정보처리의 능률적인 면에서 전산화는 반드시 필요하며 이를 위하여 업무의 표준화가 요구된다.

두 번째, 인적요소 접근법이다. 경영학의 역사적 측면을 고려할 때 과학적 관리론의 부정적인 면을 극복하기 위해 인간관계론이 대두되었던 것과 같은 맥락이다.

세 번째, 의사결정론적 접근법은 관광정보시스템이 관리자를 지원하는 측면을 강조하는 것이다. 관광기업 관리자의 주된 업무는 의사결정이며, 이를 지원하기 위한 것이 관광정보시스템이라는 관점이다.

네 번째, 관리자 역할 접근법이다. 관리자 역할에 대한 합의된 기준이 명확하지는 않지만 대체로 계획, 실행, 통제 역할과 대인적 역할, 정보전달자 역할, 의사결정역할을 수행하는 것으로 간주할 때 관광정보시스템은 이러한 역할을 지원하는 시스템으로서 가치를 갖는 것으로 이해하는 접근법이다.

다섯 번째, 환경적 접근법이다. 조직의 입장에서 환경은 매우 중요한 요인이다. 다만 환경요인은 대부분 관리자가 통제불가능한 요소가 많기 때문에 이를 정확히 이해하고 적응하거나 또는 주도적으로 활용하는 자세가 요구된다. 또한 조직관리는 환경에 따라서 다르게 이루어져야 한다는 관점에서 관광정보시스템이 환경을 파악하고, 이에 적절하게 적응하는데 필요한 시스템으로서의 역할을 요구하는 접근법이다.

이러한 접근법 이외에도 관광정보시스템을 이해하기 위한 조직 접근법, 혁신 접근법, 정치적 접근법 등이 존재한다. 다만 이러한 각각의 접근법이 개별적으로 이해되기보다는 앞서 언급한 바와 같이 관광기업의 상황에 따라서 다양한 결합과 조정이 필요할 것으로 판단된다.

6 관광정보시스템의 개발단계

관광정보시스템의 개발단계는 기존 시스템이 존재하는 경우 문제인식단계를 시작으로 신규 시스템의 타당성 검토, 시스템 분석 및 설계, 코딩 및 운영단계를 거쳐 평가단계로 마무리 되는데, 이를 구체적으로 살펴보면 다음과 같다.

(1) 문제인식 또는 요구분석

관광정보시스템의 개발을 위한 첫 번째 단계는 기존 시스템이 있는 경우와 없는 경우로 나누어 볼 수 있다. 기존 시스템이 존재하는 경우는 시스템의 문제를 인식하는데서 개발이 시작될 것이다. 만약 기존의 시스템이 없는 경우라면 조직이 관광정보시스템을 개발하려는 필요성을 명확하게 파악하는 단계가 될 것이다.

(2) 타당성 검토

관광정보시스템 도입에 따른 타당성을 검토하는 것이 시스템 개발의 두 번째 단계가 된다. 타당성 분석이란 시스템을 개발함으로써 획득하게 되는 효용이 투자비용을 초과할 수 있는지 여부를 판단하는 단계이다. 만약 타당성이 있는 여러 가지 대안이 존재한다면 최소의 비용으로 최대의 혜택을 얻을 수 있는 대안을 선택하는 노력도 이에 해당된다.

(3) 시스템 분석

시스템 분석은 관광객의 입장에서 볼 때 반드시 필요한 항목을 분석하는데서 시작된다. 시스템 분석 단계에서는 기존의 관광정보체계에서 다루어지지 않거나 시의 적절하게 제공되지 않던 정보를 주로 취급하게 되며, 필요성이 있다고 판단되는 것들이 설계 대상으로 포함된다.

(4) 시스템 설계

시스템 분석단계에서 정보이용자 또는 관광객 입장에서 문제의 소지가 있다고 판단되는 정보가 인식되면, 이 문제점을 해결하기위한 관광정보시스템의 설계가 이루어지게 된다. 새로운 자료를 포함한 모든 정보 프로세스가 흐름도(flow chart)로 표시되는데, 이러한 흐름도는 개괄적인 것과 상세한 것으로 나누어진다.

(5) 코딩 및 평가단계

코딩은 시스템분석가가 시스템 설계 단계에서 제시된 흐름도를 이용하여 관광정보의 산출과정을 컴퓨터 언어를 이용하여 구체화하는 단계로서 기본적으로 프로그래머에 의해서 수행되는 단계이다. 관광정보시스템의 구축은 코딩과정이 끝나면 바로 운영에 들어갈 수도 있지만, 논리상의 오류나 이용자의 요구사항이 나타나기도 한다. 따라서 시범운영을 통하여 평가단계를 거치는 것이 필요하다.

7 관광정보시스템의 구성

관광정보시스템을 효율적으로 운영하기 위해서는 서로 다른 조직간에 운영하고 있는 정보시스템의 연계가 필요하다. 또한 그것은 조직뿐만 아니라 지역간, 시스템간 통합방안이 요구되기도 한다. 과거와는 달리 최근에는 초고속통신망이 발달에 따라 시스템간, 조직간, 지역간의 관광정보시스템의 원활한 통합운영이 촉진되고 있는 상황이다.

(1) 관광산업정보시스템

관광산업정보시스템은 관광기업정보검색시스템, 관광안내정보시스템, 구인구직정보시스템, 부동산정보검색시스템 등으로 구성된다. 관광산업정보시스템은 주로 중앙정부와 지방자치단체에서 지역사회의 발전을 목적으로 구축되는데, 관광객 및 지역 내 관광기업, 지역 내 관광산업구조 등을 감안하여 선별적으로 구축하는 것이 효과적이다.

(2) 관광생활정보시스템

지방자치단체의 중요한 과제 중 하나는 살기 좋은 생활환경을 조성하는 것이다. 이러한 목적달성의 일환으로 이루어지는 관광생활정보시스템은 지역주민의 문화생활의 향상, 복지수준의 향상 등을 통하여 삶의 질을 높이는 효과를 가져다준다. 이러한 목적으로 구축되는 관광정보공개검색시스템, 관광객정보시스템(관광상담정보 DB, 관광생활정보 DB), 자원봉사검색시스템, 민박안내시스템 등이 여기에 포함된다.

(3) 관광행정정보시스템

교통관리시스템, 관광지리정보시스템, 환경정보시스템 등으로 구성되는 관광행정정보시스템은 시스템 구축에 많은 비용과 노력이 요구되기 때문에 유관기관과의 긴밀한 협조를 통하여 표준화 및 통일화를 기함은 물론, 데이터베이스의 상호 공유를 통하여 중복투자 등의 비능률을 없애는 노력이 요구된다.

제5장

여행정보 시스템

학습목표

- 여행업의 정의와 업무내용을 설명할 수 있다.
- 여행정보시스템에 대한 이해를 높인다.
- 각 여행업무에 여행정보시스템을 적용할 수 있다.

관련기사

해외여행 가이드앱 트리플이 누적 가입자 500만명을 돌파

자유여행자를 위한 여행앱 시장에서 인기를 얻고 있는 트리플은 여행자에게 꼭 필요한 정보만을 실시간으로 제공함으로써 가파른 가입자 상승뿐 아니라 월간 활성 사용자 수(MAU) 80만명, 실사용자 여행 리뷰 수 40만건을 기록하고 있다.

트리플은 호텔이나 패스, 투어, 액티비티 등 각종 여행상품의 예약 서비스는 물론 여행자의 실시간 위치정보와 빅데이터를 기반으로 여행자 상황에 맞게 관광지와 맛집, 쇼핑 리스트 등 다양한 콘텐츠를 제공한다.

트리플은 이달 현재 전세계 150여개 도시의 여행정보를 서비스하고 있으며, 최근에는 캐나다 토론토, 대만 가오슝 등 신규 도시 오픈에 박차를 가하고 있다. 올해 말까지 누적 가입자 600만명 돌파를 목표로 하고 있다.

트리플 대표는 “현지에서 실시간으로 올려주는 여행 리뷰와 잘못된 정보에 대한 적극적인 제보 등 사용자들과의 인터랙티브한 소통이 트리플의 빠른 성장 요인”이라며 “6월부터 더 많은 공급사를 통한 합리적인 가격의 호텔, 투어, 액티비티 상품 제공으로 다양한 해외여행자들을 충족시킬 것”이라고 말했다.

자료 파이낸셜 뉴스(2019. 06. 10)

1 여행업의 일반적 이해

(1) 여행업의 정의

여행업은 관광진흥법 제3조에서 「여행자를 위하여 운송시설, 숙박시설, 기타 여행에 부수되는 시설의 이용이나 이용의 알선 기타 여행의 편의를 제공하는 업」으로 정의하고 있으며, 이 내용을 구체적으로 살펴보면 다음과 같다.

① 여행자를 위해 운송・숙박 기타 여행에 부수되는 시설, 알선이나 대리계약을 체결하는 일
② 여행관련 사업을 경영하는 자를 위하여 여행자의 알선이나 대리계약을 체결하는 일
③ 타인이 경영하는 여행관련 행위에 부수되는 시설을 이용하여 여행자에게 편의를 제공하는 일
④ 여행자를 위해 여권(passport) 및 사증(visa)을 받는 절차를 대행하는 일
⑤ 여행자를 위해 여행정보를 제공하고 상담하는 일 등이다.

특히, 관광진흥법에서는 여행업자를 다음과 같이 구분하고 있다.

구분	내용
일반여행업	국내 또는 국외를 여행하는 내국인 또는 외국인을 대상으로 하는 여행업(여권 및 사증을 받는 절차를 대행하는 행위를 포함한다)
국외여행업	국외를 여행하는 내국인을 대상으로 하는 여행업(여권 및 사증을 받는 절차를 대행하는 행위를 포함한다)
국내여행업	국내를 여행하는 내국인을 대상으로 하는 여행업

(2) 여행업의 업무 내용

전술한 바와 같이 여행업이 취급하는 여행은 한국인의 국내여행과 국외여행(outbound), 외국인의 방한여행(inbound)의 3개 부분으로 구분되며, 취급품목을 열거해 보면 '국내여행업무 부문과 외국인여행업무 부문' 그리고 '국외여행업무 부문'으로 구분된다.

① 국내여행업무 부문·외국인여행업무 부문의 대표계약

	주 요 취 급 품 목
운송기관	항공 : 대한항공, 아시아나항공 등의 항공권 자동차 : 전세버스, 주요노선버스, 택시, 렌트카 등의 승차권 선박 : 주요 정기노선, 훼리, 유람선 등의 승선권
숙박기관	호텔 · 여관 : 호텔, 여관의 예약수배 기타 숙박시설 : 유스호스텔, 민박, 콘도미니엄 등의 쿠폰
관광시설	관광시설 : 사찰, 박물관, 공원 등의 입장권 식사 : 식사, 휴게실의 예약 수배
보 험	여행상해보험, 항공상해보험

② 국외여행업무 부문의 대표계약

	주 요 취 급 품 목
운송기관	항공 : 세계 각국의 항공회사의 항공권 철도 : 세계 각국의 주요철도의 승차권 버스 : 세계 각국의 전세버스, 주요노선버스, 유람버스의 승차권 선박 : 세계 각국의 주요정기노선, 유람선의 승선권
기 타	호텔 · 여관 : 세계 각국의 호텔 · 여관의 숙박권 안내 : 세계 각국의 안내 수배 보험 : 여행상해보험, 항공상해보험, 질병보험 여행자 수표 등

여행업은 운송기관이나 숙박시설을 관광객에게 대매(代賣)하여 수수료(commission)을 받거나, 이들을 조합하여 패키지여행(package tour)을 만들어 판매한다. 한편 초기단계의 여행업자는 대매업무를 중심으로 경영했으나 최근의 여행업자는 여행상품으로서의 패키지여행 판매에 주력하고 있다. 이러한 관계를 도시하면 다음과 같다.

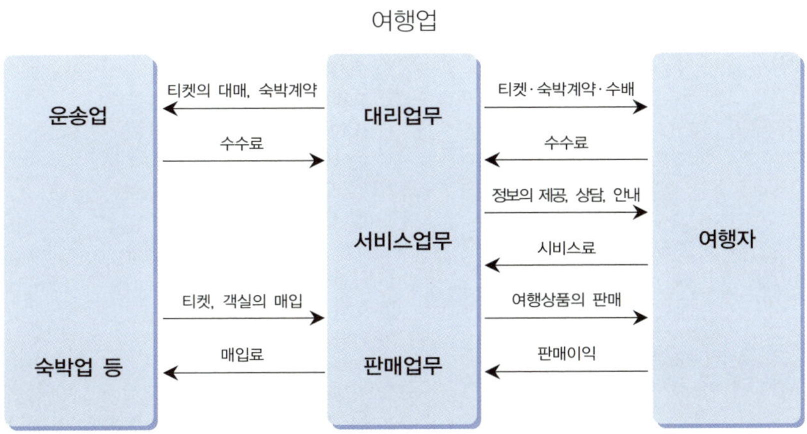

(3) 여행업의 조직과 여행상품

① 여행업의 조직

여행업의 조직은 일반적으로 여행형태별로 특수성이 있으나, 대체로 국내여행, 국제여행, 국외여행으로 구분하여 부서를 두고, 전체를 위한 기획 및 판매부서, 국외지사를 운영하고 있다. 특히 기획개발부서에서는 Domestic Tour 전문요원, In Bound Tour 전문요원, Out Bound Tour 전문요원, 홍보 및 판매를 위한 전문요원이 필요하다.

여행사 여행상품

여행사 여행상품

- 1. 국내여행상품 (Domestic Tours)
  - Retailer
    - ① 교통이용권(AIR, 철도, 선박 등)
    - ② Hotel의 숙박권 및 상품
    - ③ 타 여행사의 Package 상품
  - Tour Operation
    - ① 여행사가 기획조성한 것(Planning Tour)
      - ㉠ 여행사가 개발한 쿠폰
      - ㉡ 개인용으로 판매하는 Package Tour 상품
      - ㉢ 단체용으로 판매하는 Ready Made 상품
      - ㉣ Daily Tour(정기여행)
    - ② 고객의 주문에 의해 조성한 것 (Order Made(주문생산 상품)
      - ㉠ 개인으로부터의 주문
      - ㉡ 단체로부터의 주문
      - ㉢ Charter Bus의 판매
- 2. 국제여행상품 (In Bound Tours)
  - Retailer
    - ① 항공권
    - ② 호화유람선(Cruise Tour)
    - ③ 기타 Package Tour
  - Tour Operation
    - ① 여행사가 기획조성한 것
      - ㉠ 개인용으로 판매하는 Package Tour
      - ㉡ 단체용으로 판매하는 Ready Made Tour
    - ② 고객의 주문에 의하여 조성한 것 (Order Made 상품)
      - ㉠ 개인의 주문 ㉡ 단체의 주문
- 3. 국외여행상품 (Out Bound Tours)
  - Retailer
    - ① 교통의 이용권(항공, 철도, 선박 등)
    - ② 호텔이용권
    - ③ 기타 Package Tour
  - Tour Operation
    - ① 여행사가 기획조성한 것
      - ㉠ 개인용으로 판매하는 Package Tour 상품
      - ㉡ 단체용으로 판매하는 Ready Made Tour 상품
    - ② 외국여행사 또는 고객주문에 의한 상품 (Order Made상품)
      - ㉠ 외국여행사의 요구
      - ㉡ 개인의 요구

② **여행상품**

여행사의 여행상품은 여행자들이 이용하는 제반상품으로서 여행사 여행상품, 숙박상품(호텔상품), 식사상품, 교통상품, 쇼핑상품, 기타 관광관련상품 등으로 나누어 질 수 있으며, 그에 대한 분류는 앞의 그림과 같다.

2 여행정보시스템의 이해

여행사에서 여행정보시스템의 활용은 절대적이다. 여행상품 검색, 여행정보 검색, 항공 예약, 호텔 예약, 그리고 사내 정보교환 등 거의 모든 작업이 여행정보시스템에 의해 이루어진다.

고객과의 상담에도 여행정보시스템은 매우 유용하다. 고객이 관광하려는 지역을 클릭하면 관련정보가 바로 표시되고 금액 예산, 여행기간, 테마별로 다양하게 상품을 검색하여 고객에게 적극적으로 응대할 수 있다. 여행정보시스템이 발달하지 못했던 과거에는 여행사 직원이 각 정보를 외우고 있어야 했고 그만큼 한계가 많았다.

고객의 입장에서 어떤 직원을 만나느냐에 따라 정보의 양과 질이 달라지기도 했다. 이것은 서비스품질 측면에서도 일관성이 부족한 결과를 초래하였다. 직원들 사이에서는 얼마나 많이 외우고 있느냐가 마치 능력의 차이로 간주하여 우쭐대기도 하였다.

[그림 5-1] 여행정보시스템 구성도

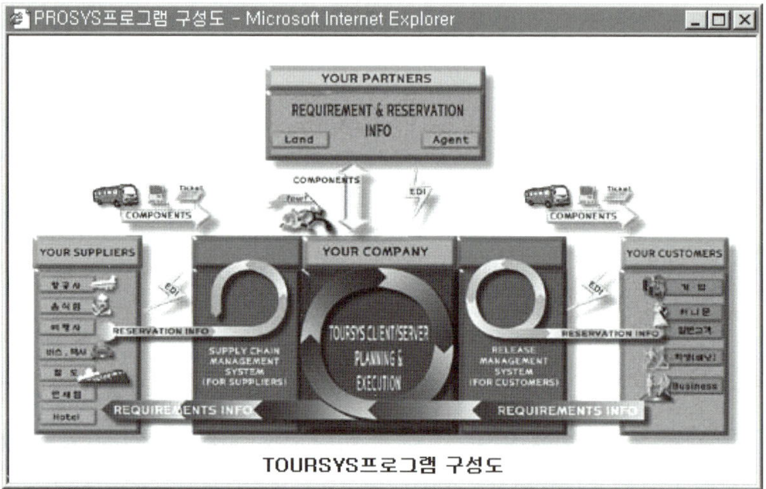

자료 : (주)프로씨스(http://www.prosyss.co.kr)

[그림 5-2] 인터넷 여행정보시스템

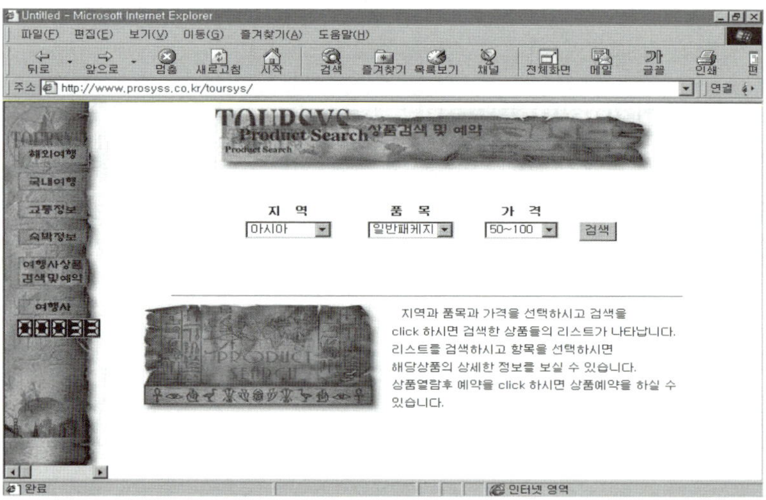

자료 : TOURSYS(http://www.prosyss.co.kr/toursys)

3 여행업무 정보화의 효과

세계여행신문과 투어리즘 리서치센터의 공동 설문조사에 따르면 60.9%의 응답자가 전산시스템이 고객 만족도에 영향을 미칠 것이라고 응답했다. 여행업무 정보화의 효과는 다양하게 나타날 수 있으며 몇 가지로 정리하면 다음과 같다.[1)]

① 지금보다 적은 인원으로 같은 수준의 일을 할 수 있다.

② 상담직원이 고객과 상담할 때 모든 사항을 단말기로 처리할 수 있다. 여행자료를 가지러 가기 위해 고객을 앉혀놓고 자리를 비울 필요가 없으며, 항공기의 좌석 혹은 출발 패키지팀의 잔여좌석 여부, 출발가능 일자 혹은 예약 변경 등을 앉은 자리에서 즉시 처리할 수 있으므로 고객 1인당 상담시간이 매우 단축된다.

③ 고객관리 기능에서 특히 막강한 힘을 발휘할 수 있는데, 기존 고객들에게 홍보물을 발송할 때나 상담전화를 받을 때 이름과 같은 검색키워드를 입력하면 고객에 관한 자료가 즉시 단말기에 나타나므로 좀더 효율적으로 업무를 수행할 수 있다.

④ 관리부도 그날의 매출관리나 각종 통계, 미수금 관리 등을 더욱 빠르고 정확하게 할 수 있다.

⑤ 전지점이 하나의 네트워크로 연결되어 예약을 원활히 하고, 직원들 간의 정보교환도 용이해진다.

⑥ 영업직원들이 노트북을 가지고 언제, 어디서나 본사와 연결하여 업무를 진행할 수 있다.

1) 김슬기, 「세상구경하며 여행사에서 일하기」, 동아일보사, 1997, 205~207쪽

4 여행업무와 여행정보시스템

여행업무의 흐름은 대개 기획→수배→모객→수속・발권→행사→정산・회계→고객관리의 순으로 진행된다. 이 중에서 제조업의 판매에 해당하는 모객은 여행객을 모아서 여행상품을 판매하는 것으로 가장 핵심 업무이다. 여행업은 제조업과 같이 유형의 상품을 판매하는 것이 아니므로 직원의 상담능력이 중요하다. 고객의 의사결정은 상담직원의 적절한 정보제공에 달려있으며, 여행정보시스템의 구축은 상담직원에게 든든한 상담도구가 된다.

여행정보시스템은 여행사 입장에서 여행사 업무의 표준화를 꾀하고 관광, 예약・발권, 고객관리, 전세버스 등에 대한 업무전반을 유기적으로 연결하여 여행사 업무의 진행 초기부터 예상경비, 정산, 수지분석에 이르기까지 모든 업무를 종합적이고 체계적으로 관리할 수 있게 해준다.

[그림 5-3] 여행업무 흐름도

기 획 → 수 배 → 모 객 → 수속·발권 → 행 사 → 정산·회계 → 고객관리

(1) 어나운스먼트

어나운스먼트(announcement)는 공지사항 또는 알림 등으로 해석되는데, 여행사에서 흔히 번역하지 않고 영문을 소리나는 대로 부르곤 한다. 어나운스먼트는 여행상품의 신규 및 변경사항, 협조 및 전달사항을 직원들에게 알리고자 할 때 사용된다. 아래 그림은 차례로 일본지역 상품에 관한 어나운스먼트, 유럽에 관한 어나운스먼트, 그리고 랜드사에서 보낸 어나운스먼트의 예이다.

[그림 5-4] 일본 어나운스먼트

*일본 어나운스먼트	
신상품	
오사카, 나라, 교토, 큐슈 4일(KE)	799,000
매주 수(7/14, 21, 28)	
급모객	
① 6/25 오사카,나라,교토(OZ)	549,000(현지 TAX 불포함)
→ 현재 10명! 많이 모아 주세요.	
② 6/25 북큐슈 페리	299,000
→ 더 모아 주세요.	
알 림	
① 오사카, 나라, 교토 3일 : 7월 요금	649,000(공항세 포함)
8월 요금 ₩699,000	
② 동경 하꼬네 3일 : 7월 요금	799,000(공항세 포함)
8월 요금 ₩849,000	
※ 7/7,14,21 : JL 일정입니다.	
※ 후지산 관광 빠집니다.	

어나운스먼트는 특수상황일 경우가 대부분이므로 담당자는 반드시 숙지하고 있어야 한다. 가령 어나운스먼트된 상품의 내용이 기존과 다른 경우가 있는데, 아래 유럽 어나운스먼트에서 루브르박물관 대신 베르사유가 포함되었다는 것을 손님에게 말해주지 않는다면 나중에 불만이 될 수 있다.

마찬가지로 상품의 가격, 일정, 출발일자, 항공 등이 바뀌지 않는지 주의깊게 보아야 한다. 만약 비행기 출발시간이 4시에서 2시로 바뀌었는데, 손님에게 4시로 알려준다면 손님은 비행기를 놓치게 되고, 휴가계획이 깨져서 마음의 상처를 주게 된다.

[그림 5-5] 유럽 어나운스먼트

EUROPE ANNOUNCEMENT

<table>
<tr><th>상품명</th><th>코스</th><th>항공</th><th>상품가</th><th>CHD</th><th>AGT COM</th><th>출발일</th><th>비 고</th></tr>
<tr><td>(스페셜) 유럽 4국 8일</td><td>영/프/이/스</td><td>SU</td><td>1,590,000</td><td>80%</td><td>7%</td><td>7/30 단1회</td><td>파리/로마 야간열차(6인 1실) SU 항공이며 D/C는 안됩니다.</td></tr>
<tr><td>(스페셜) 유럽 5국 9일</td><td>영/프/스/이/독</td><td>TG</td><td>1,890,000</td><td>80%</td><td>7%</td><td>8/8</td><td>베니스 포함 파리/로마 야간열차(6인 1실) 파리 루브르 대신 베르사유 포함</td></tr>
<tr><td colspan="8">상기 상품은 알프스 리기산이며 호텔은 1급/2급, 아침식사는 C/B입니다.</td></tr>
<tr><td>(신상품) 유럽 6국 10일</td><td>영/프/스/오/이/네</td><td>CX</td><td>2,090,000</td><td>80%</td><td>7%</td><td>7/22,27,29 8/3,5</td><td>유럽문화탐방 상품과 동일하게 사용 문화탐방 상품은 약 30명 정도지만 이 상품은 약 20명 정도로 행사할 예정입니다.</td></tr>
<tr><td colspan="8">상기 상품은 스위스 지역 필라투스. 세느강 유람선・달팽이 요리 포함, 호텔 1급/2급, 아침식사는 C/B입니다.</td></tr>
<tr><td>(신상품) 유럽 8국 15일</td><td>유럽 8국 15일</td><td>SU</td><td>2,690,000</td><td>80%</td><td>7%</td><td>7/30</td><td>기존 상품으로 나폼소 & 융프라우 포함 22석 OK 이오니 많은 판매 要</td></tr>
<tr><td colspan="8">상기 상품은 스위스 지역 융프라우. 달팽이 요리 포함, 호텔 1급/2급, 아침식사는 C/B입니다.</td></tr>
</table>

*** 7/20~8/10일까지는 KE, LH, AF, KL 항공에 대해 전 지역이 1급 호텔이며 아침은 뷔페식입니다.

어나운스먼트는 협조를 요청하는 방편으로 사용하기도 하는데, 다음 그림에서 '급모객' 등으로 표시하여 지점에서 우선적으로 모객해주기를 요청할 수 있다.

어나운스먼트는 관련 담당자에게 즉시 전달될 수 있도록 초기화면, 팝업창, 메신저, 화면 하단에 흐르는 글 등으로 표시할 수 있다. 과거에는 문서로

복사하거나 팩스를 보내서 내용을 전달하곤 했는데, 여러 다른 서류들 속에 파묻히거나 팩스전송이 원활하지 못하여 받지 못하는 등 곤란한 상황이 연출되곤 하였다.

[그림 5-6] 랜드사 아나운스먼트

랜드에서의 어나운스먼트

CJ-PACK 中國 연합상품 모객현황
ATTN : CJ-PACK 중국연합상품 담당자 앞
FROM : CJ-PACK 사업부(tel : 333-3333, fax : 333-3334)

PAC-01(백두산 4일) ₩599,000 ₩629,000(7/23~8/10)

	1	2	3	4	5	6	7	8	9	10	11	12	13	14	15	16	17	18	19	20	21	22	23	24	25	26	27	28	29	30	31
7월			4						20				2			2				4							2	4		15	8
8월	17			3				7																							

PAC-04(백두산·북경 6일) ₩799,000 ₩829,000(7/23~8/10)

	1	2	3	4	5	6	7	8	9	10	11	12	13	14	15	16	17	18	19	20	21	22	23	24	25	26	27	28	29	30	31
7월		19			20	26			20		7	21	10	15		8	23	18					14	11	10	25	17	4	4		17
8월	26	19	4		3			11								10						6									

* HIGE PEAK 기간(7/23~8/10) 판매가에 ₩300,000 인상합니다.
  PAC-01(백두산 4일) ₩599,000 → ₩629,000
  PAC-04(백두산 · 북경 6일) ₩799,000 → ₩829,000
* 7/8일 예약부터 실시합니다.
* 이 기간의 COMM은 15%로 상향 조정합니다.

(2) 여행상품정보

신문광고는 일반인이 여행상품 정보를 구하는 가장 쉬운 수단 중 하나이다. 특히 장년층 이상의 사람들은 신문을 읽다가 여행상품 광고를 접하는 경우가 많다. 이들은 상품과 가격을 훑어보고 신문에 적힌 전화번호로 여행사에 전화를 걸어 문의를 한다.

관광객은 많은 돈을 지불하고 먼 거리를 여행하는 것이므로 되도록 상세한 정보를 얻기 바란다. 비행시간, 호텔이름, 관광지에 대한 설명, 날씨, 계절 옷 등등 여러 질문을 한다. 수십 개의 상품을 취급하는 여행사 직원으로서는 이 모든 것을 외울 수도 알 수도 없으므로 여행정보시스템을 활용하는 것이 필수적이다.

[그림 5-7] 여행사 신문 광고

[그림 5-8] 여행상품 일정표

호주여행 6일(시드니 / 골드코스트) - KE

날 짜	장 소	교통편	시 간	여 행 일 정
제1일	서 울	KE 813	17 : 40 19 : 40	김포국제공항 2청사 2층 외환은행 환전소 앞 집결 서울 출발
제2일	시드니	전용차량 유람선	09 : 05	시드니 도착 후 하버브릿지, 오페라하우스, 록스등 관광 시드니 하버 선상크루즈 및 선상 중식 본다이비치, 더블리페이지, 갭팍 등 관광 석식 및 호텔투숙
제3일	시드니 블루마운틴 시드니	전용차량	09 : 00	호텔 조식 후 블루마운틴으로 이동 훼더데일 야생 동물원 관광 세자매바위, 에코포인트, 궤도열차 등 탑승 시드니 귀환 후 석식 및 호텔투숙
제4일	시드니 브리즈번 골드코스트	전용차량 AN 124	09 : 00 11 : 55 12 : 20	호텔 조식 후 공항으로 이동 시드니 출발 브리즈번 도착후 마운틴쿠사, 싸우스 뱅크 등 시내관광 생츄리코브 마을을 경유하여 골드코스트로 이동 서퍼스 파라다이스 해변 및 메인비치 관광 석식 후 호텔투숙
제5일	골드코스트 브리즈번	전용차량 KE 814	09 : 00 23 : 40	호텔 조식 후 호주 최대의 해양 공원인 씨월드 관광 돌고래쇼, 물개쇼, 수상스키쇼 등 브리즈번 출발
제6일	서 울		08 : 30	서울 도착 후 해산

• 출발일 : 7/6, 13, 20, 27, 8/3, 10, 17, 24, 31
※ 상기 일정은 항공과 현지사정에 의해 변경될 수 있음
• 상품가 : ₩1,190,000
※ 대양주 담당자 : 홍길동 계장. 감사합니다.

(주)사랑여행 Sarang Travel
TEL : 02)777-8888 FAX : 02)888-7777 서울 중구 을지로 1가 ABC 빌딩 3층

[그림 5-9] 호주 여행정보(계속)

- 일반 : 세계 최대섬인 오스트레일리아는 대륙 전체가 하나의 국가이다. 넓이는 769㎢로 한반도의 35배이며, 동서의 최장거리 약 4,000㎞, 남북 약 3,200㎞이다. 지형은 단순해서 90% 이상이 평야 또는 고원이다. 동쪽에는 대분수령 산맥이 남북으로 뻗어 최고봉 코스 어스코산은 2,173m나 되지만, 평균고도는 300m에 지나지 않는다.
- 위치 : 한국에서 남쪽으로 약 8,600㎞ 떨어진 남반구 대륙, 비행기로 약 10시간 소요되는 한국과 같은 경도대이다.
- 면적 : 남한의 80배로 알라스카를 제외한 미국과 동일한 약 768만 평방 ㎞이다.
- 인구 : 약 1,700만명, 총 인구의 3/4이 해안선을 따라 살고 있으며 대부분의 인구는 시드니, 멜버른이 있는 대륙 동남부 해안지역에 거주하고 있다.
- 역사 : 1770년 영국의 JAMES COOK선장이 현재의 시드니 일대를 발견, 영국 영토를 선언한 이후 1778년 1월 26일 지금의 BOTANY BAY에 PHILLIP선장이 죄수와 군인을 태운 11척 배로 8개월간의 항해 끝에 도착하였다. 이 날을 기념하여 호주의 건국의 날로 제정하였다. 약 80년간 17만명 죄수가 이송되었으며, 자유이민은 WESTERN AUSTRALIA 주로 이주가 시작되어졌다. 1856년 금광의 발견으로 이민이 증가되어 1901년에 영연방에 속한 6개주의 독립된 국가로 인정되었다.
- 수도 : 켄버라
- 언어 : 영어
- 화폐단위 : AUSTRALIA DOLLAR
- 시차 : 한국시간+1시간(SUMMER TIME 실시할 경유 2시간 빠르다)
- 전압 : 240V-250V
- 종교 : 그리스도교(영국성공회, 가톨릭)
- 반입금지품목 : 고기를 포함한 식품, 과일, 낙농품, 동물, 식물 등
- 쇼핑품목 : 호주산 오팔보석, 양피가죽제품, 건강식품, 호주산 꿀, 양털이불, 원주민 목각제품 등
- 도시별 기온(단위 : ℃)☆

계절 / 지방		여름		가을			겨울			봄		여름	
	구분	1월	2월	3월	4월	5월	6월	7월	8월	9월	10월	11월	12월
브리스베 인	최고	29	29	28	26	23	21	22	22	24	26	28	29
	최저	21	21	19	17	13	12	10	11	13	16	18	20
케언즈	최고	31	31	30	29	27	26	26	27	28	29	31	32
	최저	24	24	23	22	20	18	17	17	19	20	22	23
멜버른	최고	26	26	24	20	17	14	13	15	17	20	22	24
	최저	14	14	13	11	8	7	6	7	8	9	11	13
시드니	최고	26	26	25	22	19	17	16	18	20	22	24	25
	최저	18	19	17	15	11	9	8	9	11	13	16	17

[그림 5-9] 시드니 여행정보(계속)

- 세계에서 가장 아름다운 항구 도시 시드니는 호주에서 가장 오래되고 큰 도시이자 호주의 경제, 문화, 예술의 중심지로 남반구의 뉴욕이라 할 수 있는 인구 360만의 도시이다. 대도시의 특성과 항구가 지니는 아름다움이 어우러진 도시로 유서 깊은 영국풍의 고건물과 초현대적 건축작품이 멋진 조화를 이루고 있다. 세계에서 가장 훌륭한 건물로 손꼽히는 오페라 하우스가 있고, 사암으로 지은 작은 요새인 포트 데이슨이 있는 섬, 반짝 반짝 빛나는 하늘과 하버브릿지의 웅대한 아치를 배경으로 한 역사적인 록스, 아름다운 시드니항을 훼리를 타고 항해하면서 즐기는 선상 식사와 아름다운 해변 등 호주관광에서 빼놓을 수 없는 많은 것들이 여행객을 맞이하고 있다.
- 시드니 하버크루즈(SYDNEY HARBOUR CRUISE) : 배를 타고 세계에서 가장 아름다운 천연항구를 바라볼 수 있는 기회를 제공한다. 오페라하우스와 하버브릿지가 떠있고 해안이 녹색으로 덮여있는 시드니 만의 아름다움을 만끽할 수 있는 코스로 캡틴쿡 크루즈 등 여러 회사에서 다양한 상품을 준비하고 있다.
- 오페라 하우스(OPERS HOUSE) : 하버브릿지와 함께 시드니의 상징이자 세계에서 가장 아름답고 훌륭한 건축물 중 하나이다. 전세계에서 공모한 작품 중에서 채택된 설계도로 1954년 착공된 이후 어려운 공정과 건설자금의 초과로 공사가 늦어져 한때는 '미완성 교황곡'이라는 비웃음을 사다가 착공 19년만인 1973년 완공되었다. 시드니 항구에 떠있는 아름다운 요트를 연상케하는 흰타일이 눈부신 아름다운 건물이 오페라 하우스이다. 여유가 있다면 저녁에 열리는 시드니가 자랑하는 오페라 공연을 볼 수도 있다.
- 하버브릿지(HARBOUR BRIDGE) : 오페라하우스와 함께 시드니의 상징물이다. 1932년 개통된 다리로 시드니 중심부와 북부지역을 연결하고 있다. 다리를 지탱하는 4개의 교각에 들어갈 수도 있으며 컴버랜드 거리에서 계단을 올라 교각 전망대에서 바라보는 시드니만의 전망이 일품이다.
- 록스(THE ROCKS) : 약 200년전 1788년 아서필립 선장이 이끄는 백인 이주민이 처음으로 닻을 내리고 이 땅을 영국령으로 선포한 곳 이다. 록스 전역이 박물관이라고 불릴 정도로 이주 초기의 건물과 가로수들이 그대로 보존되어 있어 호주 백인의 역사를 알기에 더없이 좋은 곳이다. 반면 자신들이 대대로 이어온 삶의 터전을 이방인에게 빼앗겨 버린 원주민들의 애환과 굴욕의 역사가 함께 깃든 곳이기도 하다. 여유가 있다면 뒷골목의 부티크 쇼핑을 하거나, 유서 깊은 선술점을 찾아보는 것도 좋을 듯 싶다.
- 맥콰리포인트 & 왕립식물원(MRS.MACGUARIES POINT & ROYALBOTANIC GARDEN) : 오페라하우스와 하버브릿지를 배경으로 한 장의 그림엽서 같은 사진을 찍을 수 있는 곳이다. 그리고 여기서부터 오페라하우스까지 약 26HA에 이르는 넓은 공원이 국립식물원이다.

[그림 5-9] 시드니 여행정보

- 시드니타워(SYDNEY TOWER) : 1981년 9월 완공된 남반구에서 가장 높은 해발 324.8m의 타워, 2층식 엘리베이터가 있어 40초만에 전망대까지 데려다 준다. 동쪽은 태평양, 서쪽은 블루마운틴, 북쪽은 팜비치, 남쪽은 울릉공까지 볼 수 있다.
- 킹스크로스(KINGS CROSS) : 낮과 밤의 표정이 바뀌는 시드니, 아니 호주 최고의 환락가이다. 우리 입장에서 보면 여느 대도시에나 있지 않나 하는 그저 그런 느낌이 들기도 하지만 밤이 조용한 호주에선 역시 이질적인 거리이다. 밤새 불야성을 이루는 곳으로 식당, 바, 나이트클럽의 네온사인의 여행자를 유혹하고 있다.
- 본다이비치(BONDI BEACH) : 시드니에서 가장 인기 있는 해변으로, 원주민 애버리지의 말로 본다이(BONDI)는 '바위에 산산히 부서지는 파도'라는 뜻이다. 이름 그대로 이곳은 푸른 바다와 흰 파도의 대비가 아름답다.
- 블루마운틴(THE BLUE MOUNTAINS) : 시드니에서 서쪽으로 1시간 30분 정도 걸리는 근교 휴양지인 카듐바에 위치하며, 협곡, 폭포, 아름다운 숲이 어우러져 있는 해발 1,000m의 산이라기보다 고원으로 느껴지는 국립공원이다. 산들을 뒤덮은 유칼리나무(코알라는 이 나뭇잎만 먹는다)잎에서 증발하는 수증기를 태양이 비추어 일어나는 푸른 안개 현상 때문에 블루마운틴이라 불려지게 되었다. 이곳에는 세계에서 가장 경사가 심한 계곡 밑으로 내려가는 시닉철도와 300m 상공을 운행하는 스카이웨이 케이블카로 유명한 사이클 로마 포인트, 전설을 간직한 거대한 바위 구조물인 세자매 바위(THE THREE SISTER)를 볼 수 있는 에코포인트는 가볼 만하다. 이곳 관광은 보통 시드니 근교에 있는 훼더데일 야생 동물원과 함께 1일 관광으로 일정을 잡고 있다.
- 훼더데일 야생동물원(FEATHDALE WILDLIFE PARK) : 시내에서 40분 거리에 있는 블랙타운 부근에 있는 동물원이다. 이곳엔 콴타스 항공의 CM으로 유명한 귀여운 코알라 '시드 SYD'를 비롯하여 영화 '매드맥스'에 등장하는 원숭이라든가 TV에 자주 나오는 캥거루 등 탤런트업에 바쁜 동물이 많은 것이 특징이다. 이외에도 웜벳, 에뮤 등이 있어 먹이도 주고 사진도 함께 찍을 수 있다.
- 올드시드니타운(OLD SYDNEY TOWER) : 시드니 북쪽에 70km 지점에 있어 1시간 정도면 가 볼 수 있는 곳으로 100년 전의 시드니를 볼 수 있는 호주판 민속촌이다. 백인들이 들어와 살 당시의 건물이 들어서 있고, 옛날 복장을 한 사람들이 걸어다니기도 하고, 거리 모퉁이에서는 죄를 범한 자에 대한 채찍질을 하고 있는 모습을 볼 수 있다.

(3) 예 약

고객과의 상담이 끝나면 예약이 접수되고 고객의 인적사항이 저장된다. 이것을 통해서 고객 리스트와 루밍 리스트(Rooming List)가 작성된다. 과거에는 아래 그림과 같이 예약시트를 수작업으로 작성하였다. 그러다보니 고객의 예약사항이 변경되거나 고객에 대한 정보를 확인하기 위해 수십장의 예약 시트를 뒤적이곤 하였다. 그러나 이제 여행정보시스템에 기록된 고객 정보는 다양하게 가공되어 사용할 수 있으며, 여행이 끝난 후에도 이메일 광고나 DM 발송 등의 자료로 활용할 수 있다.

[그림 5-10] 예약 접수 시트

예약일: 년 월 일

상품명	항 공	여행일자	여행경비	접수자

NO.	한글성명	영문성명	주민등록번호	여권번호	유효기간	비자유무
1						
	주소:				연락처:	
2						
	주소:				연락처:	
3						
	주소:				연락처:	
4						
	주소:				연락처:	

대리점명	TEL:	담 당 자	
알선수수료		세금계산서	유 무
예 약 금		잔 금	
비 고			

[그림 5-11] 고객 리스트

행 사 명 : 싱태말6일　　행사기간 : 8/12~8/17일(4박6일)

No	한글이름	영문이름	성별	여권번호	주민등록번호	주소	연락처
1	김영희	KIM / YOUNG HEE	F	4661234	770326 - ××××××	송파구 잠실동 111	123-4567
2	이동석	LEE / DONG SUK	M	4660000	770823 - ××××××		
3	김인옥	KIM / IN OK	F	4667890	510114 - ××××××		
4	김영태	KIM / YOUNG TAE	F	4665678	790808 - ××××××		
5	오영선	OH / YOUNG SUN	F	5661111	380304 - ××××××	관악구 봉천동 111	234-5678
6	김우상	KIM / WOO SANG	M	5668888	390927 - ××××××		
7	이은정	LEE / EUN JUNG	F	6224321	750815 - ××××××	노원구 상계동 111	345-6789
8	이민정	LEE / MIN JEONG	F	6220987	720130 - ××××××		
9	이원규	LEE / WON KYU	M	6228765	440811 - ××××××		
10	유명호	YOU / MYUNG HO	F	6223456	550702 - ××××××		
T/C	김수현	KIM / SOO HYUN	M	7886543	701209 - ××××××	017-123-4567	

[그림 5-12] Rooming List

ROOMING LIST

	Room No.	Korean	Eenglish	Sex	Family
1		김영희	KIM / YOUNG HEE	F	1
2		이동석	LEE / DONG SUK	M	1
3		김인옥	KIM / IN OK	F	1
4		김영태	KIM / YOUNG TAE	F	1
5		오영선	OH / YOUNG SUN	F	2
6		김우상	KIM / WOO SANG	M	2
7		이은정	LEE / EUN JUNG	F	3
8		이민정	LEE / MIN JEONG	F	3
9		이원규	LEE / WON KYU	M	3
10		유명호	YOU / MYUNG HO	F	3
T/C		김수현	KIM / SOO HYUN	M	
가이드					

(4) 모객현황표

〈표 5-1〉 모객현황표

상품명 : 싱인말 5일(7/8일 현재)								
출발일자	금일예약	TKT예약	금일취소	TKT취소	최종예약	최종TKT	항공좌석	비 고
7/1					12		SQ12	
3					32	9	OZ40	싱(2)조호바루 - 바
5					39	5	KE30	탐(1) - 기내(1)
8					13		KE18	
10	1				30		OZ40	성수기요금
10			14	2	21		SQ32	₩769,000
12					21		KE21	스팀보트 포함
13	5				17		OZ16	
15							OZ16	
15					16		SQ16	SQ 883 0900 / 1410
15	6				14		KE16	882 2350 / 0655
15			5		17		KE11	KE 641 1006 / 1545
16			4		14		SQ20	642 2250 / 0705
17	3				15		SQ18	OZ 3513 1800 / 2335
17					13		OZ16	3523 0035 / 0815
19					12		SQ10	
19					8		KE11	싱 : 리버뷰 또는 동급
20						9	OZ16	바탐: 비탐뷰 또는 동급
21							KE16	
22							KE27	
22					4	4	SQ20	
22							SQ20	
23	4						SQ20	
24					10		KE16	
24						3	OZ20	
25							KE11	
26					7		KE11	
27					3		OZ20	
29							KE27	
29							SQ20	
30					14		SQ20	
30							KE11	
31	3				10		OZ18	

모객현황표는 예약상황을 일목요연하게 정리한 것으로 여행정보시스템을 통해서 즉시 상황을 파악할 수 있다. 여행정보시스템이 구축되지 않았던 과거에는 매일 업무가 끝난 후에 당직자가 지점의 모객상황을 팩스로 집계하여 다음날 아침 다시 각 지점에 팩스로 전송하곤 하였다. 수십 개의 여행상품에 대한 모객현황표를 팩스로 지점으로 보내는 경우 소요시간만 20~30분이 걸렸고, 그나마 전송상태가 좋지 않아서 잼이라도 걸리면 다시 보내야 했다.

지점이 여러 개인 경우 일일이 다 보내야 되는데, 이에 따라 통신비 · 용지비 · 토너비 · 잉크비 등 많은 경비가 들었다. 상담하는 입장에서도 모객현황을 실시간으로 알 수 없으므로 혹시 초과예약이 아닌지 본사에 일일이 전화를 걸어 확인하곤 하였다. 게다가 시외통화를 해야 하고 하루에도 수십 건에 달해 많은 통신비를 감수해야 했다. 여행정보시스템을 구축하기 위해서는 초기 비용이 들겠지만, 결국 장기적으로는 경영이익으로 돌아온다는 것을 알 수 있다.

(5) 수 속

고객의 예약이 완료되고 나면 수속 파트에서는 외국에서의 신분증이라고 할 수 있는 여권과 비자를 발급받을 수 있도록 업무를 대행한다. 여권(passport)은 국외 여행을 할 때에 정부로부터 발급되는 국적증명서이자 여권 소지자에 대한 여행 편의를 협조하는 공문서로서 모든 국외여행자는 반드시 여권을 소지하여야 한다. 비자(visa)는 여행하고자 하는 국가가 발급하는 입국허가서이다. 상호면제협정이 체결되어 있는 경우에는 비자를 발급받을 필요가 없다.

여권발급을 위한 신청 서류는 비교적 간단하지만 비자서류는 국가마다 다르고 개인의 상황마다 다르기 때문에 매우 복잡하다. 특히 미국비자는 첨부서류가 많고, 종종 변경되기도 하므로 여행사에서 몇 년을 근무해도 이 모든 사항을 숙지하기가 쉽지 않다. 그래서 고객의 문의에 적절히 답변하지 못하거나 비자서류를 잘못 안내하여 고객이 여행사를 두세 번 방문하는 불편을

[그림 5-13] 여권 발급 신청서(계속)

[별지 제1호서식]

(앞 쪽) 전자여권용

※ 검은색 펜으로 굵은선 안에만 기재

여 권 (재) 발 급 신 청 서

접수시군

← 35㎜ → ※ 사 진 · 6개월이내 촬영한 천연색 정면사진(귀가 보여야 함) · 흰색 바탕의 무배경 사진 · 색안경과 모자 착용 금지 · 가로 35㎜, 세로 45㎜ (얼굴 길이: 25㎜~35㎜) 45㎜	접 수 번 호		신원조사접수번호	
	접 수 년 월 일		신 원 조 사 회 보 일	
	여 권 번 호		신 원 조 사 결 과	
	발 급 년 월 일		여 권 유 효 기 간	
	여권종류	□ 일반 □ 거주 □ 관용 □ 외교관 여행증명서(□ 왕복 □ 편도)		
	여권기간	□ 10년 □ 5년 □ 5년미만 □ 단수 □ 기간연장 □ 잔여기간		

※ 영문성명은 해외에서의 신원확인의 기준이 되며 개명(改名)이 엄격히 제한되므로 정확하게 기재하시기 바랍니다.

성명	영 문 (대문자)	성		※영문성명은 기재하기 전에 반드시 뒷면 「영문성명 기재요령」을 참고하시기 바랍니다.
		이 름		
	한 글			※ 남편성(영문대문자)은 필요시 기재하시기 바랍니다.
주민등록번호		-		

현 주 소 (주민등록표상)	※ 주민등록상의 주소를 번지(아파트 등의 경우 동, 호수)까지 정확하게 기재하시기 바랍니다.				e-mail			
여행예정국		여행목적		직장명(직위)				
전화번호		휴대전화	- -		혈액형 (ABO)		신장 (㎝)	
등록기준지(본적지)								

※ 긴급연락처는 해외여행 중 각종 사고 발생시 국내 연고인에게 알리기 위하여 필요합니다.

국내 긴급연락처	성 명		관 계		전 화 (휴대전화)	( )
	주 소				직장(학교)명	

※ 여권명의인의 나이가 만18세 미만인 경우에는 법정대리인(부모 · 친권자 또는 후견인)의 인적사항을 기재하시기 바랍니다.

법정대리인	성 명		관 계	
	주민등록번호	-		

이 신청서에 기재한 내용은 사실과 틀림없으며, 「여권법」 제9조 규정에 따라 여권발급을 신청합니다.
※ 여권 발급에 필요한 사항의 확인을 위한 행정정보공동이용 서비스의 이용에 동의합니다(예 , 아니오).

신청인(여권명의인) 성명(한글)__________ (한자)__________ 서명__________

년 월 일

※ 해외거주 중 재외공관에서 신청시에는 추가로 아래 사항을 기재하시기 바랍니다.

거주지주소					
영 주 권	번 호		거 주 지	입국일자	
	취득일			체류자격	

(영 수 필 증)		(납 입 필 증)	
특기사항			
심 사 란	접 수 자	심 사 자	발 급 자

※ 작성하시기 전에 뒷면에 기재된 유의사항 및 영문성명 기재요령을 읽어보시기 바랍니다. 210㎜×297㎜(보존용지 120g/㎡)

[그림 5-13] 여권 발급 신청서

(뒷 쪽)

※ 유 의 사 항

1. 여권은 해외에서의 유효한 신분증이므로 반드시 본인이나 법정대리인이 잘 보관하여야 합니다.
2. 만 18세 미만인 사람은 유효기간 5년 이내의 여권만 발급받을 수 있습니다.
3. 사진이 흐릿하거나 임의로 조작된 것인 경우에는 위조여권이나 타인명의 여권으로 오인되어 출입국 시 불이익을 받을 수 있습니다.
4. 다른 사람에 의한 무단 서명이나 거짓의 사실 기재 시 「여권법」 관련 규정에 따라 처벌을 받게 되며, 여권명의인도 불이익을 받을 수 있습니다.
5. 여권발급 신청인 등은 여권당국이 여권발급 신청서류의 내용과 사진 등을 심사하기 위하여 확인을 요청하는 경우 이에 응하여야 합니다.
6. 새로운 여권을 재발급 받으려면 기존에 소지하고 있는 여권을 반납하여야 합니다.
7. 단수여권과 여행증명서는 한 차례만 외국을 여행할 수 있는 여행문서입니다.
8. 여권을 잃어버린 경우에는 외교통상부나 여권사무 대행기관에 분실신고를 하거나 재발급 신청을 할 수 있습니다.
9. 발급된 후 6개월 이내에 찾아가지 않은 여권은 자동적으로 폐기되며 발급수수료는 반환되지 않습니다.
10. 여권 발급을 신청한 때부터 수령할 때까지 국내에서는 통상 1주일 정도(토 · 일요일, 공휴일 제외)의 기간이 걸립니다.
11. 다수의 국가에서는 여권의 유효기간이 6개월 이상 남아있어야 사증(VISA)를 발급해 주거나 입국을 허가하고 있으므로 외국을 여행하고자 하는 경우에는 여권의 유효기간이 충분히 남았는지 확인하시기 바랍니다.
12. 이 신청서는 기계로 판독되므로 접거나 찢는 등 훼손되지 않도록 주의하기 바랍니다.
13. 이 신청서의 기재사항에 오류가 있을 경우 신청인에게 불이익이 돌아갈 수 있으므로 정확하게 기재하기 바랍니다.
14. 행정정보 공동이용 서비스의 이용에 동의하는 경우 병적증명서는 제출하지 않아도 됩니다.

※ 영문성명 기재 요령

1. 여권의 영문 성(姓)은 특별한 사유가 없는 경우 여권을 이미 발급 받은 가족 구성원의 영문 성(姓)과 될 수 있으면 일치시키기 바랍니다.
2. 대리인이 영문성명을 잘못 기재하여 여권이 발급된 경우에도 영문성명의 변경은 엄격하게 제한되며 이로 인한 불이익은 여권명의인이 감수해야 합니다.
3. 영문성명은 국제규정(ICAO Doc 9303)에 따라 한글성명을 라틴문자(영어 알파벳)로 음역(音譯) 표기하여야 합니다.
4. 영문이름은 붙여 쓰는 것을 원칙으로 하되, 음절 사이에 붙임표(-)를 쓰는 것도 가능합니다. (예 : GILDONG, GIL-DONG) 다만, 기존 여권에 이름을 띄어 쓴 경우(예: GIL DONG)에는 계속 그대로 띄어쓸 수 있습니다.
5. "여권 재발급"을 받는 경우 원칙적으로 종전 여권의 영문성명(남편 성과 띄어쓰기 포함)은 그대로 사용하여야 합니다.

210㎜×297㎜(보존용지 120g/㎡)

겪게 하는 경우도 종종 일어난다.

여권과 비자에 필요한 서류도 여행정보시스템에 저장해두고 고객이 희망하는 여행국가와 신상을 입력하면 자동으로 필요한 서류가 안내되는 시스템이 구축하면 일을 쉽게 처리할 수 있다. 여권과 비자의 작은 실수가 여행사 직원에 대한 신뢰감을 떨어뜨리고 결과적으로 여행사에 대한 신뢰도 떨어질 수 있다는 점을 잊어서는 안되겠다.

(6) 여행안내문

여행자의 대부분은 현지사정에 대해서 잘 알지 못한다. 그로 인해 안전, 음식, 기후, 위생 등 불안감을 가지고 있는데, 여행정보시스템으로 여행에 대한 정보를 저장해두고 상품별로 적절한 안내문을 출력해 주는 것이 바람직하다. 안내문의 내용은 여행준비물, 출국수속시 참고사항, 국제매너(항공기, 호텔, 식당, 관광버스, 현지에서) 등이 포함될 수 있다.

여행안내문(1)

여행준비물

❶ 여행용 가방 : 하드케이스와 같은 딱딱한 가방이 좋습니다.
❷ 의류 : 기후표를 참고하여 수영복, 우산, 모자, 선크림 등을 준비하여 주십시오.
❸ 상비약 : 평소에 복용하시는 약은 필히 준비하시고 그 외에 여행 중의 비상약으로 지사제, 소화제, 신경안정제, 진통제, 멀미약, 감기약, 피로회복제 등을 준비하시면 매우 유용합니다.
❹ 카메라와 필름 : 충분한 양의 필름을 준비하시는 것이 경제적입니다(현지는 비싸다).
❺ 세면도구 : 호텔마다 치약, 칫솔, 면도기 등은 위생상 비치하지 않으므로 준비하여 주시기 바랍니다.
❻ 병무신고 : 30세 미만 남자들은 주민등록증을 지참하여 공항 병무소에 신고하셔야 합니다.
❼ 메모수첩 : 여행 일지를 적을 수첩을 준비하여 여권, 항공권, 여행자 수표, 크레디트카드, 운전면허증, 연락처 등을 기록하여 만일의 경우를 대비하시는 것이 좋습니다.

출국 수속시 참고사항

❶ 비행기 출발 2시간 전까지 김포공항 미팅장소에 집결해 주시고, 인솔자의 안내를 따르시면 원활한 수속을 할 수 있습니다.
❷ 여행경비에 공항이용권은 불포함이니 공항 내에 있는 은행에서 구입하시기 바랍니다.
❸ 병무신고 해당자는 공항에서 병무신고를 반드시 하셔야 합니다.
❹ 수하물의 허용량은 20kg입니다.
❺ 각 나라 입국시, 농산물은 반입이 금지되며, 음식물 반입이 규제되는 나라도 있으니 주의하시기 바랍니다.
❻ 귀중품(귀금속, 시계, 비디오, 카메라 등) 휴대시에는 반드시 세관원에 신고하시고, 여권에 반출기록을 받으셔야 귀국시 면세혜택을 받을 수 있습니다.
❼ 수속이 끝나면 비행기 출발 30분 전까지 해당 탑승구의 대기장소로 오셔서 비행기에 탑승하여 주십시오.
❽ 1인당 US$10,000까지 소지하실 수 있습니다.

여행안내문(2) (계속)

1. 항공기

❶ 탑승권에 명기된 자신의 좌석에 앉아야 하며, 여타의 사정으로 바꾸고자 할 경우 이륙하고 나서 좌석벨트 사인이 꺼진 후 상대방의 양해를 구하여 바꾸시면 됩니다.
❷ 금연 사인이 켜져 있을 때(비행기 이착륙시)에는 흡연하지 못하게 되어있습니다.
❸ 화장실에서는 금연하시고, 문을 잠그면 불이 켜집니다.
❹ 안전벨트 사인등이 켜져 있을 때 벨트를 풀고 움직이면 안됩니다.
❺ 기내에서 나눠드리는 여행 목적지의 출입국카드는 저희 에스코트의 안내에 따라 기입하시면 됩니다.
❻ 비행기 이착륙시에는 기내 안내방송과 승무원의 지시에 따라서 안내에 따라서 안전벨트를 착용하십시오. 흡연시에는 반드시 흡연석에 착석하시고 복도에 서서 흡연하지 않도록 하십시오.

2. 호 텔

❶ 호텔 투숙시 객실번호를 기록하여 잊지 않도록 하시고, 외출시에는 호텔 프런트에 비치된 호텔 안내 팸플릿을 참조하여 이용시설 등을 잘 활용하십시오.
❷ 외출시에는 프런트 "KEY DROP"에 열쇠를 맡겨 주시기 바랍니다.
❸ 호텔에서는 1박에 1달러의 팁을 침대위에 놓는 것이 국제적인 관례입니다.
❹ 호텔은 각국의 여행객이 함께 사용하므로 방을 나올시에는 옷차림에 주의하시고(잠옷, 슬리퍼 차림 불가) 고성방가는 절대 금물입니다.
❺ 호텔 퇴숙시에는 유료TV, 전화요금, 미니바(냉장고) 사용료를 꼭 지불하셔야 합니다.
❻ 손가방을 제외한 여행 가방은 투숙 또는 퇴실시 수행원의 안내에 따라 지정된 장소에 놓아 주시면 포터가 배달해 드립니다.
❼ 호텔의 욕조에서 샤워하실 때에는 커텐을 욕조안으로 넣어 물이 밖으로 튀지 않게 하시기 바랍니다.
❽ 혼자 밤에 외출하는 것은 위험하오니 가급적 삼가 주시고, 외출시에는 호텔 주소와 전화번호가 기입된 명함을 가지고 나가시기 바랍니다.

3. 식 당

❶ 식당에서 드시는 주류 및 음료수는 개인이 지불하셔야 합니다.
❷ 아침 식사가 호텔 뷔페인 경우 조금씩 여러 번 갖다 드시는 것이 부담없이 많이 드실 수 있고 보기에도 좋습니다.
❸ 식수는 나라에 따라서 석회질이 많아 수돗물을 마시면 건강에 좋지 않은 경우가 있으므로 사서 드셔야 하는 경우가 있습니다.

여행안내문(2)

4. 관광버스

❶ 노약자는 앞좌석, 젊은 분은 뒷좌석을 원칙으로 배정하되 매일 좌석을 로테이션하오니 서로 양보해 주시기 바랍니다.
❷ 차 안에서는 절대로 술, 담배를 삼가 주시고, 음식물을 드신 후 뒷처리를 깨끗이 해야 합니다.
❸ 버스 안에서 냄새나는 물건이나 행동은 타인에게 실례가 됩니다.(발냄새, 땀냄새, 오징어냄새 등)

5. 현지에서

❶ 안내원이 관광지에 대해서 설명을 할 때는 먼저 설명을 들으신 다음 사진을 찍으시고 또한 예기치 못한 일들이 발생하므로 수행원의 안내에 따라 행동하여 주십시오.
❷ 혼잡한 관광지에서는 길을 잃는 경우가 종종 있으므로 개인 행동을 삼가 주시고 길을 잃은 경우 그 자리에서 기다리고 계시면 수행원이나 현지 안내원이 곧 모시러 올 것입니다.
❸ 가급적 개인 행동을 삼가 주시고 개인 사정으로 단체를 이탈할 경우에는 인솔자에게 꼭 말씀하신 후, 모이는 장소와 시간을 확인하시고 가시기 바랍니다.
❹ 현지의 문화를 존중하고 현지인에게 애정을 가지고 대하시면 더 좋은 여행이 될 것입니다.
❺ 국가에 따라서 왼손을 사용하는 것이 실례가 되는 경우가 있습니다.
❻ 여행객을 노리는 전문 소매치기들이 있으므로 소지품에 주의하시고, 혼자 다니지 않도록 하십시오
❼ 쇼핑은 방문한 나라를 상징하거나 추억을 되살릴 수 있는 물건을 사시고, 환불 및 교환의 어려움이 있으니 너무 고가의 상품은 신중하게 구입하셔야 합니다.
❽ 선택관광은 인솔자와 현지가이드와 상의해서 희망하는 것만을 택하시면 됩니다.

5 인터넷 여행사와 관광정보

90년대 중반부터 인터넷 여행사들이 등장하였다. 초기에는 회사 홍보, 여행 상품소개, 기초적인 정보제공 정도의 수준에 머물렀으나 점차 여행상품 검색, 구매, 대금결제까지 모두 해결하는 본격적 전자상거래 형태로 발전하였다. 여행상품은 무형이므로 보관이 필요없고 컴퓨터와 네트워크만 있으면 손쉽게 창업이 가능하고 부가가치가 높기 때문에 인터넷 여행사가 확산되었다.

인터넷 여행사는 일반여행사와 마찬가지로 국내외 할인 항공권, 호텔 · 콘도, 패키지여행, 테마여행, 배낭여행, 렌트카의 예약서비스를 제공할 뿐만 아니라 저렴한 상품 가격, 이벤트, 관광뉴스, 여행지정보 등으로 관광객을 유인한다. 미국에서는 Travelocity社를 비롯한 천여 개의 인터넷 여행사들이 성업을 이루었으며 국내에서도 월드투어, 투어몰, 골드투어를 비롯한 많은 여행사가 영업을 하였다.

인터넷 여행사의 상거래 프로세스는 아래 그림과 같이 고객이 상품 가격, 기간, 내용 등을 검색한 후 선호상품을 선택하고 신용카드 · 계좌이체 · 무통장입금 · 전자지갑 등으로 결제하면 여행사는 관련 정보와 주문내역을 이메일로 보내고, 배달 서비스를 통해 티켓 또는 상품을 전달한다. 최종적으로 고객은 여행지로 출발한다. 그리고 여행 후의 사후관리도 이메일을 통해 고객이 불편했던 점 등을 보내게 되면 해당업체에서는 개선점을 찾고 이에 따른 보상이나 감사편지도 띄우게 된다.

그러나 인터넷만으로 상품을 구매하는 것을 주저하는 고객이 많다. 그 이유는 ① 기계가 아닌 직원과 직접 통화를 해야 안심이 되거나, ② 인터넷을 이용하려고 컴퓨터를 켜고 인터넷에 접속하고 검색하는 등의 일련의 절차보다 간단히 전화를 하는 게 편리하다는 생각이 들거나, ③ 인터넷 정보가 다양한 고객층을 만족시키기에 충분하지 못할 경우가 있고, ④ 여권 · 비자 수속을 위해 어차피 한번은 여행 전에 여행사에 들러야 하기 때문이다.

[그림 5-14] 인터넷 여행사의 상거래 프로세스

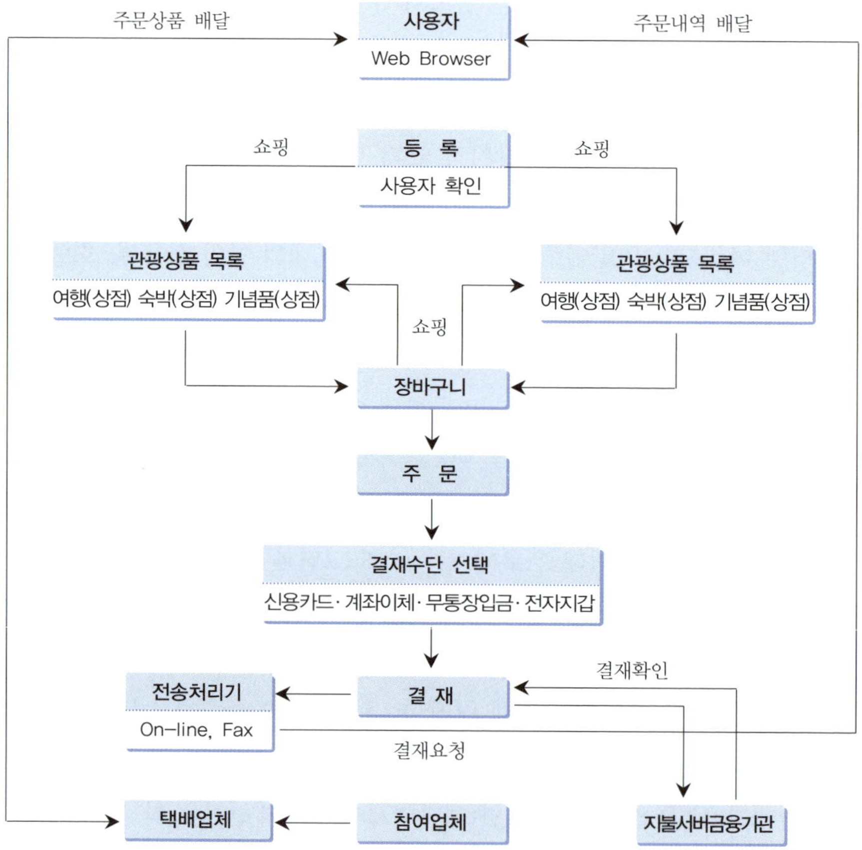

제6장

호텔정보 시스템

학습목표

- 호텔산업의 일반적 내용을 이해한다.
- 호텔업무의 정보시스템 구축 내용을 이해한다.
- 호텔업무의 정보시스템 구축에 따른 효과를 이해한다.

관련기사

여행 필수앱 총정리

처음 가보는 여행길, 이제 겁먹을 필요 없다. 몇 가지 앱만 있으면 길도 알려주고 맛집도 잠잘 곳도 찾아준다. 다른 언어를 사용하는 나라로 여행 가도 똑똑하게 통역을 해준다. 가볼 만한 명소 추천도 해주고 단위환율 환산 계산도 척척이다. 갑작스러운 여행을 갈 때도 어렵지 않게 여행을 준비할 수 있도록 도와준다. 때론 수많은 곳을 들려야 하는 길고 복잡한 여행을 갈 때는 깔끔하게 일정까지 관리해준다. 오랜 절친과 함께하는 것처럼 여행을 편안하게 만들어준다. 여행에 꼭 동반해야 할 유용한 앱을 소개한다.

1. 기본 중의 기본

여행에 꼭 필요한 기본 앱이다. 1억 명 이상이 다운로드를 했다. 호텔과 관광명소, 쇼핑, 최고의 맛집, 꼭 해야 할 체험 등 여행에 필요한 정보들을 얻을 수 있다. 리뷰가 7억 건에 달해 솔직한 여행자들의 후기를 확인할 수 있다. 전 세계 200개 이상의 예약 사이트에서 최저가를 비교해 특가를 찾아준다.

트립어드바이저

2. 여행 일정 관리 앱

여행 경비를 절약하는데 도움을 주는 가계부이다. 여행 일정을 타임라인으로 시각화시켜 보기 편리하다. 모든 국가의 환율을 자동으로 계산, 현금 소지 현황 자동계산, 지출통계 그래프 등을 제공한다. 이외에도 사진, 이미지, PDF 등 여행 기록을 남길 수 있다.

세이브 트립

여행 일정 관리 앱이다. 항공 스케줄부터 숙소 정보, 일정 등을 한꺼번에 관리해준다. 여행 관련 이메일이 오면 이를 자동으로 가져와 정리해준다. 만약 자주 여행을 한다면 유료 앱인 트립잇 프로(Tripit Pro)를 사용해 보는 것도 좋다. 여행하는 동안 실시간 항공편 업데이트를 받을 수 있고 항공편에 문제가 발생했을 때 대체 항공편을 찾는 데도 유용하다.

트립잇

3. 교통편 예약

항공편을 비롯해 호텔, 렌터카 등을 예약할 수 있는 앱으로 수천 가지의 가격 옵션을 제공한다. 아직 여행 갈 곳을 정하지 못했다면 장기여행, 단기 휴가, 나홀로 여행 등 목적에 따라 여행 아이디어도 얻을 수 있다. 2019년 여행 관련 사이트들이 이 앱을 베스트 여행 앱으로 꼽고 있으며 전 세계 1,000만 명 이상이 사용하고 있다.

스카이스캐너

우버는 생활에 깊숙이 파고들고 있는 차량공유 서비스로 여행 시에도 매우 유용하다. 전 세계 700개 도시에서 이용이 가능하고 한번 신용카드를 입력해 두면 다음부터는 별도의 입력이 필요없이 간단하게 우버 택시를 부를 수 있다. 다만, 가입 시 인증번호를 휴대폰으로 받아야 하기 때문에 여행을 떠나기 전에 기본적인 셋팅을 완료하는 것이 좋다.

4. 숙박 시설

전 세계 숙박 공유 서비스를 제공하는 앱으로 191개 국가, 600만 곳 이상의 숙소가 등록되어 있다. 점차 호텔 못지않게 대중적으로 익숙한 숙박 서비스가 되고 있다. 방을 하나만 빌릴 수도 집을 통째로 빌릴 수도 있어 여행 인원에 맞게 적절한 숙박시설을 찾을 수 있다.

호텔, 아파트, 주택 스타일까지 100만 개 이상의 다양한 숙박시설을 예약할 수 있다. 1억 개 이상의 검증된 후기들이 올라와 있어 숙소에 대한 실질적인 정보도 확인할 수 있다. 예약이 쉽고 빠를 뿐만 아니라 영어, 한국어 등 40여 개 언어를 지원하고 24시간 고객 서비스팀을 운영하고 있다.

5. 날씨 체크

여행에 있어 가장 중요한 부분 중 하나는 바로 날씨다. 날씨에 따라 여행 경로나 일정이 변경될 수도 있기 때문이다. 그만큼 여행 내내 수시로 이용해야 하는 앱이 바로 날씨 앱이다. 그중 관광객에게 인기가 높은 웨더 채널은 1억 명 이상이 다운로드해서 사용하고 있다.

일별, 시간별 날씨 예보를 확인할 수 있다. 네트워크나 GPS로 위치를 감지해 날씨를 알려주고 여러 위치의 일기 예보도 관리할 수 있다.

6. 번역 통역 앱

파파고는 한국어, 영어, 일본어, 중국어, 스페인어, 프랑스어, 베트남어, 독일어, 이탈리아어 등 10개 국가 이상의 언어를 번역해준다. 텍스트 번역은 물론 이미지 번역, 음성 번역, 오프라인 번역, 대화, 필기, 웹사이트 번역 등 다양한 통번역 기능을 구비하고 있다. 인터넷이 안 되는 곳에서도 기본 생활 표현은 번역이 가능하다.

우버

에어비앤비

부킹닷컴

The Weather Channel

날씨

네이버 파파고

영어, 중국어, 일본 뿐만 아니라 마케도니아어, 터키어, 핀란드어, 네팔어, 캄보디아어 등 40여 개 국가의 언어를 번역 및 음성입력을 지원한다.

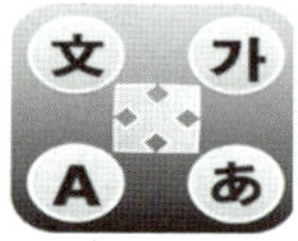

올인원번역기

7. 단위환율 계산

200개 이상의 세계 통화 환율을 지원한다. 초단위로 환율을 업데이트하는 라이브 환율 계산기다. 오프라인에서도 사용할 수 있어서 인터넷이 연결되지 않은 곳에서 사용할 수 있는 장점이 있다.

쉬운 환율 계산기

단위와 환율 변환 앱이다. 심플한 디자인으로 이용자에게 인기가 좋다. 해외에서 쇼핑할 때 의류나 신발을 구입할 때도 이 앱만 있으면 간단하게 계산할 수 있다.

단위환율 변환기

1 호텔산업의 일반적인 이해

(1) 호텔의 정의

호텔(Hotel)은 숙박업의 일환으로 일정한 지불능력이 있는 사람에게 객실과 식음료를 제공할 수 있는 시설을 갖추고 예의가 바른 종사원이 조직적으로 서비스(service)를 제공하여 그 요금을 받는 사업체이다. 또한 오늘날 호텔은 다각경영(多角經營)으로 숙박시설 뿐만 아니라 연회장, 회의실, 결혼식장, 매점, 고급레스토랑, 그릴(grill), 바(bar), 오락시설, 운동시설 등을 갖추고 투숙객 이외의 고객이 이용할 수 있는 설비와 분위기를 연출해 보다 효율적인 경영관리를 도모하고 있다.

(2) 호텔의 분류

① 법규에 의한 분류

관광진흥법 제3조 제2항에서 관광숙박업이라 함은 관광객의 숙박에 적합한 시설을 갖추어 관광객에게 이용하게 하고 음식을 제공하는 업이라고 정의하고 있으며, 다음과 같이 분류하고 있다.

- 관광호텔업 : 관광호텔업은 '관광객의 숙박에 적합한 시설을 갖추어 이를 관광객에게 이용하게 하고 숙박에 딸린 음식·운동·오락·휴양·공연 또는 연수에 적합한 시설(부대시설) 등을 함께 갖추어 관광객에게 이용하게 하는 업'을 말한다. 종전에는 관광호텔업을 종합관광호텔업과 일반관광호텔업으로 분류하였으나, 2003년 8월에 「관광진흥법 시행령」을 개정하면서 이를 통합하여 관광호텔업으로 단일화하였다. 2019년 기준으로 관광호텔업은 1,044개소가 운영 중에 있다. 호텔의 등급은 특1등급(5성급), 특

2등급(4성급), 1등급(3성급), 2등급(2성급), 3등급(1성급)으로 구분하고 있다.

- 수상관광호텔업 : 수상관광호텔업은 '수상에 구조물 또는 선박을 고정하거나 매어 놓고 관광객의 숙박에 적합한 시설을 갖추거나 부대시설을 함께 갖추어 관광객에게 이용하게 하는 업'을 말한다.
- 한국전통호텔업 : 한국전통호텔업은 '한국전통의 건축물에 관광객의 숙박에 적합한 시설을 갖추거나 부대시설을 함께 갖추어 관광객에게 이용하게 하는 업'을 말한다. 1991년 7월 26일 전국 최초로 제주도 중문관광단지 내에 객실 수 26실의 한국전통호텔이 등록되었고, 2019년 현재 9개소가 운영 중이다.
- 가족호텔업 : 가족호텔업은 '가족단위 관광객의 숙박에 적합한 시설 및 취사도구를 갖추어 관광객에게 이용하게 하거나 숙박에 딸린 음식・운동・휴양 또는 연수에 적합한 시설을 함께 갖추어 관광객에게 이용하게 하는 업'을 말한다. 특히 정부는 가족단위 관광수요에 부응하여 국민복지 차원에서 저렴한 비용으로 가족여행을 영위할 수 있도록 호텔 내에 취사장・운동 및 오락시설 등을 겸비하도록 하고 있다.
- 호스텔업 : 호스텔업은 배낭여행객 등 개별 관광객의 숙박에 적합한 시설로서 샤워장・취사장 등의 편의시설과 외국인 및 내국인 관광객을 위한 문화・정보 교류시설 등을 갖추어 이용하게 하는 업을 말하는데, 이는 2009년 10월 7일 「관광진흥법 시행령」 개정 때 호텔업의 한 종류로 신설되었다.
- 소형호텔업 : 관광객의 숙박에 적합한 시설을 소규모로 갖추고 숙박에 딸린 음식・운동・휴양 또는 연수에 적합한 시설을 함께 갖추어 관광객에게 이용하게 하는 업을 말한다. 이는 외국인관광객 1,000만 명 시대를 맞이하여 관광숙박서비스의 다양성을 제고하고 부가가치가 높은 고품격의 융・복합형 관광산업을 집중적으로 육성하기 위하여 2013년 11월 「관광진흥법 시행령」 개정 때 호텔업의 한 종류로 신설된 것으로, 소형호텔업에 대한 투자를 활성화시켜 관광숙박서비스의 다양성을 제고하고

관광숙박시설을 확충하는 데 기여할 것으로 기대되고 있다.

- 의료관광호텔업 : 의료관광객의 숙박에 적합한 시설 및 취사도구를 갖추거나 숙박에 딸린 음식 · 운동 또는 휴양에 적합한 시설을 함께 갖추어 관광객에게 이용하게 하는 업을 말한다. 이는 외국인관광객 1,100만 명 시대를 맞이하여 관광숙박서비스의 다양성을 제고하고 부가가치가 높은 고품격의 융 · 복합형 관광산업을 집중적으로 육성하기 위하여 2013년 11월 「관광진흥법 시행령」 개정 때 호텔업의한 종류로 신설된 것으로, 의료관광객의 편의가 증진되어 의료관광 활성화에 기여할 것으로 기대되고 있다.

② 일반적인 분류

숙박산업을 구성하는 업종은 호텔, 여관, 국민숙사, 국민휴가촌, 민박, 펜션, 유스호스텔 등 일일이 열거할 수 없을 정도로 다양하다. 이러한 업종을 도시 호텔(City Hotel)과 리조트(Resort Hotel)로 대별할 수 있다. 또한 장소적 요인(입지 조건), 숙박기간, 숙박목적, 이용형태, 경영형태에 따라 [그림 6-1]과 같이 세분화할 수 있다.

(3) 호텔업무의 조직

호텔은 고객에게 객실에서의 숙박과 식음료 · 서비스 등을 제공하는 곳으로서 그 영업목적이 다를 뿐 일반적으로 다른 조직과 본질적으로 크게 다를 바 없다. 그러므로 호텔은 본래 목적에 필요한 제반 기능을 구비하고 업무담당자에게 권한, 책임 그리고 일을 부여하게 된다.

따라서 호텔조직은 호텔의 소유형태, 입지조건, 시설의 규모, 경영층의 능력, 경영방식 등에 요소에 의하여 각 호텔 나름의 특성을 지니고 형성되는데, 일반적인 호텔 조직은 기본적으로 객실부문, 식음료부문, 관리부문으로 나누어지는 것이 보통이다.

[그림 6-1] 호텔의 분류

도시호텔(City Hotel)

- 단기체재호텔(Transient Hotel)
  - 고급호텔(Metropolitan Hotel)
  - 상업호텔(Commercial Hotel)
    - 도심호텔(Downtown Hotel)
    - 교외호텔(Suburban Hotel)
    - 터미널호텔(Terminal Hotel)
      - 역전호텔(Station Hotel)
      - 공항호텔(Air-port Hotel)
      - 항구호텔(Sea-port Hotel)
    - 회관호텔(공공기업체경영호텔)
  - 회의용호텔(Convention Hotel)
  - 사업자호텔(Business Hotel)
  - 모텔(Motel)
  - 하이웨이호텔(Highway Hotel)
  - 소규모호텔(Inn)
- 장기체재호텔(Residential Hotel)
  - 아파트호텔(Apartment Hotel)
  - 양풍민박(洋風民宿, Pension)

관광호텔(Resort Hotel)

- 리조트호텔(Resort Hotel)
  - 산의호텔(Mountain Hotel)
  - 호반호텔(Lakeside Hotel)
  - 해변호텔(Seaside Hotel)
  - 온천호텔(Hotspring Hotel)
- 트래픽호텔(Traffic Hotel)
  - 모텔(Motel) 〈자동차여행자를 위한 호텔〉
  - 하이웨이호텔(Highway Hotel) 〈자동차여행자를 위한 호텔〉
  - 인(Inn) 〈소규모호텔〉
- 스포츠호텔(Sports Hotel)
  - 골프장호텔(Golf House)
  - 스키객용 숙사(Ski Lodge)
  - 자동차관광자의 숙사(Mobillagge)
  - 캠프방갈로(Camp Bungalow)
  - 요텔(Yachtel)
  - 보텔(Boatel)
- 구주(歐洲)의 분양방식 호텔(Eurotel)
- 미국(美國)의 분양방식 호텔(Condominium)
- 양풍민박(洋風民宿, Pension)

2 호텔 운영업무의 정보시스템화

(1) 호텔업무의 정보시스템구축 방안

호텔에서 전산화(computer system)를 구축하는 데는 많은 비용이 투입되므로 전산화를 하는데 요구되는 제반사항을 정확히 분석・검토하여 자기 환경에 가장 효율적인 시스템을 구축하여야 할 것이다.

전산화 방안은 자체개발과 외부시스템의 도입으로 나눌 수 있으나, 자체개발을 하려면 전산실의 인원확보 등 문제점이 뒤따르므로 주로 외부의 기본시스템을 도입하여 사용하고 있는 실정이다.

외부시스템을 비교평가하고 선정하는 작업을 사장이나 전산실장 혹은 담당자 한두 명의 의견이나 고집으로 결정하는 것은 굉장히 위험스러운 일이므로, 주로 시스템 컨설팅(system consulting) 회사의 전문적인 견해를 요청하는 것도 바람직한 방법이 될 것이다.

중요한 것은 실제 이 시스템을 사용하는 예약부서, 프런트 캐셔, 하우스키핑, 리셉션, 회계 및 전산실 등 모든 부서의 의견을 종합하여 가장 편리한 시스템을 선정하되, 소프트웨어의 종류나 하드웨어 시스템의 종류 및 시스템에 관한 호환성 등은 전산실의 의견을 존중하여 결정하여야 한다.

(2) 정보시스템의 기대효과

호텔업무를 전산화함으로써 얻어지는 효과는 크게 간접적으로 얻어지는 효과와 직접적으로 발생되는 효과로 나열할 수 있는데, 우선 간접적 효과를 살펴보면 다음과 같다.

① 대고객 서비스의 증대

- Check-in・Check-out의 신속・정확한 처리

- Guest History의 관리유지
- 철저한 예약관리 서비스
- 증가효과 기대

② **영업이익의 증대**

- 정확한 수입금 관리
- 신속한 자료처리
- Skipper 방지
- 반복되는 단순업무의 감소

③ **관리측면의 효과**

- 호텔 경영정보의 분석
- 제반업무의 정예화
- 적절한 영업방침 결정

등으로 나열해 볼 수 있으며, 직접적으로 발생되는 전산화 효과는 수작업이 아닌 회계처리상의 효과와 계산과정에서 발생되는 운영상의 손실을 방지할 수 있고, 인건비에 대한 절감효과를 기대할 수 있다.

이러한 시스템을 구성하기 위해서는 컴퓨터의 하드웨어, 소프트웨어, 근거리/원거리 통신망에 대한 충분한 연구와 업무 지원환경에 대한 고려가 충분히 선행되어야 하는데, 우선 소프트웨어에 대한 요구사항은 다양한 업무적용이 가능해야 하며, 언어의 구성이 편리해야 하며, 단순하고 편리한 운영환경이 되도록 설계되어야 한다. 하드웨어에 대한 요구 역시 장비에 대한 안정성이 보장되어야 하며, 확장성이 용이해야 하고, 처리속도가 빨라야 하며, 타 기기와의 접속이 용이해야 한다.

통신망에 대한 요구사항은 업무환경의 내부적인 공유와 외부거래처와의 컴퓨터환경을 고려하여 적절하게 배열될 수 있어야 한다.

[그림 6-2] 호텔정보시스템 흐름도

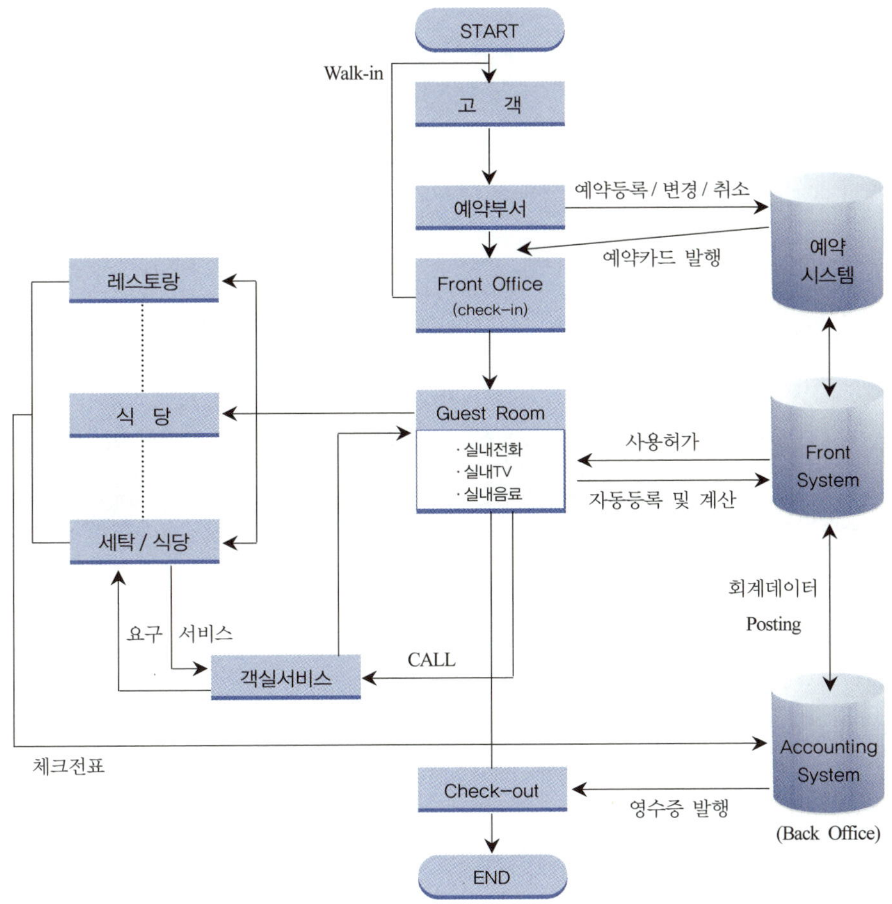

[그림 6-3] 호텔정보시스템 흐름도

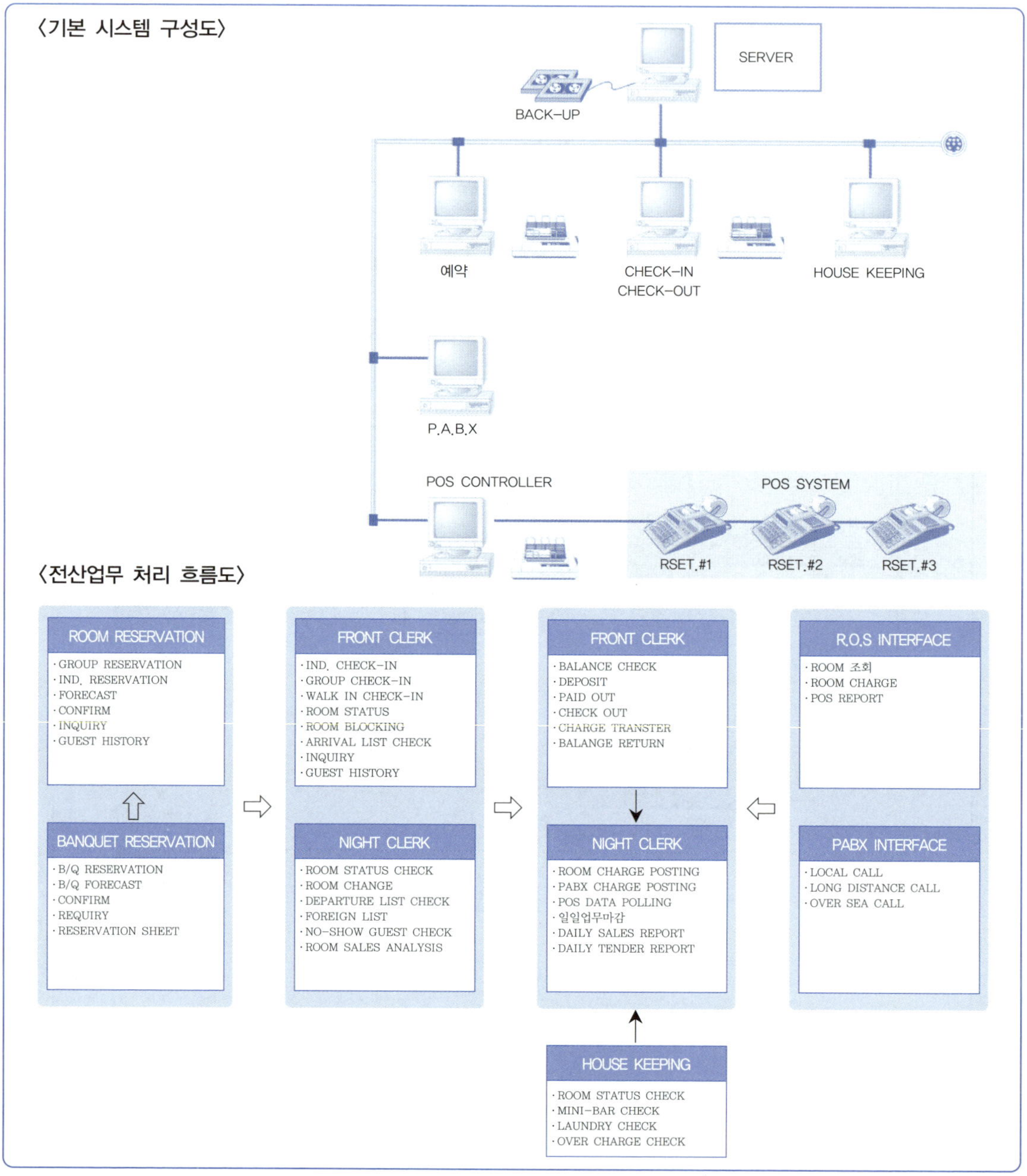

(3) 호텔관리업무의 구성

호텔정보시스템의 유형을 구분하는 기준이 표준화된 것은 없으나 일반적으로 대상 업무를 기준으로 프런트오피스 시스템, 백오피스 시스템, 식음료 업장관리 시스템, 인터페이스 시스템 등으로 구분하고 있다.

호텔관리의 프런트오피스(Front office) 시스템은 객실을 이용하는 고객관리를 위한 정보시스템으로 365일 24시간 운영되는 온라인시스템으로 이를 주로 이용하는 부서는 프런트데스크, 하우스키핑, 비즈니스센터, 벨데스크, 예약부, 판촉부, CBX 등 주로 객실과 관련된 업무를 수행하는 부서이다. 그리고 이와 같은 업무에 대한 전산화 대상 기능은 예약, Room Check-in, Room Check-out, House-keeping, Night Auditor, Banquet, PABX Guest History 등으로 나열할 수 있다.

백오피스(Back office) 시스템은 고객과의 직접 접촉은 이루어지지 않으나 호텔관리업무를 총괄하는 정보시스템으로 근거리통신망으로 구성된 시스템이 주를 이룬다. 총무부, 인사부, 경리부, 구매부, 시설부 등 관리업무를 하는 부서에서 주로 이용하는 시스템으로 이와 같은 업무의 주요 전산화 대상 기능은 회계 및 경리업무, 인사 및 급여업무, 구매 및 자재업무, 작업관리 등이다.

식음료업장관리시스템(POS : Point of Sales System)은 일반적으로 호텔보다는 외식업체 그리고 백화점, 할인마트 등의 유통업체에서 많이 이용하는 시스템이기도 하다. 호텔에서 주로 이용하는 부서는 레스토랑과 주방이며 이용하는 기능은 식음료 주문, 계산 등이다. 인터페이스시스템은 자동화시스템이라고도 불리는 것으로 전화교환시스템, 객실잠금장치시스템, 에너지관리시스템, 미니바관리시스템, 보이스메일시스템, In-Room Movie 관리시스템 등이 있다.

이와 같이 구분되는 호텔정보시스템의 구성 및 내용을 좀 더 자세히 살펴보면 다음과 같다.

① FRONT OFFICE업무의 전산화

• 예약관리시스템

호텔예약시스템은 네트웍의 발전으로 인하여 그 효율성이 더욱 높아지게 되었다. 각각 다른 지역에 위치한 고객들이 통합된 정보시스템을 통하여 예약업무를 원활하게 할 수 있게 되었기 때문이다. 통합된 네트웍을 이용하여 소비자들은 호텔예약, 항공기예약, 렌터카예약은 물론이고 여행사와 기타 여행지에 대한 예약 등이 가능하게 되었다.

이와 같은 호텔예약관리시스템은 크게 세 가지로 구분할 수 있는데, 중앙예약시스템(CRS), 글로벌예약시스템, 호텔예약시스템이 그것이다. 호텔예약관리 업무의 전산화시 고려해야 할 요소를 살펴보면 다음과 같다. 전산업무의 관리형태에 있어서는 개인별, 그룹별로 예약업무를 처리할 수 있도록 하여야 하며, 예약시 현재의 객실예약 상황이 자동적으로 체크되어야 하고, 예약 손님의 기록에 대해서도 동시에 참조될 수 있도록 구성되어야 한다. 또한 이렇게 예약된 자료는 동시에 LAN상의 File Server상에 저장되어 예약자료를 어떤 곳의 단말에서든지 확인하고 검색이 가능하도록 구성되어야 한다.

구성된 업무처리 소프트웨어는 개인 및 그룹을 동시에 예약할 수 있어야 하며, 객실별 Forecast를 자동 체크할 수 있어 수시로 참조하고 수정이 가능해야 한다. 또한 호텔의 특성에 맞추어 동시에 객실종류(Room Type) 별로 여러 가지의 예약이 가능해야 한다.

예약시 손님의 기록에 대한 구성은 손님의 이름별, 예약자별, 도착, 출발일자별 등 신속한 정보조회 및 기록에 대해서 시간과 장소에 구애없이 참조가 가능하도록 구성하고, Confirmation, Arrival, Cancellation, 예약업무, 통계, Group Information 등을 보고서로 출력하여 활용하도록 구성한다.

중앙예약시스템(Central Reservation System)

관리형태	· 중앙예약사무실(CRO : Central Reservation Office)을 개설하여 호텔객실의 예약을 받는다. · 제휴된 중앙예약시스템과 비제휴된 중앙예약시스템으로 구분된다. · 체인호텔이 아닌 로컬호텔의 경우에도 중앙예약시스템은 필수적이다. · 체인호텔의 경우 본사의 경영수입 중 정보시스템의 대여로 인한 수입액이 가장 크다.
기 능	· 중앙예약사무실은 중앙예약시스템에 의해 객실료와 예약 가능한 객실상황을 파악할 수 있다. · 네트워크화된 중앙예약시스템은 호텔경영의 효율성을 높여준다. · 중앙예약시스템을 통한 예약업무는 고객의 신규예약, 변경, 취소에 대한 기능을 신속하게 처리할 수 있으며 고객이 요청한 시간대에 전세계에 연결된 호텔객실의 상황과 객실료를 확인함으로써 효율적인 서비스를 제공할 수 있다.
구성요소	· 객실형태 · 객실점유율 · 객실구조 및 장식 · 객실의 전망 · 패키지의 유형 · 여행사의 할인율 · 예약에 대한 선택안 · 고객의 특별한 성향

글로벌예약시스템(Global Reservation System)

개 요	· 세계적인 종합예약시스템은 다양한 종류, 즉 호텔, 항공사, 여행사, 렌터카, 리조트 등의 예약시스템과 연결되어 있고 세계여행을 위한 접근이 가능하다. · 글로벌예약시스템은 세계적인 종합예약시스템과 기능적인 면에서는 유사하지만 호텔의 특성에 따라서 객실의 등급, 형태, 정보의 이용방법 등에 따라 차별화된 특징을 가지고 있다. 또한 호텔 자체에서 개발된 예약시스템과도 연동되어 있는 차이가 있다. · 글로벌예약시스템과 중앙예약시스템을 동시에 사용하는 호텔의 경우 상호간의 정보가 유출되지 않도록 주의를 기울여야 하며, 이를 위한 안전관리방법으로써 비밀번호의 주기적인 변경 등이 필요하다.

호텔예약시스템(Hotel Reservation System)

개 요	· 중앙예약시스템과 글로벌예약시스템이 전세계적인 네트워크를 이용한 시스템이라면 호텔예약시스템은 호텔 자체의 예약시스템을 의미한다. · 글로벌예약시스템은 세계적인 종합예약시스템과 기능적인 면에서는 유사하지만 호텔의 특성에 따라서 객실의 등급, 형태, 정보의 이용방법 등에 따라 차별화된 특징을 가지고 있다. 또한 호텔 자체에서 개발된 예약시스템과도 연동되어 있는 차이가 있다. · 글로벌예약시스템과 중앙예약시스템을 동시에 사용하는 호텔의 경우 상호간의 정보가 유출되지 않도록 주의를 기울여야 하며, 이를 위한 안전관리방법으로써 비밀번호의 주기적인 변경 등이 필요하다.

[그림 6-4] 호텔 관리업무 시스템의 구성도

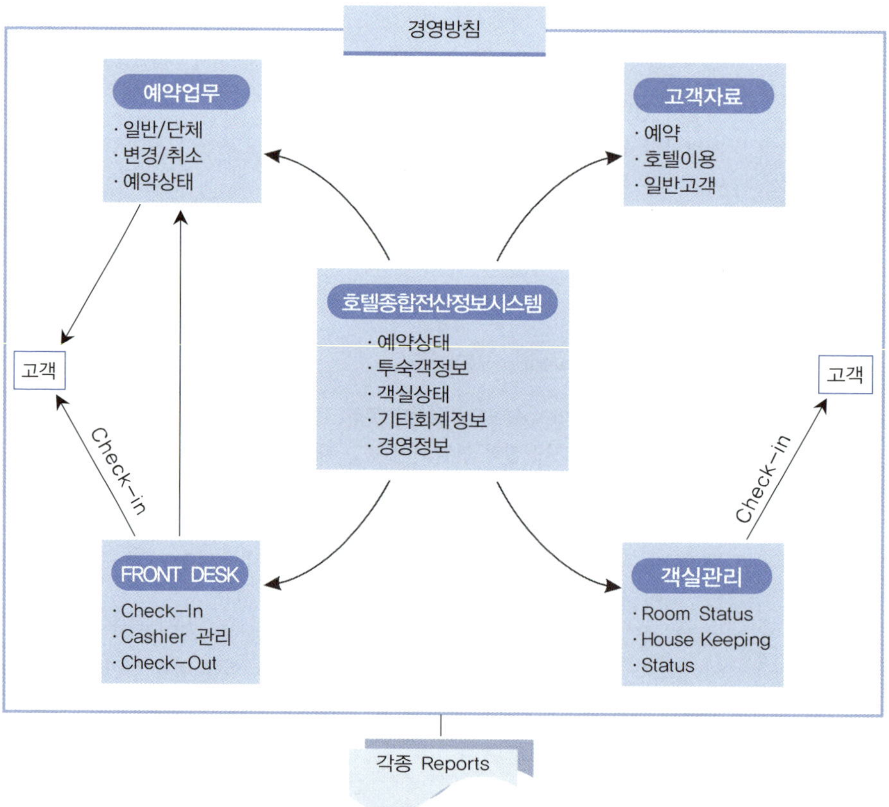

이와 같이 운영되는 호텔의 예약시스템은 호텔의 수익성에 직접적인 영향을 미치는 매우 중요한 시스템임과 동시에 외부조직이나 시스템과의 연계성 등에 따라 그 운영방식 및 관리방식이 다양하게 존재할 수 있으므로 좀 더 상세한 내용은 뒤에서 다시 다루기로 한다.

• 객실관리시스템

ROOM CHECK-IN

관리형태	· CHECK-IN할 때 예약과 연결하며 단독으로 WALK-IN GUEST로 처리할 수도 있다. · CHECK-IN은 개인과 그룹으로 나누어 처리되며 개인과 그룹에 모두 MAIN ROOM을 지정하여 효과적인 매출관리를 할 수 있다. · CHECK-IN 후에도 고객에 대한 등록자료를 수정할 수 있으며, 현재 투숙한 손님의 정보를 신속히 참조할 수 있다. · 이 예약 자료는 HOUSE KEEPING과 FRONT CASHIER, NIGHT AUDITOR, 교환실에서 함께 참조된다.
기 능	· 개인(8명), 그룹(50명)까지 동시에 CHECK-IN · 예약 데이터를 그대로 수용, 수정가능 · WALK-IN GUEST처리시 FORECASE 참조 · CHECK-IN시 손님, 예약자 HISTORY 참조 · ROOM 배정시 ROOM 상태 신속한 참조 · 한 ROOM에 5명까지의 SHARE GUEST처리 · CHECK-IN시 REGISTRATION SHEET 발행 · 개인, 그룹에서 MAIN ROOM 지정, 변경 · ROOM CHARGE CHANGE, ROOM CANCEL, ROOM CHANGE · SERVICE ROOM, HOUSE USE, OUT OF ORDER 사용 · CHECK-IN GUEST, GROUP INFORMATION, NO SHOW, 등록자료 변경, GUEST NAME, ROOM, FORECAST, ROOM STATUS, ROOM SALES ANALYSIS 등 각종 REPORTS · GUEST NAME, CONTACTOR NAME, ROOM NO, 도착일 예약 당시의 이름별 정보를 조회 · 개인, 그룹별 ROOM BLOCKING

ROOM CHECK-OUT

관리형태	· 고객 매출현황의 발생시, 각 업자에서는 POS를 통하여, HOUSE KEEPING에서는 연결되어 있는 전산기기를 통하여, 전화료는 PABX INTERFACE를 통하여 고객의 영수증에 기록이 된다. CHECK-OUT 하는 방법은 현금, CARD, 후불이 있으며, 매출에 관계된 내역 등을 종합적으로 관리한다.
기 능	· 각 ROOM별 매출 발생현황을 각 분류별로 각각의 발생 ITEM별로 확인할 수 있다. · EARLY CHECK-OUT, DAY USE, OVER CHARGE처리 · DEPOSIT, PAID OUT, CHARGE TRANSFER처리 · MINI-BAR를 사용여부 CHECK · 매출내역서 발행 · SHARE별 CHECK-OUT이 가능 · 영수증 재발생 · 입·출금 현황, DEPOSIT, PAID OUT, CHECK-OUT, TRANSFER, ROOM STATUS 등 REPORT

HOUSE KEEPING

관리형태	· MINI-BAR와 LAUNDRY의 품목을 관리한다. 발생시 입력하면 그 즉시 FRONT CASHIER에서 확인할 수 있다. OVER CHARGE 및 취소를 결정하며 ROOM고장, 청소상태를 입력, 관리한다.
기 능	· MINI-BAR, LAUNDRY의 자료 발생을 입력한다. · LAUNDRY는 SERVICE TYPE별로 세탁종류별로 관리한다. · OVER CHARGE CHECK · ROOM 고장, ROOM 청소상태관리 · 현재 ROOM STATUS를 화면을 통하여 확인 · MINI-BAR, LAUNDRY발생현황, ROOM별 MINI-BAR, ROOM STATUS., DEPARTURE GUEST 등의 각종 REPOST.

NIGHT AUDITOR

관리형태	· 당일의 매출을 정리한다. · ROOM CHARGE 및 PABX DATA를 정리하여 해당 ROOM별로 POSTING 발생시키며 POS의 매출자료를 정리 종합집계 처리한다.
기 능	· ROOM CHARGE를 ROOM별로 발생시킨다. · PABX DATA를 정리하여 ROOM별로 발생시킨다. · 하루의 ROOM 상황을 종합정리한다. · 업장별 매출분석 · ROOM GUEST BALANCE, HIGH BALANCE, POS DATA CONFIRM 등의 각종 REPORTS · POS DATA POLLING · POS DATA 집계, 각종 POS REPORT

BANQUET

관리형태	· 연회예약을 처리한다. · 각 연회장 예약 상황을 보유하며, 관리한다. · 예약된 상황을 조회한다. · ROOM과는 별개로 단독으로 운영한다.
기 능	· 연회장 FORECAST를 이용하여 연회예약을 받는다. · RESERVATION SHEET발행 · 예약 CODE, EVENT NAME, CONTACTOR, EVENT DATE별로 조회하여 CONFIRM · RESERVATION, CANCELLATION 등의 REPORT. · 정보를 조회한다. · 연회예약에서 ROOM예약으로 쉽게 전환할 수 있다.

PABX

관리형태	전화 교환기에서 들어오는 데이터를 받아들여 각 ROOM별로 전송한다. 교환실에서는 ROOM정보를 조회한다.
기 능	· 교환기의 데이터를 CHECK한다. · 발생되는 데이터는 해당 ROOM으로 전달 · 전화요금의 계산은 자체 계산 TABLE에 의하여 한다. · 수신자 부담처리 · 전화기별 사용 현황 파악 · ROOM 정보조회

GUEST HISTORY

관리형태	· 예약 및 CHECK-IN시 GUEST에 대한 각종 정보를 얻을 수 있으며 CONTACTOR에 대한 관리와 여행사 관리를 할 수 있다. · 예약 및 등록시 GUEST에 대한 HISTORY를 CHECK한다. · HISTORY DATA에는 ROOM CHARGE 및 ROOM NO F&b SALES 투숙기간 등을 8회까지의 내역을 관리하여 연간 매출 관리한다. · 여행사 및 CONTACTOR에 대한 HISTORY 관리로 별도로 한다.
기 능	· 예약에서 GUEST NAME SEARCH · 예약에서 CONTACTOR SEARCH · CHECK-IN에서 GUEST NAME SEARCH · CHECK-IN에서 CONTACTOR SEARCH · CHECK-IN에서 HISTORY관리 여부 결정 · DM 발송 · GUEST별 매출 · CONTACT별 매출 · GUEST TYPE별 사용횟수

② BACK OFFICE업무의 전산화

호텔 운영업무의 Back Office 업무는 인사관리업무, 일반회계업무, 자재관리업무로 대분하며 자재관리부문에 대해서는 구매관리, 검수관리, 재고 및 마감관리 등으로 전산화 대상을 열거해 볼 수 있다.

인사급여관리

기 능	· 조직의 인사이동 및 승진발령 퇴직과 급여, 상여, 정산업무를 정확간결하게 처리할 수 있는 시스템으로 실무자와 단순 반복작업을 배제하고 통계 분석자료를 적시에 제공
인 사	· 인사, 경력, 포상, 징계, 근태, 퇴직관리, 재직증명서, 경력증명서 사원현황 급여, 상여
급 여	· 중도퇴직 · 연말 정산 · 퇴직금 정산

일반회계처리 업무

관리형태	· 재무관리의 현행기능별 정보파악을 출납전표만으로 일반경리의 장부 및 재무제표 출력
기 능	· 출납전표 관리 · 현금 출납장 · 일계표 · 보조 원장 · 총계정 원장 · 월계표 · 시산표 · 대차 대조표 · 손익계산서 · 거래처 원장 · 부서별 경비사용 현황

• 자재관리 업무

호텔의 주창고와 냉동창고 외부 거래처와의 주문, 검수, 입고관계와 작업장으로의 전체 재고사항 및 업장의 판매재고 내역을 파악할 수 있도록 구성한다. 여기에 주요한 관리기능으로는 구매내역관리, 검수관리, 재고 및 마감관리로 나누어 볼 수 있다.

구매관리

관리형태	· 주문서의 등록과 이를 기본으로 일일 발주 현황, 납품일자관리, 거래조건별 구매 현황을 관리한다.
기 능	· 주문서 등록일일 발주현황 · 검수자료 · 납기일자별 품목관리 · 거래조건별 구매현황

검수관리

관리형태	· 주문서의 내용과 납기일내에 입고되는가를 확인하고 OVER 입고수량을 CHECK하여 주창고의 재고로 보관한다.
기 능	· 입고보고서 등록관리 · 품목별 입고 · 출고 보고서 등록관리 · 거래처별 입고관리 · 사용부서별 입고현황 · 수령부서별 출고 현황 · 기간별 출고현황 · 품목별 출고현황

재고 및 마감관리

관리형태	· 업장 재고조사, 업장간 자재이탈, 업장원가 통제를 관리하고 업장별 판매 실적 등의 자료를 산출한다.
기 능	· 업장간 재고, 이동, 원가, 통제관리 · 수불대장(주창고, 업장) · 자재사용 현황 · 식음자재 원가율현황 · 업장 재고조사 관리 · 재고현황

③ 식음료업장관리시스템(POS)

호텔의 레스토랑에서 사용하는 포스(POS) 시스템이란 "Point of Sales"의 약자로서 판매시점관리시스템이라고 지칭하기도 한다. 포스시스템은 각각의 영업장에서 일어나는 모든 거래를 한 시점에서의 보고서로 파악하고 분석할 수 있도록 구성된 호텔식음료업장의 정보시스템이다. 하지만 원래 포스시스템은 소매점, 유통점 등에서 주로 활용되던 것이 호텔 및 외식업종으로 이용이 확장된 시스템이다.

초기에 Key-In 방식으로 시작된 포스시스템은 광학적 판독장치를 이용하여 상품별 판매정보를 판매시점에서 즉시 파악하여 발주, 매입, 배송, 재고관리 등의 정보와 결합하여 가공처리하는 소매업의 종합정보시스템이다. 이와 같은 소매업 중심의 시스템이 확장 발전하면서 호텔 식음료업장과 외식업체

포스시스템의 특징 및 기능

구분	내용
특 징	· 현장에서 발생하는 각종 데이터를 거래발생과 동시에 컴퓨터에 전달하는 온라인 시스템이다. · 모든 거래정보와 영업정보 등을 실시간 파악 가능한 리얼타임시스템이다. · 여러 곳의 업장에서 발생하는 정보를 통합 처리할 수 있는 분산·집중관리시스템이다. · 현금판매, 신용판매, 주문, 선수금, 가수금, 할인 등 모든 거래를 누가, 언제, 어디서 어떤 상품을 얼마에 매매가 이루어졌는지 알 수 있다. 즉 거래의 모든 정보를 일시에 파악할 수 있는 시스템이다. · 포스시스템은 단순히 거래정보에 제한되지 않고 미래 매출액 추정, 회계자료, 인사자료 등을 포함하는 종합정보시스템화가 가능하다.
기 능	· 시스템관리 기능 : 시스템이 원활하게 작동하도록 하는 서버로서의 기능 · 메뉴관리 기능 : 다양한 유형의 메뉴를 입력, 수정, 추가 하는 기능 · 업장 판매관리 기능 : 개별 업장의 판매집계표와 매출보고서 관리 기능 · 일일정산기능 : 업장의 일일영업 마감과 식음료업장 전체의 결산관리 기능 · 보고서 출력 기능 : 호텔의 특성에 맞는 다양한 보고서 출력 기능 · 인터페이스 기능 : 프런트오피스시스템과 백오피스시스템의 정보를 교류할 수 있도록 하는 인터페이스 기능

의 정보시스템으로 정착하게 되었으며 포스시스템은 호텔의 인터페이스시스템으로 다루어지기도 한다.

④ 인터페이스시스템(Interface System)

• 전화요금산출시스템(Calling Accounting System : CAS)

호텔에서 고객들이 외부와 통화하는 내용의 기록을 처리함으로써 요금계산 및 사용내역을 자동으로 보관, 정산처리하는 시스템을 말한다. 이러한 자료는 HIS에도 자동으로 전송되도록 되어 있다. 전화요금산출시스템은 초기에는 HOBIC(Hotel Billing Information Center)이 사용되었으나 1981년 CAS가 개발되면서 대체되었다.

HOBIC는 고객이 외부로 전화하기 위해서 교환원을 통하는 방식으로 객실번호의 확인에 오류가 많이 발생하는 단점으로 인하여 많은 문제점이 노출되기도 하였다. 이후 CAS가 개발됨으로써 고객의 전화사용내역을 자동으로 기록, 요금정산이 가능하도록 호텔정보시스템에 통합되었다. 이와 같은 CAS의 개발은 고객서비스만족도를 높임과 동시에 인건비의 절감 등을 통하여 호텔의 수익성 개선에도 상당한 기여를 하였음을 알 수 있다.

전화요금산출시스템의 특징 및 내용

구분	내용
특 징	· 외부전화의 자동확인 · 통화경로의 자동선택 · 최소비용에 근거한 추적 · 전화요금산정 프로그램
기록정보	· 날짜 및 시간 · 객실번호 · 통화번호 · 통화시간 · 전화요금

• 전자잠금시스템(Electric Locking System : ELS)

전통적인 잠금장치의 문제점을 보완하기 위하여 개발된 시스템이 바로 ELS이다. 현재 대부분의 호텔은 ELS를 이용하고 있으며, 이와 같은 시스템을 이용함으로써 고객의 호텔안전에 대한 신뢰도는 높아지고 있다.

전자잠금시스템의 유형

Hard-wired system	· 각 객실의 잠금장치가 중앙에서 통제되도록 설계된 시스템 · 대부분 프런트데스크 시스템과 통합되어 체크인시 객실잠금장치로 전송 · 체크아웃시에는 자동으로 기존 키의 기능이 상실됨 · 중앙통제 기능으로 인해 많은 비용이 소요되는 단점이 있음 · 모든 객실의 잠금기능을 중앙에서 통제하므로 안전성은 높아짐
Micro-fitted system	· 각 객실의 잠금장치가 독립적으로 작동하는 독립시스템 · 배선작업 등이 필요치 아니하므로 비용이 절감됨 · 잠금장치에 내장된 마이크로칩은 사전에 정의된 코드을 가지고 있음 · 프런트데스크에서 방 배정시 코드배열에 맞도록 고객에게 부여

• 에너지관리시스템(Energy Management System : EMS)

EMS는 호텔의 운영에 있어서 필수적인 기능에 해당되는 냉방, 난방, 조명, 공기정화 등의 기능을 자동으로 조절하는 시스템을 의미한다. EMS는 위와 같은 기능의 효율성을 최적으로 맞춤으로써 쾌적한 환경을 조성함과 동시에 호텔경영에서 많은 비용을 발생시키는 부문에 대한 원가절감효과를 거두는 데 크게 공헌하기도 한다.

이와 같은 EMS는 호텔내부 기기의 운영을 컴퓨터로 자동제어함으로써 호텔 환경을 최적의 상태로 유지하게 되며, 고객의 요구가 있을 때 가동(Demand Control)되고 정해진 시간에도 가동(Duty Cycling)되도록 하면서 객실 내의 센서(Room Occupancy Sensor)에 의해서도 작동되도록 설계되어 있다.

• 고객서비스를 위한 부가시스템

호텔정보시스템은 앞서 살펴본 다양한 인터페이스시스템 이외에도 다양한 부가서비스를 제공하는 경우가 많다. 예를 들면, 프런트데스크에서 객실번호와 시간을 입력하면 객실의 고객을 깨우기 위한 모닝콜시스템(Morning Call System)을 자동으로 설정할 수도 있으며, 객실의 전화기를 통하여 고객에게 메시지가 도착하였음을 알릴수도 있다.

또한 음성사서함을 통하여 외부에서 걸려온 전화메시지를 자동으로 고객의 객실로 연결해 주는 보이스메일시스템(Voice Mail System), 고객이 객실에서 호텔 내의 영업장으로 전화를 하면 객실번호와 고객의 성별 및 이름이 나타나서 친근감 있는 서비스가 가능하도록 도와주는 고객호출시스템(Calling Name Display System) 등은 호텔의 생산성 증대를 위한 다양한 시스템이다. 이와 같은 다양한 부가시스템은 고객만족 증대와 원가절감을 위하여 지속적으로 연구개발되고 있는 상황이다.

• 고객셀프시스템

호텔정보시스템 중에서는 호텔의 종업원에 의하여 서비스를 제공받는 시스템도 있지만, 고객 스스로가 정보시스템을 활용함으로써 더욱 편리한 호텔 이용이 가능하도록 해 주는 시스템도 존재한다. 이와 같은 고객셀프시스템은 통상적으로 고객의 객실 내부나 공공장소 등에 설치되어 있으며, 고객이 직접 작동하기 편리하도록 제작된 특성을 가지고 있다.

호텔에서 활용되는 대표적인 고객셀프시스템은 셀프 체크인 · 체크아웃시스템, 객실 내의 영화시스템, 객실 내의 소형냉장고시스템, 객실 내 소형금고시스템, 고객정보시스템 등이 있는데, 이를 좀 더 구체적으로 살펴보면 다음과 같다.

고객셀프시스템의 유형

셀프 체크인·체크아웃 시스템 (Self Check In / Out System)	· 호텔의 직원이 아닌 고객이 직접 투숙 및 퇴실절차를 진행하는 시스템 · 주로 로비와 같은 공공장소에 설치되며, 사전 예약의 경우 이용 가능 · 주로 신용카드를 이용하게 되며 객실유형을 선택하면 키카드 제공 · 퇴실시에도 해당 기기에 신용카드나 키카드를 이용하여 처리함
영화시스템 (Movie System)	· 호텔의 TV 등을 통해 제공하는 유료영화시스템 · TV 등 영상기기는 중앙의 프런트오피스 시스템과 연동되어 요금 부과 · 주로 리모콘을 이용하여 서비스를 이요하게 되며, 고객의 실수나 사용미숙으로 인하여 고객불평이 다수 발생하기도 한다.
소형냉장고 시스템 (Mini-Bar System)	· 미니바로 불리는 객실 내 소형냉장고에 보관된 음료수, 안주류, 스낵류 이용에 대한 자동 관리시스템 · 냉장고 안의 품목은 센스를 통해 자동 정산이 되지만 센서를 통한 체크가 불가능한 품목은 수기작업이 요구됨
소형금고시스템 (Safety-Box System)	· 고객의 귀중품 분실을 방지하기 위해 고안된 시스템 · 프런트오피스시스템과의 연동은 이루어지지 않고 있음
고객정보시스템 (Guest Information System)	· 쇼핑, 관광, 영화관람 등 다양한 문화행사 참관을 위해 필요한 시스템 · 비행운행스케줄, 주변식당정보, 위락시설 안내, 쇼핑정보 안내 등의 정보서비스 요구가 있으므로 이를 자동적으로 제공

(4) 전산화의 주요 보고서

업무명	Report	내 용
Room Reservation	· CONFIRMATION LIST · ARRIVAL LIST · WAITING GUEST LIST · CANCELLATION LIST · 일일 예약내역 · GROUP INFORMATION · SPECIAL REQUEST	· 임의의 기간 중 CONFIRM해야 할 예약자 LIST · 예약자 가운데서 익일도착 손님에 대한 LIST · WAITING GUEST에 대한 LIST · 예약되었다가 CANCEL된 GUEST LIST · 당일의 예약업무 보고서 · GROUP INFORMATION · 예약된 손님의 SPECIAL REQUEST 내역

업무명	Report	내 용
Banquet Reservation	· RESERVATION LIST · BANQUET SHEET · 가수요자 LIST · CANCELLATION	· 당일의 연회예약 LIST · 연회예약 견적 SHEET · 예약문의자에 대한 LIST · 예약 CANCEL에 대한 LIST
Front Clerk	· ROOM BLOCKING · SPECIAL SERVICE · CHECK-IN GUEST LIST · GROUP INFORMATION · ROOM CHANGE REPORT · ROOM CANCEL LIST · NOT CHECK-OUT LIST · NO-SHOW GUEST LIST	· 현재 BLOCKING된 ROOM LIST · SPECIAL SERVICE해야 될 손님에 대한 LST · 당일 CHECK-IN한 손님에 대한 LIST · GROUP에 INFORMATION에 대한 LIST · CHANGE ROOM한 GUEST에 대한 LIST · CHECK-IN했다가 CANCEL된 ROOM LIST · 당일 CHECK-OUT 예정자 중 CHECK-OUT 안된 GUEST LIST · 도착 예정자 중 도착되지 않은 예약자 LIST
Night Clerk	· GUEST NAME LIST · FOREIGN NO TAX LIST · DEPARTURE LIST · ROOM FORECAST LIST · ROOM STATUS REPORT · ROOM SALES ANALYSIS	· 모든 재실 손님에 대한 LIST · 외국인에 대한 LIST · 재실 손님 중 CHECK-OUT 예정자 LIST · ROOM별 예약에 대한 FORECAST · 현재 ROOM별 재실 상태출력 · 하루동안의 ROOM SALES에 대한 종합정보
Front Cashier	· SHIFT BALANCE LIST · DEPOSIT LIST · PAID OUT LIST · CHECK-OUT LIST · CHARGE TRANSFER · ADJUSTMENT INFORMATION · ROOM CHARGE CHANGE	· 현재까지 입금현황 · DEPOSIT내역 · PAID OUT내역 · 당일 CHECK-OUT LIST · CHARGE의 변경에 대한 LIST · GUEST에 대한 현재까지의 BALANCE REPORT ROOM CHARGE의 변경에 대한 확인 REPORT · ROOM별 ROOM CHARGE 발생에 대한 REPORT
NIGHT AUDITOR	· ROOM GUEST BALANCE · HIGH BALANCE · DISCOUNT REPORT · POS DATA CONFIRM · DAILY SALES REPORT · DAILY TENDER REPORT · AUDITOR REPORT	· ROOM별 GUEST 대한 BALANCE REPORT · 임의의 금액 이상의 BALANCE ROOM LIST · 임의의 퍼센트 이상의 D/C ROOM LIST · POS의 ROOM CHARGE에 대한 CONFIRM LIST · ROOM 및 업장에 대한 일일 매출 집계 · ROOM 및 업장에 대한 일일 매출 집계 · 매출 및 입금에 의한 BALANCE REPORT

(5) 호텔 예약시스템의 현황

항공사의 CRS에 의해 부수적으로 개발되었던 호텔의 전산화 작업은 차츰 그 기능확대시켜 호텔에 관한 이윤을 추구하는 컴퓨터시스템으로 발전하고 있다.

CRS가 거듭 발전을 해 오면서 서비스 측면에서 호텔 객실, 렌트카 예약은 물론, 관광에 따른 제반사항을 종합적으로 서비스해 주는 기능이 호텔에도 도입하게 되었다.

오늘날 시행되고 있는 호텔객실예약시스템(HRS)이 바로 그것이다. 모든 CRS의 발전이 미국에서 시작되었듯이 호텔에 관한 컴퓨터시스템도 미국에 본부를 두고 있는 체인호텔에 의해 시행되어졌다.

① 아시아지역 체인호텔 현황

1990년대에 들어서면서 호텔의 체인화가 급성장하면서 호텔의 특성을 살린 경영방식이 날로 늘어가고 있는 추세이다. 그 중에서도 아시아지역의 진출을 위한 체인호텔들이 급성장하고 있다. 아시아지역의 호텔들 중에는 미국계의 호텔그룹과 유럽계의 호텔그룹들이 대부분이다.

국내에 들어와 있는 체인호텔들과 앞으로 진출이 예상되는 체인호텔들도 대부분 미국계와 유럽계의 호텔들이다. 체인호텔들의 한국 진출(현황참조)은 기존에 있는 호텔들의 영업실적이 좋고, 사업전망이 밝기 때문이다. 진출현황은 다음과 같다.

미국계 체인호텔	체인호텔수	유럽계 체인호텔수	체인호텔수
힐튼인터내셔널	26(호주 7)	메리디엔	7
하얏트	36(호주 8)	캠핀스키	3
인터컨티넨털	10(호주 1)	외베픽	2
쉐라톤	26	스위스호텔	3
라마다	14	스칸디나비아	1
홀리데이인	37	스위스벨호텔	3
웨스틴	7		

② **고객에 대한 서비스의 일환으로 시작된 HRS(Hotel Rerservations System)**

체인 호텔들은 컴퓨터예약시스템을 통하여 객실예약은 물론, 호텔의 위치, 공항까지의 거리, 부대시설 및 기타 교통편에 대한 상세한 정보들을 제공해 주고 있다. 다양하고 광범위한 서비스를 요구하는 이용자들의 확대로 인해 호텔산업에 있어 객실 예약시스템의 중요성을 일깨워주고 있다. 과거 호텔 객실예약은 풍부한 지식과 경험의 바탕을 가진 담당자들에 의해 관리되었다.

즉 과거의 통계자료와 예약 현황 차트, 관광객들의 유동적인 교통요금 동향 등 여러 제반사항을 취득하여 호텔객실 수요를 예상하고, 이에 따른 대비를 강구해 왔다. 시간적으로도 1주일 이상이 걸리는 이런 수작업은 전산화가 이루어지면서 점차 퇴조해 갔고, 현재는 대부분의 호텔들이 전산화 작업을 시행하고 있다. 또한 세계의 호텔들은 시장경쟁에서 살아남기 위해 전화, 텔렉스, FAX 등을 통한 객실예약에서 투자비용이 많이 소요되는 컴퓨터 예약시스템으로 대처해 나가고 있다.

③ **체인호텔의 객실예약 온라인망 구축**

국내의 체인 호텔들은 세계에 있는 자체 호텔들을 연결할 수 있는 HRS를 갖추어 놓고 있다. 체인호텔의 규모와 수적인 면에서의 차이를 보일 뿐 기능이나 예약률에서는 큰 차이를 보이지 않고 있다. HRS역사에 있어서도 '84년 웨스틴조선호텔이 처음 도입하였고, 여타 체인 호텔들은 호텔객실 예약대행사 및 컨소시엄을 통해 객실예약판매를 하고 있다.

체인 호텔들의 현황을 살펴보면, 국내는 전화나 팩스를 이용하여 객실예약을 하며, 해외의 객실 예약은 자체 HRS, 텔렉스, 팩스, 전화를 함께 이용한다. 체인호텔들의 HRS에 대한 기능은 우선적으로 고객들에게 편의를 제공하는 서비스측면에서 시작되었고 고객이 원하는 목적지의 체인호텔의 요금, 부대시설, 공항과의 거리, 주변의 관광지 소재 등 다채로운 정보를 제공하며, 체인호텔의 경영이익에도 중요한 역할을 한다.

④ **국내호텔의 HRS - 개인여행자(FIT)들을 위한 예약시스템**

HRS를 통하여 체인호텔들에게 동시에 메시지를 전할 수 있는 장점을 가지고 있다. 특히 호텔들이 이 시설을 위해서 들이는 비용들은 막대하지만, 체인의 경우 기존에 마련된 소프트웨어를 그대로 사용할 수 있어 새롭게 투자하는 비용보다는 적게 들어간다. 또한, 기존에 사용했던 전화, 팩스, 텔렉스 등은 그 사용료가 HRS비용보다 많이 들어가 점차적으로 경비절감에도 한몫을 하고 있다.

• 서울 힐튼호텔

서울 힐튼의 경우 'HILTRON'의 기능이 410개의 체인호텔을 연결하여 객실예약을 할 수 있는 방대한 온라인망을 구축하고 있다. 고객관리, 호텔 간의 신속한 통신을 주고 받을 수 있는 기능과 함께 각종 호텔경영관리 자료도 수록되어 있어 각 호텔별로 필요한 자료들을 입력 또는 출력할 수 있다.

국내의 여행사나 FIT들이 이 시스템을 이용하여 체인 호텔에 객실예약을 하는 경우는 빈번하다. 'HILTRON'은 국내에 어느 정도 알려져 있는 시스템이기 때문에 객실 예약률도 높은 편에 속한다. 힐튼호텔은 VIP들에 대한 고객관리가 뛰어나며, 특히 처음 이용하는 고객들에게 'HILTRON'에 대한 반응이 좋다.

• 웨스틴조선호텔

웨스틴조선호텔은 각 체인호텔들이 위치하고 있는 지역의 국제회의, 전시회 등의 현황을 파악하여 'WESTRON'을 이용하는 고객들에게 정보를 제공한다. 그리고 시스템의 기능향상을 시켜 PC TRAVEL(객실예약 중간에도 4개의 화면을 연속해서 볼 수 있는 기능)을 통해 신속하게 고객에게 정보를 제공해 줄 수 있는 이점을 가지고 있다.

시스템 기능의 향상에 따른 실무자 교육도 현지나 아시아지역 본부에 가서 직접 받는 기인함을 보이고 있다. 웨스틴조선호텔 측은 "미국 내에 기능이 집중되어 있어 수익면보다 서비스측면을 고려하여 시스템을 사용한다. 또한 NWA. AA.DELAT 등 항공사들의 CRS와 연계되어 있다"고 한다.

• 호텔 인터컨디넨털

각 호텔들의 장점을 취약하여 소프트웨어 개발에 성공한 인터컨티넨털은 '89년부터 'GROBALIT'를 운용하기 시작했다. 특히 "비즈니스맨들을 위해 국제전시회에 관한 정보를 제공해 주고 있으며, 앞으로 오픈하는 호텔들도 소개한다"고 하며, 위성상의 문제로 인해 모든 호텔들의 HRS가 완벽한 기능을 하지 못하고 있을 때는 팩스나 전화를 이용하고, HRS는 객실요금을 할인하기보다는 전액을 다 받기 때문에 경영상의 이윤을 창출시키고 있지만, 그 고객들은 모두 FIT들이기 때문에 가격에 대한 문제들은 일어나지 않는다.

• 라마다 르네상스

'ROOM FINDER SYSTEM'이란 객실예약시스템을 이용하는 라마다 르네상스는 6명의 직원들이 객실예약을 담당하고 있다. 고객들이 체크 아웃하고 다른 목적지로 떠날 경우 다음 목적지에 있는 체인호텔의 객실 현황을 제공해 주는 서비스를 곁들이고 있어 HRS에 대한 중요성을 전직원에게 교육시키고 있다. 이는 비즈니스맨에게 HRS에 대한 홍보를 하기 위한 하나의 방법이다. 특히 라마다는 여러 급수별 체인호텔들이 많아 이용하고 싶은 선택의 폭이 넓다는 것이 장점이다.

• 스위스그랜드호텔

유럽계에서는 잘 알려져 있지만, 세계적인 체인망을 많이 확보하지 못하고 있는 스위스그랜드호텔은 'SWISSOTEL RESERVATION SYSTEM'을 이용하여 객실예약에 대한 정보와 판매를 실시하고 있다. "기존의 체인호텔보다 늦은 출발과 호텔 수가 적기는 하지만 점차 보완해 나가고 있다. 현재 스위스항공의 HORIS, UTELL, LRI 등에 가입하고 있다"며 객실예약시스템 기능을 향상시킬 계획이라고 한다.

• 쉐라톤워커힐

세계적으로 방대한 체인망을 가지고 있는 쉐라톤은 체인호텔을 연결하는 객실예약사무소가 있어 텔렉스, 팩스, 전화를 이용하여 예약을 받고 있다. 이같이 예약시스템이 호텔 내에 위치하지 못한 것은 상호(프랜차이즈)만을 사용하고 있고, 시설투자에 있어 서로가 투자를 미루고 있었기 때문이다.

앞으로 들어오게 될 'RESERVATION FOUR'는 전세계 450개에 쉐라톤체인호텔을 연결할 수 있게 된다. 이처럼 국내의 체인호텔들은 각 호텔들의 특징을 살리며, HRS에 대한 홍보와 활용에 적극적이다. HRS를 이용하여 객실을 판매하는 예약률은 호텔들마다 차이가 있어 5~18% 정도를 보이고 있지만, 산출하는 방법들에 있어서 서로 다르기 때문에 특정한 곳의 HRS가 우수하다고 평가하기가 어렵다.

⑤ 독립호텔의 대행사 및 컨소시엄 가입

세계를 무대로 뛰는 체인호텔과는 달리 독립호텔들은 해외지사의 설립에 대한 한계와 함께 세계시장에서 많은 어려움을 느끼고 있다. 이러한 문제들을 해결하기 위해서 호텔예약 대행사 및 컨소시엄에 가입하여 객실 판매에 주력하고 있다.

국내에 들어와 사무실을 개설한 호텔예약 대행사는 DELTON, UTELL, 그리고 홀리데인의 HOLIDEX이다. 지난 '89년 개설한 DELTON은 서울항공, 서울익스프레스 등 8개 여행사에 단말기를 설치하고, 전세계 264개 주요 도시 1천5백여개 호텔의 객실예약을 담당하고 있다.

동남아지역이 강세하다는 평을 듣는 DELTON시스템은 FIT들의 이용이

80%, 그룹들이 20%를 차지하고 있다. "한국무역센터에서 열리는 103회의 이벤트 정보까지 제공해 주고 있고, 1년에 1만5천여건 정도의 객실예약을 처리하고 있다.

한국시장은 이제 정착단계에 있고 그룹들을 위한 'DELTOUR'시스템에 프레지던트, 서울코리아나 등 독립호텔들과 웨스틴조선호텔과 부산의 하얏트 등 체인호텔들도 가입되어 있다. 지난 '86년 'HANK'라는 자체 예약시스템을 개발한 UTELL은 금년 1월 국내시장에 참여하여 객실예약업무를 시작하고 있다.

UTELL의 한국지사장은 현재 시행중인 UTELL은 전화상으로 문의와 예약을 받고 있다고 설명, 전세계 144개국 6천5백여 개의 호텔들이 어느 지역에 편중을 두지 않고 다양하게 분포되어 있어 고객의 95%가 여행사들이다.

또한 여행사들이 호텔객실을 예약해 주고 커미션을 제대로 받지 못하는 불이익을 방지하기 위해 수수료 지급여부(paytell, paycom : 지출관련 오퍼레이션)를 호텔에 확인하고, 소홀한 경우 가맹점에서 제외를 시키고 있다. UTELL

한국사무소는 기존의 'HANK'기능을 향상시킨 'UNISON'이 내년 여름에 들어올 계획이다. 최신의 레이저디스크에 의한 호텔의 사진을 제공할 수 있는 UTELLVISION은 앞으로 국내에 소개될 것이라고, 이밖에도 국내기업과 체인호텔 건축을 합의한 홀리데이인의 HOLIDEX도 서울에 사무소를 두고 객실예약업무를 대행해 주고 있다.

⑥ 항공사가 개발한 상품과의 협력추구

체인호텔들에 비해 구조적으로 취약한 국내 독립호텔들은 해외판촉을 강화해 나가고 있다. 호텔 롯데의 경우 세계적인 호텔예약조직인 SRS와 PHW, UTELL 등에 가입해 있는데, SRS의 경우 지난 5월 단말기가 국내에 들어와 있어 SRS본부와 직접 예약을 받을 수 있다.

특히 롯데는 "작년의 경우 SRS를 통해 약 1만 2천개, UTELL을 통해 약 2

천3백여개의 객실을 판매하였다. PHW는 미주시장에 대한 강점을 지니고 있고, SRS는 유럽시장, UTELL의 경우 특별한 시장의 우위를 나타내지 않고 선택의 폭이 넓다는 것이 장점"이라고, 또한 항공사가 개발한 패키지 상품에 호텔 롯데를 이용할 수 있게 가입되어 있는 대한항공의 'JOYFYL HOLIDAYS', 일본항공의 'JAL WORLD HOTELS' 말레이시아항공의 'GOLDEN HOLDAYS' 등에 가입되어 있다. 신라호텔은 호텔예약조직인 LHW, UTELL에 가입되어 있으며, 일본의 3개 도시와 뉴욕, 런던에 해외지사를 운영하고 있다.

아직까지는 이 시스템들을 통해서만 객실예약을 확보하고 있는 것으로 알려져 있다. 프라자호텔은 이 시스템을 통한 1년 예약률이 17%(90년 실적)에 달하고 있다. 객실예약시스템에 대한 자체개발에 엄두를 못내고 있는 국내 독립호텔들은 예약대행사 및 컨소시엄들에 가입되어 커미션을 지불하며 예약을 받고 있다. 또한 항공사 CRS와 연계되어 객실판매에 주력하고 있다. 이 호텔들은 KAL, AL, AS, CPA, THAI항공사들과 연계하여 객실이용을 높이고 있다. 항공사들의 패키지상품들은 체인호텔과도 협력이 되어 있고, 객실 가격면에서도 할인된다.

• 항공사들이 만들어낸 상품

항 공 사	패키지상품
대한항공	JOYFUL HOLIDAYS
일본항공	JAL WORLD HOTELS
말레이시아항공	GOLDEN HOLIDAYS
캐세이퍼시픽항공	STAY A WHILE
타이항공	DISCOVERY TOURS

⑦ 상황에 따라 제어할 수 있는 HRS

호텔객실예약시스템은 24시간 개방을 하여 객실예약에 관한 업무를 수행한다. 하지만 성수기, 비수기에 따라 정보를 제어하는 기능을 가지고 있어 객실 수급에 관한 적절한 조절을 병행하고 있다. 모든 호텔들은 성수기일 경우 비싼 객실을 개발하고, 비교적 많이 팔리는 객실의 정보는 막아 놓는다. 그러나 비수기에는 모든 방을 오픈시켜 객실을 판매할 수 있게 조치를 취하고 있다.

객실담당자들은 성수기때 여분의 객실을 보유하여야 자체적으로 활용할 수 있다는 것이다. 이는 예전부터 객실을 판매하는 데 이용했던 방법이고, 앞으로도 100% 오픈시키는 경우는 없을 것이다. 성수기때는 객실요금에 지장을 받지 않는 비즈니스맨들이 객실의 유무현황을 단말기로 통해서 예약을 하기 때문에, 예약이 많이 안들어 오는 비싼 객실을 오픈시킨다.

⑧ FIT의 계속적인 증가추세

관광패턴의 변화는 단체에서 개인 여행으로 변해가고 있다. 이러한 추세에 맞추어 호텔들의 HRS도 FIT들을 대상으로 객실판매에 총력을 기울이고 있다. 국외여행 자유화 조치가 계속적으로 시행되는 동남아지역은 세계의 항공사, 호텔들에게는 매우 중요하고, 구미가 도는 시장임에 틀림이 없다.

그리고 CRS산업의 호텔 HRS의 모체격이라고 해도 과언이 아닐 정도로 HRS는 규모나 기능면에서 월등한 차이를 보인다. 이제 세계의 시장은 하나의 경제로 보아야 한다. 그 속에서 예속되거나 사라지는 경우가 되지 말고, 경쟁적인 차원에서 함께 협력을 모색하는 관광산업이 되어야 할 것이다. 그런 노력들은 업계를 이끌어 나가는 경영자들이 우선적으로 해야 할 과제물이다.

제 7 장

항공예약 시스템

학습목표

- 항공예약시스템에 대해 설명할 수 있다.
- 항공예약 과정을 할 수 있다.
- 항공예약시스템으로 항공예약을 할 수 있다.

관련기사

토파스 셀커넥트 시스템의 장점

TOPAS SellConnect는 국내여행시장에 대한 TOPAS만의 노하우와 선진 GDS사인 Amadeus의 기술력이 결합된 차세대 예약/발권 시스템으로 고객들에게 한 차원 높은 스마트워크 서비스를 제공합니다.

하나. 한차원 높은 시스템 안정성

We Share the same PNR

TOPAS SellConnect의 가장 큰 특징은 Single PNR 컨셉을 적용한 시스템 안정성 구현입니다. KE, TG, AF, CX 등 130개 주요 항공사와 TOPAS가 하나의 시스템으로 연결되어 그 동안 여러분이 경험하지 못한 한 차원 높은 안정성을 제공합니다.

항공사와 여행사간의 데이터 불일치로 발생되는 No-Record, ADM 등을 원천적으로 차단합니다.

항공사 시스템과의 연계성 강화로 그룹예약 처리 기능이 강화됩니다.

항공사와 동일한 데이터 베이스를 사용함으로써 예약 시 응답속도와 정확성을 크게 개선하였습니다.

둘. 한국 시장에 최적화된 GDS 기능

Advanced Technology

전 세계 약 40% 여행사가 사용 중인 선진 GDS 기능을 한국 여행시장에 맞게 최적화하여 여러분에게 제공합니다.

Best Pricer

PNR 생성 후 더 저렴한 좌석과 운임을 검색하여 자동으로 재예약하는 기능입니다.

공시운임 및 할인 금액이 있는 판매가에도 적용되어 다양한 항공사의 운임 계산 시 유용합니다.

File Finishing

PNR 완성 시점(End of Transaction)에 여행사가 미리 설정해 놓은 내용들을 PNR에 자동으로 입력해주는 기능입니다.

Master Pricer Expert

PNR 생성 전 고객의 출/도착지 정보만으로 좌석상황과 운임을 검색하여 최대 50개의 예약 가능한 최적운임 및 여정을 제공하는 기능입니다.

다양한 운임 조건을 설정할 수 있으며, 자동 예약과 PNR 운임 저장이 가능합니다.

ATC(Auto Ticket Changer)

TOPAS SellConnect의 대표기능으로 여행사에서 가장 어려워 하는 항공권 재발행 및 환불처리와 같은 까다로운 업무를 자동으로 처리해 주고 운임차액을 자동으로 계산합니다.

셋. 고객 접근성 향상

Any Time Any Where

Multi-Browser 및 Multi-Device를 지원합니다.

100% Web 기반으로 별도의 시스템 설치가 필요치 않으며, 언제 어디서나 사용이 가능합니다.

넷. 사용자 편의 확대

Intuitive User Interface

기존 Entry Mode와 GUI Mode가 자유롭게 호환되어 사용자의 편의성이 강화되었습니다.

직관적인 UI를 통해 GUI 기능만으로 PNR을 자유롭게 생성/변경할 수 있으며 Entry 모드의 기능들도 보다 더 강력해졌습니다.

자료 토파스여행정보 홈페이지(2020. 02. 01)

1 항공예약시스템의 이해

항공예약시스템은 항공상품을 판매하기 위한 것으로, 항공상품은 항공좌석을 예약하여 항공기 내에 좌석을 마련해 주고, 목적지까지 이동시켜 주는 서비스 상품이다. 항공예약시스템에 의한 항공예약은 소요량을 예측하여 생산의 규모를 계획하고, 예약이 확약된 발권을 통하여 수입을 확정짓고, 운송을 준비시키는 역할을 한다. 항공예약시스템은 여객서비스 측면과 회사영업 측면에서 다음과 같이 설명될 수 있다.

① 여객서비스 측면

- 항공여정의 작성과 좌석예약 : 여행계획에 필요한 항공 스케줄 정보를 제공하여 여정을 작성하고 항공좌석을 확보한다.
- 부대서비스의 예약 및 편의의 제공 : 항공여정 이외에 호텔, 렌터카 등 여행에 필요한 각종 서비스를 예약하거나 편의를 제공한다.
- 여행정보의 제공 : 현지에 대한 여행정보를 제공한다.

② 회사영업 측면

- 좌석의 판매 : 항공예약시스템을 통하여 항공좌석을 예약하고 발권을 하면 매출로 이어진다.

2 항공예약 과정

① 예약의 접수

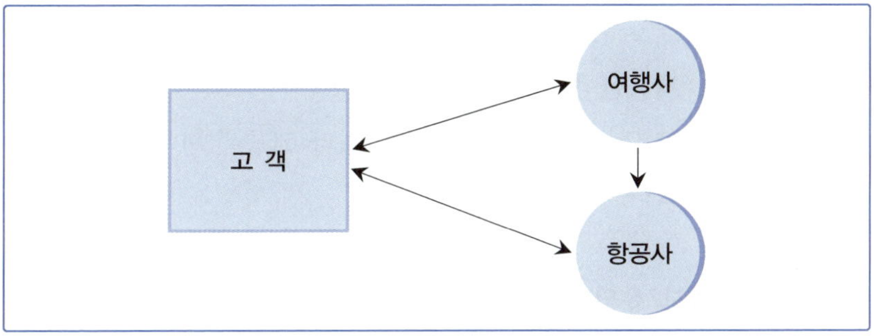

- 예약접수시기 및 접수처
  - 예약접수시기 : 일반적으로 해당 항공편 출발 1년전부터 예약접수를 시작한다.
  - 접수처 : 항공사, 항공사 지점, 여행사 등

② 예약 서비스

- 항공예약 : 세계 어느 곳이든지 고객이 원하는 대로 편리하게 여행할 수 있도록 전 세계 항공사의 시간표를 참조하여 항공좌석을 예약한다.
- SPECIAL MEAL 예약 : 종교, 건강, 취향 등의 사유로 기내식사에 특별 음식을 원하는 경우는 사전(출발 2일전까지)에 예약을 받아 제공한다.
  예) KOSHER, MEAL, NO SALT ADDED MEAL, NO SUGAR ADDED MEAL, SEA FOOD MEAL, VEGETARIAN MEAL, BIRTHDAY CAKE 등
- 제한여객 운송준비 : 비동반소아(12세 미만), 임산부(8개월 이상), 들것 환자 등 여행 중 특별한 주의가 필요한 승객에 대한 정보를 입력하면

그에 적절한 준비를 한다.

- 도착통지 : 여객이 목적지에 있는 친지에게 도착을 알리기를 원할 경우 전화번호/성명/전달내용을 접수하고 해당지점으로 전문을 발송하여 신속히 전달해 주고 있다.
- 여행정보 : 여행지소개, 항공요금, 출입국절차 등 여행에 관련된 모든 정보를 제공한다.
- 기타 예약 : 전세계 호텔, 렌트카, 기타 교통편(선박, 육로교통)의 예약도 가능하다.

③ 예약관계시 유의사항

- 매표구입 시한(TKTG Time Limit) 준수 : 항공권을 구입하기로 약속된 시점까지 구입하지 않는 경우 예약이 취소될 수 있다.
- 예약 재확인(Reconfirmation) : 여행도중 어느 지점에서 72시간 이상 체류코자 하는 경우 늦어도 항공기 출발 72시간 전에 복편 또는 계속편에 대한 예약을 재확인하여야 한다. 재확인을 하지 않을 경우 예약이 취소될 수 있다.

3 항공스케줄 조회

(1) OAG

항공스케줄을 확인하는데 있어서 항공예약시스템이 가장 유용하지만, 다음 [그림 7-1]과 같이 OAG(Official Airline Guide)를 활용할 수도 있다. OAG는 세계 항공사의 스케줄과 항공관련 정보를 수록한 책자로 항공예약시스템을 사용할 수 없거나 항공예약시스템에 저장되어 있지 않은 항공스케줄과 여행정보를 찾아보자고 할 때 유용하다. 일부 종업원은 국내에서 발간되는 소

[그림 7-1] OAG의 항공 스케줄

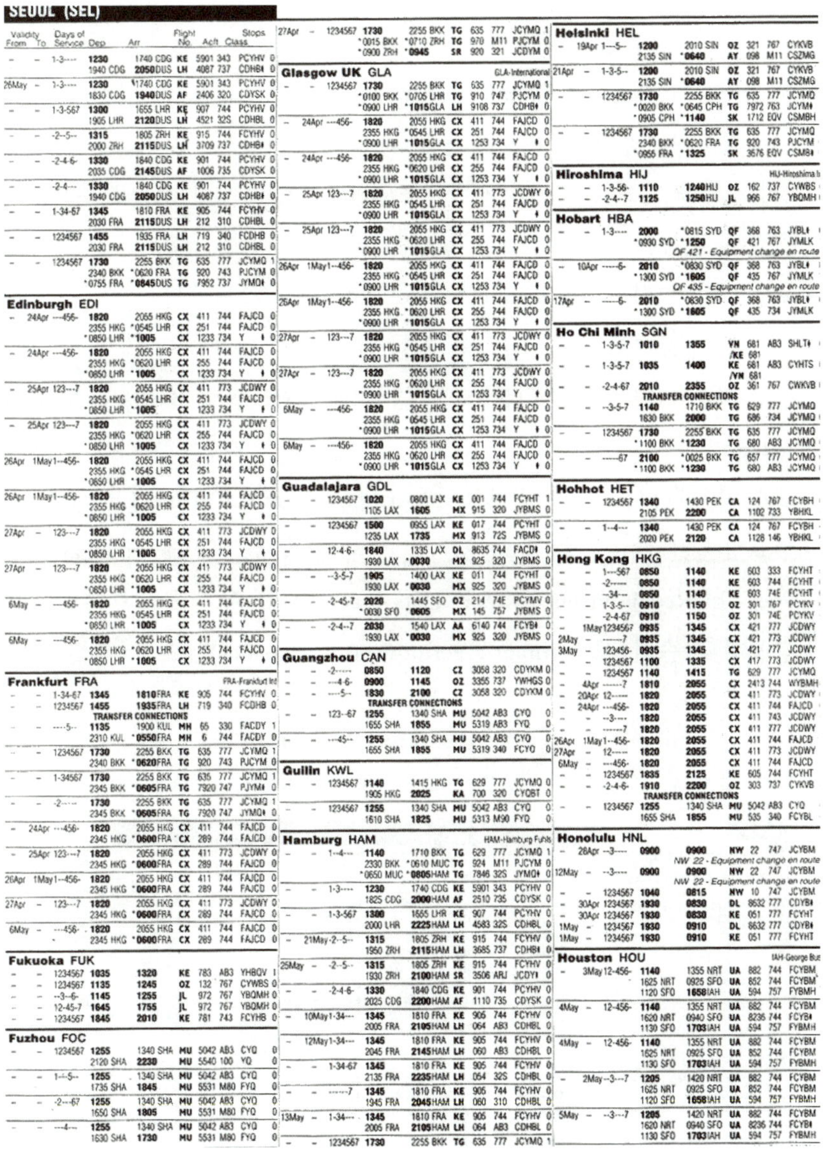

책자 형태의 OAG를 항공예약시스템보다 효과적으로 사용한다. 항공스케줄 이외에 OAG에 수록되어 있는 정보는 다음과 같다.

- 운임규정의 적용(Application of fare notes)
- 각국의 사용 통화코드(Currency Code)
- 항공사코드, 기종코드 및 각종코드(Abbreviations and Reference Marks)
- 편집부 변동사항(Stop press)
- 운임규정의 적용(Application of fare notes)
- 국가별 항공여행 관련세금 및 공항세(Local Taxes)
- 무료수하물 허용량 관련세금 및 공항세(International Baggage Allowance and Rates)
- GMT와 현지시간과의 관계표(International Standard Time Chart)
- 주요항공별 탑승수속 소요시간 및 면세점 유무안내(International Airport Check-In Requirements, Airport Duty-Free shops)
- 항공기 기종별 제원(Aircraft Performanced Statistics)

[그림 7-2] 한국출발 항공스케줄

서울 SEOUL ▶ 미주 AMERICA

DESTINATION 목적지(한국과의 시차)	CITY CODE 거리(MILES)	EFFECTIVE 유효기간	DAYS 출발요일	DEPARTURE 출발시각	ARRIVAL 도착시각	FLIGHT NO. 편명	AIRCRAFT 기종	CLASS 등급	FLYTIME 비행시간	VIA 경유지	VIA ARR/DEP 경유지 도착출발
LOS ANGELES 로스앤젤레스 (-18)	LAX 5952		매일	10:20	08:00	KE 001	744	FCY	13:40	NRT	12:35/13:55
			매일	15:00	10:20	KE 017	744	PCY	11:20	0	
			매일	17:00	12:00	OZ202/AA6138	747	FCY	11:00	0	
			월화목토	18:40	14:00	KE 015	744	FCY	11:20	0	
KE 1-800-438-5000			수금일	18:40	14:00	KE 061	744	FCY	11:20	0	
NW 1-800-693-1186			수목금일	19:05	14:25	KE 011	744	FCY	11:20	0	
OZ 1-800-227-4262			매일	19:30	20:22	KE051(DL7005)	772/L10	FCY/Y	16:52	HNL	09:10/12:10
		-7,11	화목일	20:30	15:40	OZ204/AA6140	747	FCY	11:10	0	
		7,12-	매일	20:30	15:40	OZ204/AA6140	747	FCY	11:10	0	
NEW YORK 뉴욕 (-13)	JFK 6875		월수금	10:00	10:40	KE 083	744	PCY	13:40	0	
			화목토일	10:00	10:40	KE 081	744	PCY	13:40	0	
			월수금	18:20	19:00	KE 085	744	FCY	13:40	0	
KE 1-800-438-5000			토	18:20	19:00	KE 087	744	FCY	13:40	0	
OZ 1-800-227-4262			매일	19:20	20:00	OZ222/AA6144	747	FCY	13:40	0	

자료 : 월간 로드스카이

(2) 항공예약시스템

국내 항공예약시스템은 대한항공에서 주로 사용하는 토파스(TOPAS)와 아시아나항공에서 주로 사용하는 애바카스(ABACUS)가 대표적이다. 아래 그림은 토파스로 서울(SEL) - 도쿄(TYO) 구간의 항공 스케줄을 조회한 것이다.

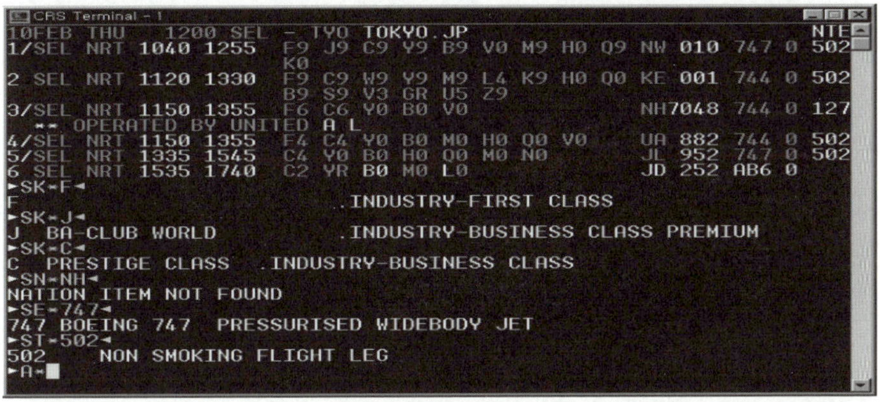

아래 그림은 세 명의 고객에 대한 예약 상태를 보여주고 있다. 성명, 여정, 전화번호 등의 정보가 담긴 예약기록을 PNR(Passenger Name Record)이라고 부른다.

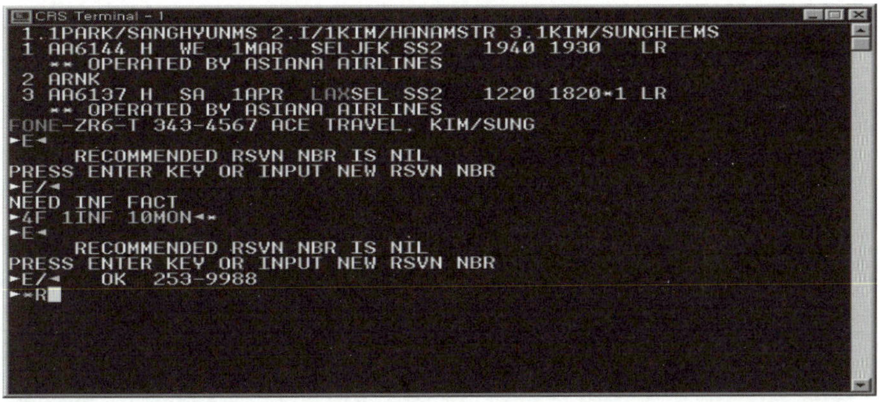

PNR 작성이 완료되면 예약번호가 생성되는데, 나중에 PNR을 확인하고 싶을 때 이 예약번호를 이용한다.

아래 그림은 고객의 성명과 여정 이외에 다른 사항을 PNR에 기록하는 장면이다. 3*와 4*는 서비스 FACT 요청, 5*는 업무참고사항, 6은 예약기록 작성 및 변경의뢰자, 7Q는 항공권의 구매예정일, 8은 항공권의 발권시한, 9는 전화번호를 입력하는 필드이다.

(3) 토파스 항공예약프로그램 실습

① DECODE와 ENCODE

- 전 세계 항공사와 GDS는 업무의 정확성과 신속성을 위해 도시, 공항, 항공사, 주, 국가 공동 사용

Entry	의미	기능
DACLON	Do A Code	도시(City)코드로 이름 조회
DANLONDON	Do A Name	도시(City)코드로 이름 조회
DANPARI*		'PARI'의 포함된 도시 이름 검색
DCCA	Do Country	국가(Country) 조회
DCCANADA		
DNSUSFL	Don't Know State	주(State) 조회
DNSFLORIDA		
DNACX DNA160 DNACATHAY PACIFIC	Don't Know Airline	항공사(Airline) 조회
DNE744 DNEBOEING	Don't Know Equipment	기종(Equipment) 조회
DNCZE DNCHERZE	Don't Know Car	렌터카 조회
DNHHL DNHHILTON	Don't Know Hotel	호텔 조회
DDLAX	Display Date	특정 도시의 일자와 시간
DDSEL1200/SIN		

※ 특정 도시의 Multi Airports 조회 : DB NYC

② Entry 정리

항목	Entry	의미	기능
Time Table 요일별 운항시간표	TN 10MAR SEL PAR/AKE	Time Table Neutral	항공사 지정
	TCR	Time Table Change Return	역방향 구간 조회
Availability 해당일의 스케쥴과 좌석조회	AN 15DECICNSYD/AKE/CE/FN	Availability Neutral	항공사/BKG CLS/ Non-Stop
	AN 10DEC ICN BKK*20DEC		복편 동시 조회 (Dual City Pair)
	AN 10DEC ICN BKK/ADE*20DEC BKKSIN/ATG		Dual City Pair 조회
	AN*S10DEC ICNBOS		특정 Alliance 지정
	ACR 20DEC	Availability Change Return	역방향 구간 날짜 지정 조회
Flight INFO 특정비행편 운항 정보	Availability 조회 후 DO2	Display Operation	Availability 조회 후 운항 세부 정보 확인
	DO KE927/1SEP		특정 비행편의 운항 세부 정보
스케쥴	SN 10JAN PUS BKK	Schedule Neutral	스케쥴 조회
MCT 최소 연결시간	DM ICN	Display MCT	특정 도시 MCT 조회
	DM DL/JFK		특정 항공사/도시 MCT 조회
	DM3		Availability 조회 후 MCT조회
	DM2/4		Availability 조회 후 복수 항공편의(2번과 4번) MCT 조회
	DMI		여정이 있는 경우 MCT 조회

※ MCT(Minimum Connecting Time)

- 한 공항에서 터미널 간 또는 동일 도시 내 서로 다른 공항 사이의 연결 편 탑승을 위한 최소연결시간
- MCT에 부합되지 않게 예약한 경우 PNR 저장 시 Warning Message가 보여지는데, 이를 무시하고 PNR을 다시 저장하면 PNR은 저장됨.
- Code Share Flight의 MCT 확인 시 여정이 있는 상태에서 조회(PNR 작성 후 DMI Entry)하는 것이 정확

③ Availability 응답 화면

- Availability 응답 화면

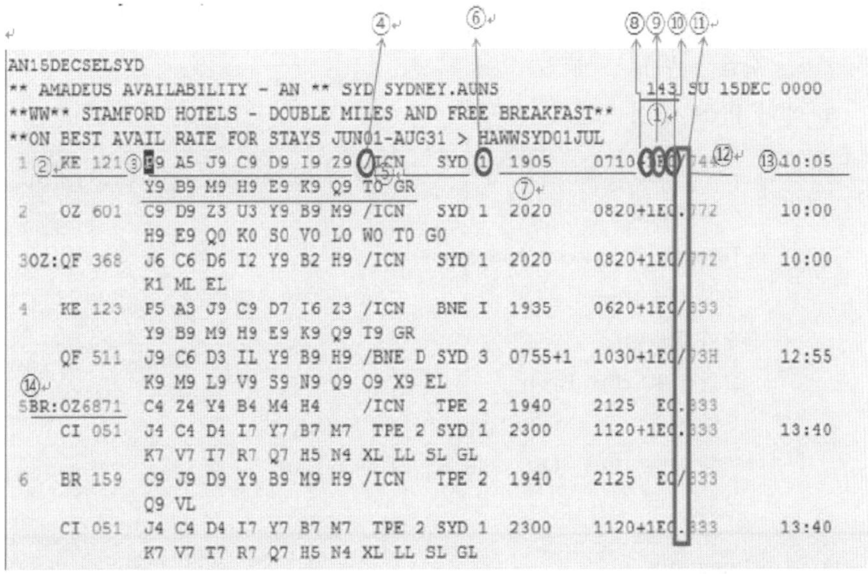

```
AN15DECSELSYD
** AMADEUS AVAILABILITY - AN ** SYD SYDNEY.AUNS              143 SU 15DEC 0000
**WW** STAMFORD HOTELS - DOUBLE MILES AND FREE BREAKFAST**
**ON BEST AVAIL RATE FOR STAYS JUN01-AUG31 > HAWWSYD01JUL
1  KE 121  F9 A5 J9 C9 D9 I9 Z9 /ICN   SYD 1  1905     0710+1E0/744       10:05
           Y9 B9 M9 H9 E9 K9 Q9 TO GR
2  OZ 601  C9 D9 Z3 U3 Y9 B9 M9 /ICN   SYD 1  2020     0820+1E0.772       10:00
           H9 E9 Q0 K0 S0 V0 L0 W0 T0 G0
3OZ:QF 368 J6 C6 D6 I2 Y9 B2 H9 /ICN   SYD 1  2020     0820+1E0/772       10:00
           K1 ML EL
4  KE 123  P5 A3 J9 C9 D7 I6 Z3 /ICN   BNE I  1935     0620+1E0/333
           Y9 B9 M9 H9 E9 K9 Q9 T9 GR
   QF 511  J9 C6 D3 IL Y9 B9 H9 /BNE D SYD 3  0755+1   1030+1E0/73H       12:55
           K9 M9 L9 V9 S9 N9 Q9 O9 X9 EL
5BR:OZ6871 C4 Z4 Y4 B4 M4 H4    /ICN   TPE 2  1940     2125  E0.333
   CI 051  J4 C4 D4 I7 Y7 B7 M7  TPE 2 SYD 1  2300     1120+1E0.333       13:40
           K7 V7 T7 R7 Q7 H5 N4 XL LL SL GL
6  BR 159  C9 J9 D9 Y9 B9 M9 H9 /ICN   TPE 2  1940     2125  E0/333
           Q9 VL
   CI 051  J4 C4 D4 I7 Y7 B7 M7  TPE 2 SYD 1  2300     1120+1E0.333       13:40
           K7 V7 T7 R7 Q7 H5 N4 XL LL SL GL
```

① 출발일까지의 남은 일수
② 항공사와 편명수
③ Booking Class와 잔여 좌석수
④ Last Seat Availability Indicator
⑤ 출발지/목적지
⑥ Terminal 번호
⑦ 출/도착 시각
⑧ Plus One Day
⑨ e-Ticket Indicator (e-Ticket 기능 제공 Flight)
⑩ 경유지 횟수
⑪ Access Level
⑫ 기종
⑬ 총 비행 소요 시간
⑭ Code Share FLT (BR: Operating Carrier, OZ6871: Marketing Carrier)

④ PNR의 뜻과 구성요소

■ PNR (Passenger Name Record)의 뜻

승객의 예약 기록을 정해진 영역에 따라 예산 전산 시스템에 기록해 놓은 것을 나타내는 용어

■ 예약 PNR 구성 요소

Entry	기능
필수 요소	여정(Itinerary)
	Ticketing 정보 (Ticket Arrangement)
	승객 성명 (Name)
	전화 (Phone)
선택 요소	요청자 (Received From)
	특별 서비스 요청 (SSR: Special Service Request)
	기타 서비스 요청 (OSI: Other Service Information)
	Remark

1) 여정(Itinerary)

가. 항공여정: 비행편을 이용하여 한 지점에서 다른 지점으로 이동하는 여정

나. 부대여정: 항공여정을 제외한 기타 예약 구간(호텔, 카, 철도 등)

다. 비항공운송구간(ARNK: Arrival Unknown): 항공편 이외의 운송 수단으로 이동하는 구간(Surface)을 나타내기 위해 사용

2) Ticketing 정보(Ticket Arrangement)

가. 여행사가 지정하는 발권 예정일을 의미, 강제성은 없음(Information 용도)

나. 항공사가 지정하는 발권 시한은 PNR 작성 이후 PNR에 별도 유입됨.

- 강제력이 있어 항공사가 지정한 발권 시한까지 항공권을 구매하지 않으면 여정은 자동 취소됨.

3) 승객 성명: 성, 이름 Title, Passenger Type Code 입력

가. 성과 이름

- 반드시 실제 승객명을 입력해야 함(타인, 대리인 성명 입력 불가)
- Full Name을 입력하며 여권상의 Name Spelling을 기준으로 입력 (Family Name은 최소 2글자 이상 최대 57글자까지 입력 가능)
- 개인 승객인 경우 PNR 작성 이후 Name Change는 불가

나. 승객의 유형

구분	PTC: Passenger Type Code	구분 기준(출발일 기준)
성인(Adult)	ADT	만 12세 이상 승객
소아(Child)	CHD	만 2세 이상~만 12세 미만
유아(Infant)	INF	생후 7일 이상~만 2세 미만 (좌석 비점유)

- PTC는 상기 코드 이외에도 다양하게 있음
- 유아의 구분 기준은 항공사별로 상이할 수 있음 (생후 14일 이상 ~만 2세 미만)
- 유좌석을 차지하는 Infant는 Child로 처리
- 소아나 유아인 경우에는 생년월일(DOB: Date of Birth)을 같이 입력해야 함

다. 승객 Title

성별에 따른 Title		신분에 따른 Title	
MR	성인 남자	PROF	Professor
MS	성인 여자(기혼/미혼)	CAPT	Captain(기장/선장)
MRS	성인 여자(기혼)	DR	Doctor(반드시 의사)
MISS	유아/소아 여자	REV	Reverend(성직자)
MSTR	유아/소아 남자		

- 승객 성명 뒤에 Title 입력 필요
- 주로 성별에 따른 Title을 많이 사용
- 승객에 따라 신분에 따른 Title을 선호하는 경우도 있음
- DR은 위급 환자 발생하는 경우를 위해 참고하기 위한 자료이므로 반드시 의사인 경우에만 사용

4) 전화 번호 Element

- 여행사, 승객 연락처, 이메일 등으 번호를 기재
- 한 개의 PNR에는 필요에 따라 2개 이상의 전호번호 입력

5) 기본 PNR 작성

■ PNR 작성을 위한 화면 정리 및 저장

SellConnect Entry	기능
RT	PNR 화면 정리
IG	입력 내용 취소, 무시
IR	입력 내용 취소, 무시 후 PNR 재조회
ET	PNR 저장
ER	PNR 저장 및 재조회
RTPP	최근 PNR 재조회
RT0333-2323	PNR 조회

■ PNR Element 작성 Entry

항목	Entry	기능
여정 (Availability 조회 후)	SS1Y2 SS1Y1*H11	Short Sell
	SS KE901 Y 20DEC ICNPAR 1	Long Sell
	SO KE Y 25NOV ICNBKK	Open 예약
	SI ARNK	비항공운송구간
삭제	XE2 XI(여정 전체 취소)	각 Element 삭제
성명	NM1HONG/GILDONGMR	기본 입력
	NM1HONG/GILDONGMR 1KIM/SOOHYUNMR 1BAE/SOOJIMS	여러 명의 승객 성명 동시 입력
	NM 1 KANG/CHAEYOON (CHD/25MAY07)	Child 성명과 생년월일 입력
	NM 1 HONG/GILDONGMR (INFKANG/EUNHEE/25JUN13)	보호자와 Infant, 생년월일 입력
	1/ (1: 승객 번호)	동반 유아 또는 CHD 사항 삭제
	1/(INFKIM/BABY/25JUN13)	동반 유아 삽입, 생년월일 수정
	1/(CHD/15MAR07)	Child 생년월일 수정
전화번호	AP AP-SEL 02-123-4567 HAPPY TRAVEL GH/HONG	여행사
	APM-010-1234-5678/P1 APE-TOPAS@NAVER.COM/P1	휴대폰, 이메일
Ticket Arrangement	TKTL10SEP/1700	강제성 없음, Q 전송
	TKOK	강제성 없음, Q 미전송
	TKXL10SEP/1700	강제성 있음, Q 미전송, 자동 취소
PNR 저장	ET 또는 ER	PNR 저장

CASE 항공예약 코드

❶ 요청코드(Action Code)

예약을 요청할 때 사용되는 코드로서 대부분 최초 예약시 사용하는 코드이다.

- NN : 좌석을 요청(Need)할 때 사용
- LL : 대기자 명단에 예약할 때 사용하나 좌석이 가능할 때는 바로 좌석확보가 되기도 한다.
- FS : 타항공사편에 Free Sale할 때 사용한다.
- XX : 예약을 취소할 때 사용하며 때로는 IX코드가 사용되기도 한다.
- IX : Cancel if not Cancelled

❷ 응답코드(Adviced Code)

예약을 요청하였을 때 이에 대한 응답을 코드화한 것이다.

- KK : 예약이 확약되었을 때 사용
- UU : 대기자 명단에 예약이 되었을 때 사용
- NO : 요청된 예약내용이 불확실하거나 규정에 맞지 않아 조치를 취할 수 없을 때 사용
- UC : Unable Complet
- KL : 대기자 명단에서 예약이 확약될 때 사용
- US : FS를 하였을 때 예약확약이 불가능하여 대기자 명단에 예약이 되었을 때 사용

❸ 상태코드(Status Code)

현재의 예약상태를 나타내 주는 코드이다.

- HS : 좌석이 확보되어 예약이 된 상태
- HK : 이미 예약이 확약되어 있는 상태
- HL : 이미 대기자 명단에 예약이 되어 있는 상태
- HN(PN) : 이미 예약요청이 되었으나 아직 응답을 받지 못한 상태
- RR : 예약이 확약된 후 다시 재확인이 된 상태

항공예약 도시코드 CASE

❶ ROM type : First three letters of the name.

CHI−CHI cago, Ill., USA
FAI−FAIrbanks, Als, USA
HAM−HAMburg, Germany
IST−ISTanbul, Turkey
LAS−LAS Vegas, Neq., USA
LON−LONdon, UK
MAD−MADrid, Spain
PAR−PARis, France
RIO−RIO De Janeiro, Bra.
VIE−VIEnna, Austria

❷ BKK type : Sellected three letters from the city name, starting with the first letter.

CGN−Colo GNe, Ger
DTT−DeTroi, T, Mic., USA
GVA−Gene Va, Switzer
GUM−GUaM, Guam
HKG−Hong KonG
HNL−HoNoLulu, Ha, USA
MOW−MOscow, USSR
OKA−OkinAwa, Japan
RGN−Ran GooN, Burma
THR−TeHeRan, Iran

❸ YUL type : Three letter codes for all the Canadin cities start with letter "y"

YHZ−Halifax
YOW−Ottawa
YQX−Gander
YVR−Vancouver
YWG−Winnipeg
YYC−Calgary
YYZ−Toronto

❹ Miscellaneous

BEY−Beirut, Lebanon
BHX−Birmingham, UK
BKI−Kota Kinabalu, Malay
CMH−Columbus, Oh., USA
JKT−Djakarta, Indonesia
LAX−Los Angeles, USA
MKC−Kansas City, Mo., USA
PDX−Portland, Or.,USA
SCL−Santiage, Chile

CASE 항공예약 용어

AIRIMP

ATC / IATA Reservations Interline Message Procedure의 약어. 예약전문 표준절차

ATC

AIR Traffic Conference of America의 약어

Connecting Time Interval

여객의 여정에 연결편이 있을 때 연결지점(Interline Point)에 도착하여 다음 연결편을 갈아타는데 소요되는 시간을 의미한다.

최소 연결 필요시간(Minimun Connection Time)은 각 공항마다 차이가 있어서 OAG를 참조하여 여정을 작성하여야 한다.

Final Release

항공기 출발전 정해진 시점에 해당 항공편의 좌석통계 권한을 관련 탑승지점으로 이양하는 것을 말하며 주로 예약이 비전산화된 지역을 출발하는 비행편에 적용된다.

Firming

예약된 비행편의 탑승여부를 항공상에서 여객에게 확인하는 절차 이는 No-Show를 최대한 억제하기 위하여 이루어지는 작업이다.

Free Sale Agreement

타 항공사의 좌석상황에 관한 정보(AVS MSG)의 교환없이 사전약정된 조건에만 부합되면 여객에게 해당항공편에 대한 좌석예약을 즉석에서 해 줄 수 있도록 항공사 간에 체결한 상호협정이다.

GAP

여객의 여정 중 항공 이외의 교통수단을 이용하여 여행하는 부분, 즉 하기점과 다음 탑승지점이 동일하지 않게 되는 경우를 뜻함. 그러나 동일 City 내의 공항을 이동하는 경우는 GAP이라 하지 않는다.

Interline

항공사 간, 즉 2개 이상의 항공사가 관련되는 경우에 사용되며, 예를 들면 Interline Itinerary, Interline Reservations, Interline Stopover, Interline Point 등과 같이 사용된다.

Interline Point

여객이 연결지점까지 여행한 항공사와 다른 항공사 비행편으로 계속 여행하려는 경우, 해당 비행편을 갈아타려고 예정한 장소

항공예약 용어 CASE

Intinerary

GAP을 포함하여 여객이 여행하려 하는 전 여정

Leg

해당 비행편 운항구간 중 어느 한 지점과 바로 다음 지점 사이의 구간 예) KE002편의 경우

No-Record

승객이 탑승수속시 예약이 확약된 항공권을 제시했으나 해당항공사에는 예약을 받은 기록이나 좌석을 확약해 준 근거가 없는 상태를 말함

No-Show

Misconnection 이외의 경우로서 여객이 예약을 확보하고 있는 상태에서 예약편에 탑승하지 않는 것

Reconfirmation

좌석의 예약재확인을 말하며, 국제선의 경우 승객이 여행도중 어느 지점에서 72시간 이상 체류하는 경우 늦어도 해당 항공기 출발 72시간 전까지 복편 또는 계속편에 대한 예약을 재확인해야 하는 규칙

Oversale

좌석이 확약된 항공권을 소지한 여객이 예약된 비행편의 공급 좌석부족으로 탑승할 수 없는 상황. 이러한 상황은 Overbooking 및 기종의 변경, 직원의 실수 등으로 발생할 수 있다.

Scheduled Air Service

2letter항공사 Code를 가지고 있으며 3letter Code를 가진 도시간(都市間)을 운항하는 항공사로서 O.A.G에 해당 항공사 비행편의 스케쥴이 수록된 항공사

Sequmet

특정 비행편의 운상구간 중 여객의 여정이 될 수 있는 모든 구간(예 : KE002편의 경우)

Sel and Report Agreement

항공사가 약정된 비행편에 한하여 구간별로 해당편의 예약사항을 상호교환, 유지함으로써 해당편 예약요청시 좌석가능여부를 확인처리토록 할 수 있는 항공사간 협정

Ticketing Time Limit

No-Show방지를 목적으로 예약시 항공사가 여객에게 일정시점까지 항공권을 구입토록 하는 항공권 구매시한

제8장

e-business

학습목표

- e-business의 개념을 이해한다.
- e-business의 특징을 이해한다.
- e-business의 미래에 대해 논의한다.
- e-business 모델에 대해 알아본다.
- e-commerce의 대해 알아본다.

관련기사

"경매하나로 세계를 제패한 이베이의 성공사례분석"

경매하나만으로 세계를 주름잡은 회사, ebay

미국의 보스턴컨설팅 그룹이 발간한 '미국 닷컴기업 성공 및 실패 사례분석'이라는 보고서에 따르면, 닷컴기업들은 『이베이』로부터 수익모델을, 『챨스스왑』에서 부터는 채널 모델을 배워야 한다고 말하고 있다. 이베이가 이러한 평가를 받을 수 있었던 이유는, 96년 주식회사로 전환하고 난 이후 꾸준히 매출과 이익을 증가시켜 왔기 때문이며, 특히 닷컴기업들이 대거 몰락한 작년에도 최대 순이익을 올렸기 때문일 것이다.

이베이는 개인과 개인 간의 일대일 거래 시스템을 인터넷에 적용, 판매가의 7~18%의 수수료를 부과하는 과금 정책을 가지고 있는데 이는 이베이의 안정적인 수익모델이 되고 있다. 보스톤컨설팅 그룹은 이베이를 선택한 이후, 표면적으로는 재고부담이 없는 이베이의 시스템이나 회원의 높은 충성도를 높게 샀다고 말하지만 사실 무료화로 진행되는 인터넷 산업의 물결 속에서 유료화를 지켜올 수 있었던 그들의 능력, 그것을 높게 산 것처럼 보인다. 세계적인 컨설팅 회사가 인정한 회사, 이베이 그 회사는 어떤 회사이며, 어떻게 만들어졌고, 누구에 의해서 운영되어지고 있는 것일까? 오늘 그 궁금증을 하나 하나 풀어보자.

이베이의 사업모델, 실리콘벨리에서 떠도는 이야기를 인용해 소개하자면, 이베이는 오미디어가 그의 여자친구로부터 힌트를 얻었다고 한다. 현재 아내인 그녀는 디스펜서라는 사탕이나 조미료 등을 담을 수 있는 것을 수집했었다고 하는데, 오미디어는 수집이라는 부분에 초점을 맞추어 온라인 경매라는 사업모델을 생각해 냈다고 한다. 그러면 단지 이렇게 기발한 사업모델이 현재의 이베이를 만들었다고 자신 있게 말할 수 있을까?

이베이는 1995년 9월 옥션웹(Autionweb)이라는 이름으로 시작했다. 옥션웹의 서비스는 오미디어의 아파트에서 이루어졌을 정도로 소규모로 시작되었다. 트래픽이 많이 발생, 인터넷 서비스 제공자가 이용료를 올려 줄 것을 요청할 때까지 그들은 그들 자신의 서버를 가지고 있지도 않았으며 1996년 5월 주식회사로 전환되기 전까지 직원은 창업자 두 명(오미디어와 스콜)밖에는 없었다.

이베이가 경쟁자를 이길 수 있었던 이유

이베이는 오늘까지 아무런 어려움 없이 성장만 해 온 것일까? 이베이에게는 어떤 경쟁자도 없었던 것일까? 아니다. 이베이가 처음 시작한 시점부터 성공에 이르는 순간순간 수백개의 경매 사이트가 생겨났다고 한다. 특히 아마존이 만든 아마존 옥션이나 프라이스 라인, 온라인 닷컴들이 이베이의 가장 강력한 경쟁자이다. 그러면 이베이는 어떻게 이들의 추격을 따돌릴 수 있었을까?

첫번째 요인은, 소비자의 인식 속에 최초 개인 대 개인(P2P) 경매사이트로 인식되었기 때문이다.
이베이보다는 온세일닷컴(onsale.com)쪽이 일년 앞선 1994년에 창립(웹사이트는 1995년)되었다. 하지만 온세일 닷컴과 이베이는 가는 길이 달랐다. 온세일 닷컴의 경우 그 사업을 B2C 컴퓨터 제품에 경매사업을 집중했다. 그러기에 이베이에 큰 영향력을 끼치지 못한 것이었다. 그 결과 온세일 닷컴은 이베이만큼의 명성을 얻고 있지는 못하지만 현재 온라인에서 가장 많이 거래가 되는 최고의 컴퓨터 제품 B2C 경매사이트가 되었다.

온세일 뿐만 아니라 프라이스 라인(priceline.com)도 시장 선점자가 될 수 있었다. 프라이스라인은 이베이보다 먼저 설립된 회사였고 사업영역도 같은 경매분야였다. 하지만 이 회사도 이베이와는 다른 사업모델을 가지고 있었다. 그것이 바로 프라이스라인하면 생각나는 경매 방식인 '역경매'인 것이다. 그 결과 프라이스라인은 역경매의 효시가 되었으며 그 분야에 있어 선두를 달리고 있다.

온세일 닷컴과 프라이이스 라인의 경우 경매사업 중에서도 분야가 다르기 때문에 이베이의 P2P 경매분야를 선점하지 못했다. 다르게 생각하면 온세일 닷컴과 프라이스 라인이 P2P 경매 분야에 진출하지 않았기 때문에 이베이가 진출한 것이라 생각할 수 있다. 이러한 이유로 인해 이베이는 최초의 P2P 경매 사이트가 되었고, 입에서 입으로 이어진 이베이의 서비스는 소비자의 하여금 최고의 P2P경매 사이트로 인식하게 할 수 있었다.

두번째 요인은, 네트워크 법칙이 효과적으로 작용했기 때문이다.
네트워크 법칙이 무엇인가? 흔히 네트워크 법칙을 얘기할 때 팩스를 말한다. 팩스란 사용자가 혼자일 때는 아무 의미가 없지만 사용자가 많아지면 많아질수록 그 효용성과 편리함은 커진다. 만약 사용자가 많다고 가정할 때 팩스를 가지고 있지 못한 사람의 상황은 어떨까? 상대방과 팩스를 통해 연락도 하지 못하고 팩스가 가지고 있지 못한 편리성도 맛보지 못한다. 이베이는 이러한 네트워크 법칙을 이용했다.

네트워크 법칙의 효과를 극대화 하기 위해서는 시장의 선도자가 되어야 한다. 시장의 선도자가 되면 소비자들이 나를 알고 내 서비스를 받기 위해 몰려들기에 내 네트워크는 최대화 된다. 그러면 시장을 선도하지 못한 회사들은 어떠할까? 그 회사들의 네트워크는 지속적으로 약해진다. 약간 다른 얘기이지만 AOL은 네트워크 효과를 극대화하기 위해 인스턴트메신저와 다른 메신저의 공유를 차단했다. 이렇게 함으로 인해 다른 메신저 사용자를 고립시켜 AOL메신저 사용을 하도록 동기 부여했다.

이베이 네트워크 효과의 중심은 수많은 경매 제품들이다. 구매자의 입장에서 볼 때 더 좋은 제품을 저렴하게 낙찰받기 위해서는 더 많은 제품이 있는 곳으로 가야 한다. 또한 공급자의 입장에서도 좀더 비싼 값으로 팔기위해서는 구매자들이 있는 곳으로 가야 한다. 이베이는 1995년부터 P2P 온라인 경매를 실시하여 꾸준히 구매자와 공급자를 모았고 이렇게 해서 발생된 네트워크 효과에서의 긍정피드백은 이베이를 더욱 강하게 했다. 야후나, 아마존, MSN 등이 P2P 온라인 경매에서 이베이를 이기지 못한 이유가 여기에 있다. 비록 야후나, 아마존, MSN, 라이코스 등은 이베이보다 많은 잠재 구매자를 가지고 있지만 구매자를 만족시킬만한 공급 제품이 없었기에 네트워크 효과를 긍정 피드백화 하지 못했다. 만약 네트워크 효과에서 긍정피드백을 발생시킬 수 없다면 발생되는 것은 부정피드백이다. 부정피드백이란 긍정피드백의 반대현상으로서 발생되면 네트워크를 계속 좀먹어 들어가 결국 네트워크를 망가뜨려 버린다. 결국 이러한 이유로 인해 라이코스, 디즈니 등이 자사의 경매사이트를 폐쇄하게 했으며 경쟁사인 이베이를 자사로 불려드려 수익을 나누는, 제휴를 하게 한 것이다.

세 번째 요인은, P2P경매에 집중했기 때문이며, 또한 적절한 계열확장을 통해 많은 제품들이 거래될 수 있도록 도왔기 때문이다.

이미 첫 번째 요인에서 프라이스라인과 온세일 등이 먼저 온라인 경매에 진출했다고 얘기했다. 그러면 만약 이베이가 프라이스라인과 온세일 등을 벤치마킹(?)하여 이들과 유사한 사이트를 오픈했다면 어떠했을까?. 아마 프라이스라인이나 온세일보다 더 막대한 자본이 있었다고 한다면 성공가능성이 조금은 있었을 것이다. 이미 이들이 있어 최초의 B2C경매 사이트나 역경매사이트가 되는 것은 되는 것이 불가능하기에 모든 마케팅 역량을, 소비자의 인식 속에 B2C최초 사이트가 되기 또는 역경매 사이트가 되기 쪽으로 집중했다면 가능했었을 것이다. 하지만 1995년 당시 이베이의 상황은 그렇지 못했다. 1996년 주식회사가 되기 전까지 창업자 두 명이서 창업자의 아파트에서 어렵게 꾸려 나가던 이베이의 입장에서 그러한 여력이 전혀 없었으며 만약 그렇게 했을지라도 성공확률은 높지 않았을 것이다. 그러면 왜 이베이는 P2P 경매사이트에 집중을 했을까? 이 부분에 관해서는 어느 언론이나 책에서도 언급한 것을 찾아 볼 수는 없었다. 짐작할 수 있은 것은 아마도 P2P방식이 가장 고전적이지만 생활과 가까운 방식이기 때문일 것이라는 것이다.

이에 대해 좀더 빠른 이해를 돕게 위해 벼룩시장과 같은 생활 정보지(P2P)를 예로 들어보자. 이베이와 벼룩시장이 다른 것은 단 하나, 이베이는 경매를 통해 가격이 결정되지만 벼룩시장은 판매자의 결정에 의해 가격이 결정된다는 것밖에는 없다. 만약 벼룩시장이 회사의 재고품만 판매하는 B2C 정보지라고 가정해 보면 어떠할 까? 지금처럼 일상화 될 수 있었을까? 아마도 절대 그러지 못했을 것이다. 여기에 온세일 닷컴보다 이베이가 더 많이 발전한 이유가 있다. 인터넷의 속성을 바로 보았고 그것을 사업으로 연결시킬 수 있었기 때문이다.

이베이는 좀더 많은 제품들을 경매에 참여시키기 위해서 P2P와 함께 B2C도 대안으로 도입했다. B2C라는 의미는 개인뿐만 아니라 사업체까지도 경매에 참여할 수 있다는 것을 말한다. 사실 구매자는 이베이라는 사이트가 P2P 사이트인지 B2C 사이트인지는 고려하지 않는다. 구매자가 가장 고려하는 것은 내게 필요한 물건을 싸게 구입하는 것 뿐이다. 이베이는 이를 만족시키기 위해 이에 적절한 사업자를 이베이 안으로 들어 올 수 있도록 배려했다. 이렇게 P2P를 기본으로 하고 B2C를 적절하게 혼합한 이베이의 모델은 오늘날 가장 강력한 사업모델로서 경쟁력을 갖게 했다.

자료 www.ebay.com

1 e-business의 개념

e-business라는 말이 쓰여지기 시작한 것은 얼마 되지 않았다. e-business라는 말의 유래는 웹과 같은 인터넷 기술을 포함한 새로운 비즈니스 형태의 명칭으로 IBM이 1997년에 제창한 e-business에서 유래되었다.

[그림 8-1] 인터넷의 진화단계

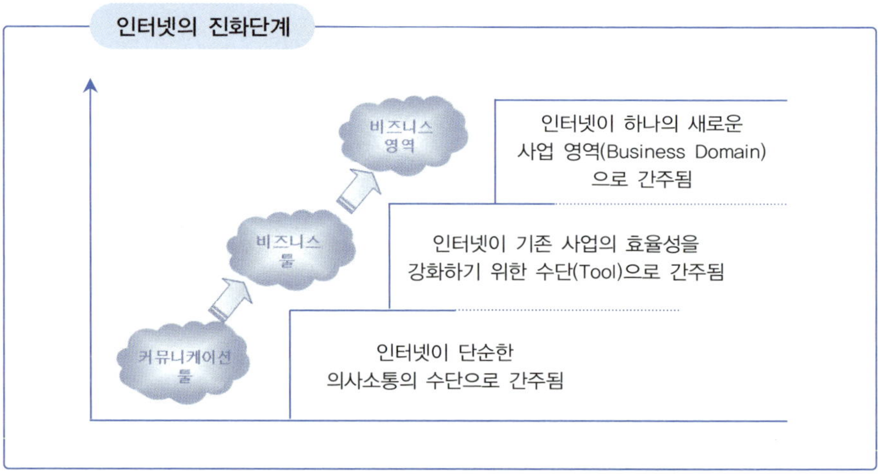

e-business의 공통된 정의는 아직 성립되지 않은 채 사용되고 있으나 일반적으로 e-business 속에는 인터넷뿐만 아니라 EDI(Electronic Data Interchange, 전자문서교환) 등의 컴퓨터 네트워크를 인프라로 하여 고객이나 기업과 온라인으로 거래하는 e-Commerce를 비롯하여, 관련 정보제공이나 마케팅 활동에 응용하는 등 네트워크 베이스에서 이루어지는 업무활동 전반을 폭 넓게 의미한다.

〈표 8-1〉 e-business의 정의

Bound & King (1999)	전자적 비즈니스란 기술, 프로세스, 그리고 경영 관행들을 포괄하는 것으로 전자적 정보의 전략적 사용을 통해 조직의 경쟁력을 향상시키고자 하는 것
IBM (2000)	인터넷 기술을 기반으로 핵심적인 경영업무 수행과 시스템을 결합함으로써 다양한 비즈니스 가치를 광범위하고 편리하게 추구할 수 있는 안전하고 유연하며 통합된 비즈니스 방식
schubert & Hausler (2001)	전자매체를 이용하여 업무 프로세스와 비즈니스 파트너, 종업원, 고객과의 관계 강화를 지원하는 비즈니스

위와 같은 여러 정의들을 종합하여 볼 때, e-business는 기업의 업무 프로세스의 정보기술과 인터넷 기술을 사용하는 것이라고 할 수 있다. 인터넷 비즈니스 정의를 좀 더 명확히 파악하기 위하여 이러한 정의에 내포되어 있는 의미를 살펴볼 필요가 있다.

첫째, 인터넷을 전략적 도구로 활용한다는 것이다. 인터넷 비즈니스가 기업이 목표하는 바를 달성할 수 있도록 인터넷을 활용하는 것이지 목표에 따른 전략없이 단순히 기업의 홈페이지를 인터넷에 올리는 것은 의미가 없다는 것을 뜻한다. 웹사이트를 만들기 전에 이를 어떻게 활용할 것인가라는 뚜렷한 목표의식을 가지고 있어야 한다.

둘째, 인터넷을 이용하여 다양한 경영활동을 수행한다는 것이다. 기업의 경영활동은 원재료의 구매에서 생산, 판매라는 본원적인 활동 외에 이를 지원하는 다각적인 마케팅 활동 및 인사, 재무, 회계 등 매우 광범위하다. 이처럼 광범위한 기업의 경영활동 중에서 일부 또는 전부가 인터넷을 활용하거나 인터넷을 이용할 수 있도록 도와주는 경우를 인터넷 비즈니스라 할 수 있다.

셋째, 인터넷을 통해 수익을 창출하거나 원가를 절감할 수 있어야 한다는 것이다. 인터넷 비즈니스라고 한다면 단기적이든 장기적이든 무언가 기업에 기여를 할 수 있어야 하는 데, 이러한 기여가 없는 활동은 인터넷 비즈니스라보기 어렵다. 이러한 차원에서 보면 인터넷을 통하여 물건을 판매한다거나 광고 수입을 얻는 것 이외에도 원재료를 구매하거나 필요한 인력을 모집하는 것 또한 인터넷 비즈니스의 하나로 볼 수 있게 된다.

e-business와 e-commerce의 개념을 비교해보면, 먼저 좁은 의미의 e-commerce는 인터넷 웹사이트상에 구축된 가상상점을 통해 제품과 서비스를 거래하는 제반 행위를 의미한다. 넓은 의미의 e-commerce는 문자, 소리, 영상, 시각이미지를 포함하여 디지털화한 정보의 전송처리에 기초하여 이루어지는 모든 형태의 상업적 거래라고 볼 수 있다.

[그림 8-2] e-business와 e-commerce의 관계

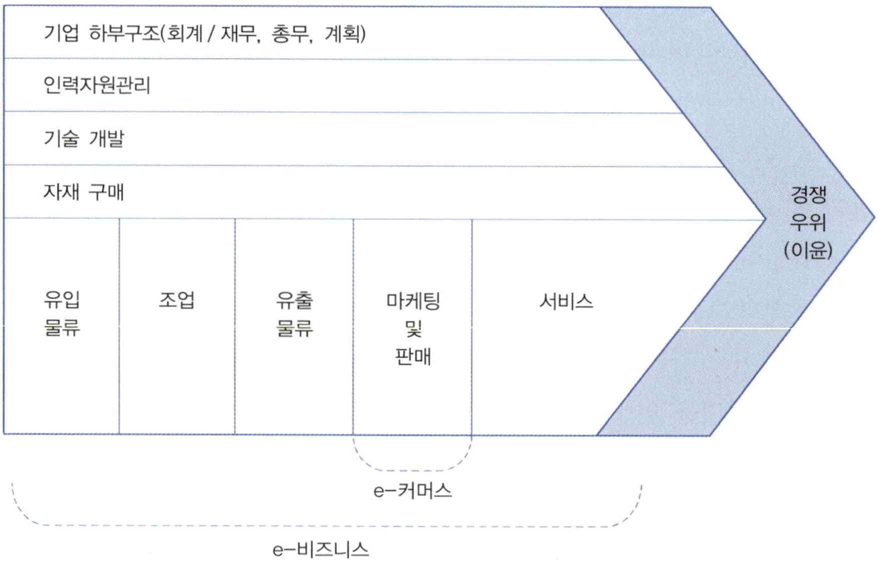

e-business와 e-commerce의 차이는, e-commerce가 전자매체를 통해 이루어지는 상거래 행위에 초점을 맞추고 있는데 반하여, e-business는 전자매체를 통해 이루어지는 거래행위 외에 온라인 비즈니스에 참여하는 고객 및 업체와

의 관계, 정보의 커뮤니케이션 등을 강조하고 있다. 그러므로 e-business는 e-commerce보다 포괄적이고 넓은 개념으로 볼 수 있다.

2 e-business의 특징

인터넷 전자상거래가 인터넷 사용인구의 급속한 증가와 함께 새로운 시장으로 부각되고 있음에 따라 기업이나 소비자에게 적지 않은 영향을 미치고 있으며, 기존의 전통적 상거래 방식과는 다른 다음과 같은 특징을 가지고 있다.

(1) 유통 채널이 단순하다

기존의 상거래는 도매상과 소매상을 거쳐 소비자에게 제품이 전달되지만, 인터넷 전자상거래는 인터넷을 통해 직접 소비자에게 전달되기 때문에 유통 채널이 단순하다. 이러한 이유로 소비자는 저렴한 가격으로 제품을 구입할 수 있다는 장점을 가진다. 또한 상품이나 서비스의 주문과 대금 결제를 전자적 네트워크에서 처리할 수 있다.

(2) 고객이 수요에 대한 정보 획득이 편리하다

기존에는 시장조사 방식이나 영업사원이 수요를 파악하여 이 정보를 다시 입력하는 방식으로 운영하였으나, 인터넷 전자상거래는 인터넷을 통하여 수시로 정보를 획득할 수 있다.

(3) 쌍방향 통신에 의한 1대1 마케팅 활동이 가능하다

기존의 상거래 방식은 소비자의 의사에 상관없이 기업이 일방적으로 진행하는 마케팅 활동이라 할 수 있다. 그러나 전자상거래는 인터넷을 통해 소비자와 일대일 통신이 가능하기 때문에 소비자와의 상호 작용적인 마케팅 활동을 하게 된다.

〈표 8-2〉 전통적 상거래와 전자상거래의 비교

구 분	전통적 상거래	전자상거래
유통경로	기업→도매상→소매상→소비자	기업→소비자
영업시간	정해진 업무시간	제한 없음
거래장소	정해진 장소	가상공간
판매방법	직접 방문 또는 상담 등을 통한 일방적 마케팅	쌍방향 통신을 이용한 일대일 마케팅
상품정보	광고 등에 의존	소비자가 직접 확인
고객정보	시장 조사 및 영업 사원이 획득	온라인을 통한 수시 획득
가 격	유통 비용, 임대료 등이 포함	유통 비용과 임대료 등이 절감
광 고 비	많이 소요	절감
시장개척	제한적	포괄적
결제수단	현금, 신용카드 등	신용카드, 전화화폐, 전자자금 등

3 e-business의 미래

인터넷이 바꾸고 있는 세상의 모습은 가히 혁명이 일어나고 있는 것과 같다. 인터넷이 가진 잠재력은 금새 자신의 모습을 e-business라고 하는 장대한 모습으로 변신시켰다. e-business의 한 형태로서 전자상거래는 이제 21세기 현재의 일반화되어 가고 있는 상거래 형태인 것이다.

전자 상거래는 단순히 현실의 장점을 대체하는 쇼핑사이트만을 의미하는 것이 아니라 소비시장의 확대를 의미하는 전혀 새로운 시장의 탄생을 뜻한다. 전자상거래의 급성장은 전 세계 인터넷 사용자가 기하급수적으로 늘어가

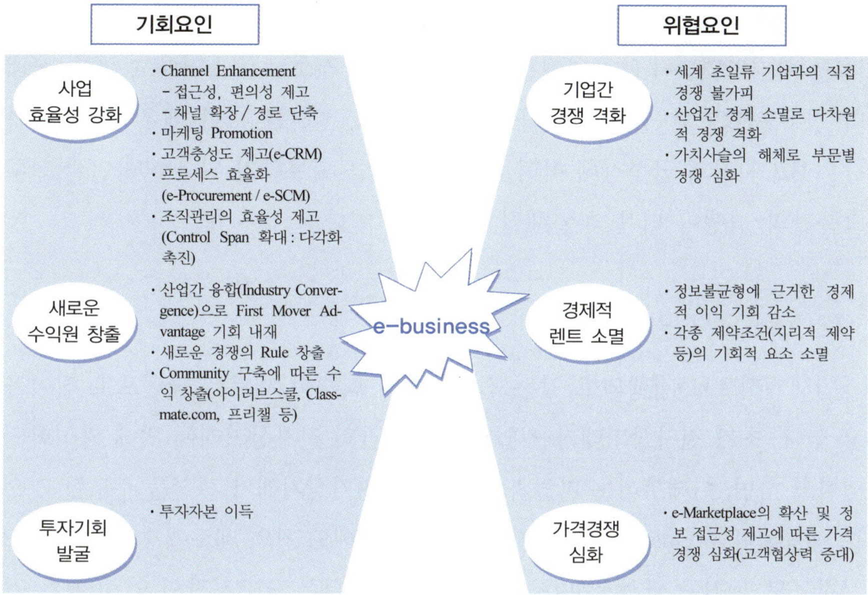

는 것에 힘입은 바 크다.

우리 실생활에서는 B2B개념보다는 B2C의 개념이 먼저 자리를 잡았으나 이제 전자 상거래에서는 기업과 소비자간의 거래 단계를 뛰어넘어 기업과 기업간의 거래가 전자상거래의 핵심으로 등장하고 있는 것이다. B2B는 인터넷상의 e-marketplace에서 구매와 입찰이 이루어지는 만큼 최적거래로 원가비용을 줄일 수 있어 2000년대 기업의 새로운 트렌드로 자리 잡았다.

(1) B2C의 전망

B2C형태의 전자 상거래는 기업이 일반인을 상대로 온라인에서 상품을 판매하는 전자상거래 형태를 의미한다. 세계 소매업 전체 판매 가운데 인터넷을 통한 판매비중은 향후 수 년내 급속히 증가할 전망이다. B2C 전자상거래는 도입된 지 2~3년만에 중요한 상거래 도구가 되었고, 이 성장속도가 지속될 경우 수년 내 전체 소매 매출의 상당부분을 차지할 전망이다.

Forrester research에 의하면, 1999년 전자상거래는 미국 전체 소매 매출의 약 1%를 차지하였으나 2020년에는 75%로 증가할 것으로 예측된다고 한다. 국내의 경우도 B2C의 성장세는 지속되고 있으며, 성장률 또한 매우 높다. 이와 같은 B2C시장의 급성장에 따라 시장 주도권을 확보하기 위한 온라인상 선두그룹간의 경쟁이 더욱 치열해질 것으로 보인다.

(2) B2B의 전망

범세계적으로 진행되고 있는 전자상거래 혁명이 새로운 국면으로 접어들고 있다. 초기 전자상거래가 기업과 소비자간의 전자상거래에 의해 활성화되었다고 하면, 이제부터는 기업과 기업 간의 전자상거래가 시장을 주도할 것으로 예상된다. Gartner Group은 몇 년 전까지만 해도 거의 제로에 가까웠던 B2B 시장규모가 최근 급성장하기 시작하여 2010년에는 B2C시장의 약 10배가 될 것으로 전망하고 있다.

기업 간 전자상거래가 급성장하게 된 배경은 기업 간 전자상거래가 기업들로 하여금 구매, 조달, 생산, 판매, 유통은 물론 고객관리, 인력관리 등 비즈니스 프로세스 전반을 인터넷을 통하여 수행할 수 있는 기회를 제공함으로써 비용절감과 새로운 사업기회 창출 등의 다양한 효과를 제공하고 있기 때문이다. Merril Lynch에 의하면 최근 인터넷 혁명은 B2B활성화로 인해 더욱 가속화 되어 경제 전반에 걸쳐 산업혁명에 버금가는 충격과 영향을 미칠 것으로 보았다.

(3) 블로그의 활용

최근 블로그의 열풍이 대단하다. 과연 어떤 잠재성을 갖고 있으며, 어떤 새로운 산업 형태를 이룰 것인지에 대해 알아본다. 물론 최근의 블로그 현상에 대해 비판하는 목소리도 적지 않다. 설익은 열매를 너무 성급하게 수확하는 것이 아니냐는 걱정과 함께 이러다간 모델이 사라질 것 같다는 우려도 한다. 그러나 블로그의 발전은 시보성을 전제로 한다. 외국에서 생성된 개념이긴 하지만 좀 더 많은 연구와 다양한 시도를 한다면, 시장을 키우고 경쟁력 있는 산업군으로 이끌어 나갈 수 있을 것이다.

이제 인터넷 환경은 콘텐츠를 중심으로 푸시형의 매스미디어에서 누구나 정보의 생산자, 운영자, 소비자가 될 수 있는 퍼스널 미디어의 시대로 변하고 있다. 이는 블로그가 인터넷 환경의 중심축으로 떠오르면서, 무한한 발전 가능성이 있는 것으로 평가된다.

블로그는 직접 멀티 콘텐츠를 작성하고 관리하는 '개인형 미디어'로 직접 미디어로 자리잡을 뿐 아니라 꼭 필요한 정보를 원하는 방식으로 찾을 수 있는 기반이 될 것이다. 즉 수많은 정보의 홍수 속에 각각 원하는 정보를 맞춤으로 찾아내는 파인더형 미디어의 특징을 갖춘다는 것을 의미한다. 방대한 콘텐츠의 양방향 커뮤니케이션이 가능한 블로그 사업에는 필수 전제조건이 있다.

블로그가 다양하고 양질의 콘텐츠를 생성한다면, 그것과 함께 맞춤 콘텐츠를 찾아주는 엔진이 필요할 것이다. 전세계적으로 25억 개의 웹 페이지가 있다고 한다. 하루에도 수 만개 아니 수억 만개의 페이지가 생성되고 사라진다. 그런데 이 정보의 바다에서 과연 내가 알고 싶고 얻고 싶은 정보를 찾아내고 컴퓨터를 활용하는 것이 얼마나 가능할까? 검색엔진을 통해 지금도 다양하게 분류된 검색결과를 얻을 수는 있다. 하지만 자기에게 꼭 필요한 정보를 찾아내는 것은 결코 쉬운 일이 아니다.

예를 들어 보자. 뉴욕에 호텔을 예약하려고 검색엔진을 치면 수많은 웹 페이지가 뜬다. 적게는 몇 번 혹은 몇 십번의 필터링 과정을 거치고 정보들을 조합하면 자신이 처음 얻으려고 기대했던 정보들의 80% 정도를 찾을 수 있을 것이다. 지식 서비스 역시도 예전보다는 좀 더 직접적이고 간접경험의 영역까지 다양한 정보를 교환할 수는 있다. 그러나 여전히 원하는 콘텐츠를 집약적으로 찾아낼 수는 없다. 일반적으로 사람들은 기술이 발전될수록 좀 더 편리하고 쉽고 대중적인 코드로 무언가를 바란다.

블로그는 이제 개인의 방대한 데이터베이스로 자신의 로컬 PC만으로도 집약적 정보와 맞춤 콘텐츠를 색인하게 하는 방식으로 진화될 것이다. 지금처럼 검색엔진에서 지식서비스 및 단순한 검색을 하는 것이 아니라 원하는 정보를 위해 어떤 PC나 모바일, 단말기를 통해서든 그리고 어떤 형태의 컨텐츠도 기록, 저장, 원하는 것을 찾을 수 있는 단계로 진화될 것이다. 이러한 발전양상은 빠르게 수많은 응용산업과 모델링이 정착을 하게 할 것이다.

제일기획이 발표한 보고서에 따르면, 인터넷 환경에 익숙한 젊은 세대는 다른 세대들과 라이프 스타일이 달라지고 있는 것으로 나타났다.

▲자유로운 사고방식을 통해 도전(challenge) ▲자신의 정보를 공유-전파하고 네트워킹 하는 생활(human network) ▲싫고 좋음에 대한 솔직한 의사 표현 ▲사회발전을 위해서는 다양한 의견이 존재해야 한다고 믿는 개인적 성향(Individual) ▲전문가적인 것과 다양한 직간접과 체험을 중시하는 경험(Experience) ▲모든 행동과 자유로운 의사표현의 엔터테인먼트(fun / feel) 등의 특성을 드러내고 있다.

아마도 이러한 코드는 앞으로 블로그 사업군의 무한한 가능성과 무관하지 않을 것이다. 인터넷 퍼블리싱 형태로 출판, 기업간의 그룹웨어, 인터넷의 다양한 기능, 커뮤니티성을 통한 전자상거래, 멀티 컨텐츠의 판매 가능한 마켓플레이스, 여러 단말기를 통한 블로깅 페이지를 통한 연예 엔터테인먼트 산업 등 수많은 응용시장을 통해 수익을 형성될 것이다. 콘텐츠 교류 뿐 아니라 다양한 파생산업이 가능할 것이다.

감각적인 멀티 콘텐츠의 자유로운 이용을 위해 웹 관련 파일을 저장하는 웹하드, 템플릿 등의 부가적인 서비스 수익도 자연스럽게 변화를 이룰 것이다. 이러한 발전은 유료화에 거부 반응을 보이고 있는 국내 인터넷 유저들의 구매를 활성화하는 효과도 있을 것으로 기대된다.

물론 과연 "그것이 가능할까?"란 의구심이 들지도 모른다. 1세대 인터넷 유저 중에 지금과 같은 포털이나 인터넷 사이트의 형태나 모델을 예견한 사람은 없었다. 비즈니스의 성공여부나 인터넷 사업모델링은 진화하는 인터넷 환경에서 만들어내는 새로운 창조 작업이다.

블로그를 통해 수많은 스타 블로거들이 등장하고 개인 중심의 마켓플레이스가 형성된다는 미래지향적인 이야기를 해보자. 좀 더 인간적인 형태의 인터넷이 등장할 것이다. 당장에 수익이 나지 않으면 안된다는 생각으로 접하게 될 경우엔 미래 IT업계의 변화틀을 방관하는 결과를 낳게 될 지도 모른다. 그저 단기적이고 형태적인 모방만 한다면 '인터넷 르네상스'라고까지 언급되는 블로그를 기존 틀에 얽어매게 될지도 모를 일이다.

이런 풀뿌리 인터넷 환경이 전세계적으로 경쟁력이 있는 IT강국으로 한국이 인정받는 일을 만들지도 모른다. 차별화된 경쟁력을 가진 한국적인 블로그로 만들어 보는 것도 필요할 것이다.

4 e-business 모델

e-business 모델은 크게 아래의 세 가지 모델로 정리할 수 있다.

첫째, 인터넷상에서 최종 소비자를 대상으로 제품을 판매하는 사이트이다. 예를 들어, 아마존닷컴, 인터파크, Yes24 닷컴을 들 수 있다.

둘째, 중개 모델이다. 구매자와 판매자를 서로 연결해 주고, 거래성사시 수수료를 부과하여 수입을 창출한다. 예를 들어, 이베이, 옥션, 이트레이드, 페이팔 등을 들 수 있다.

셋째, 컨텐트 서비스 모델이다. 컨텐트를 사이트에 구축하고 이를 이용자의 사이트 방문을 유도하기 위한 수단으로 삼는다. 예를 들면, CNN 닷컴, 조선 닷컴, MSN, 구글, 다음 등이 있다.

〈표 8-3〉 e-business 모델

모 델	설 명	예
온라인 소매	웹상에서만 제품을 판매하는 소매업체	아마존, 버추얼와인
온-오프 병행소매	전통적인 소매업체가 기존의 오프라인 상점과 웹사이트 상점을 병행해 제품 판매	반스앤노블, 롯데쇼핑
직 판	제조업체가 생산한 제품을 중간유통과정을 거치지 않고 직접 웹을 통해 판매	델컴퓨터
e-허브	웹상에서 판매자와 구매자가 함께 제품을 보며 B2B 거래를 할 수 있는 공간 제공 : 시장조사에서 가격협상 및 제품발송에 이르기까지 거래프로세스와 관련한 서비스 제공	빌더스넷(건설), 켐라운드(화학), 푸드머스닷컴(식음료)
경 매	판매자를 위한 경매 진행 : 판매자에게서 거래가격에 비례하는 수수료를 받음(순경매, 역경매 등 여러 가지 형태가 존재함).	이베이, 옥션
거래 중개	판매자와 구매자가 거래를 성사시키기 위해 필요한 서비스 제공(지불서비스, 정보서비스 등)	페이팔, 에스크로우, E*TRADE
정보 중개	제품과 관련한 특징, 가격, 공급사 등의 정보 제공을 통해 판매자와 구매자 간의 제품매매를 촉진함 : 광고 혹은 판매자 소개에 의해 수입 발생	인스웹
검색 에이전트	구매자의 요청에 따라 제품이나 서비스의 가격 및 재고 보유 여부를 자동으로 찾아낼 수 있는 소프트웨어 에이전트	마이사이몬, 야비스
컨텐트 제공	음악, 사진, 동화상 등의 디지털 컨텐트를 유무상으로 제공하고, 컨텐트 전체 혹은 일부에 대해 유상판매를 하거나 광고배너 판매를 통해 수입 발생	전자신문, 아이뉴스24, 아이튠(음악), 코비스(사진)
포 털	기본적으로 일종의 검색엔진에 해당하며, 흔히 뉴스, 엔터테인먼트 정보 등 부각가치를 높일 수 있는 다양한 컨텐트나 서비스를 제공함	네이버, MSN, 야후, 알타비스타

5 e-commerce

(1) 개념과 발전과정

e-commerce는 인터넷 혹은 기타 통신 네트워크를 통해 제품과 서비스를 매매하는 행위와 전자시장(Electronic Markets)의 성숙을 촉진하며, 비즈니스 절차의 중간 단계를 제거하고, 가상기업의 출현을 촉진하는 것을 의미한다.

e-commerce의 발전은 1970년대 중반부터 EDI 기술의 등장으로 거래문서의 온라인 교환이 가능해지면서, GM과 같은 제조업체들은 부품공급사들과 온라인 상거래를 활발히 이용해 왔다. EFT(전자자금이체) 기술도 온라인 상거래의 대금결제 기능을 지원하였으며, 과거의 기업 간(B2B) e-commerce는 주로 VAN과 같은 사설망에 의존해 왔으나, 근래에는 개방형 인터넷 망을 근간으로 확산되었다.

소비자(B2C) e-commerce는 1980년대 후반부터 CD 카탈로그나 PC통신망(가령, 하이텔)을 기반으로 소규모로 진행되어 오다가 1990년대 중반 인터넷의 확산으로 빠르게 성장하였으며, 2000년대부터는 전자결재가 없어서는 안되는 중요한 수단으로 자리잡았다.

(2) e-commerce의 효과

기업에서의 효과를 정리해보면,

- EDI기반 상거래를 통해 전화 등 통신비용은 물론 서류문서를 작성, 처리, 전달, 보관하는 비용을 절감
- 공급망의 최적화를 통해 재고량 및 재고유지 비용을 낮추고, 또 대응속도도 빨라짐
- 중개자가 필요 없어짐으로 인해 중간유통 비용이 줄어듦
- 소매업자에게 새로운 판매채널을 최소의 비용으로 제공하므로, 물리적

공간 및 판매인력의 비용부담 없이 매출발생 가능

- 중소기업이 대기업과 경쟁할 수 있게 해 줌(매장이나 인력의 규모보다는 차별화된 온라인 서비스제공 능력이 성공을 좌우하기 때문) 등을 들 수 있다.

소비자에게의 효과를 보면,

- 제품선택의 폭 확대(다양한 공급자, 다양한 제품)
- 전자시장에서의 글로벌 규모의 경쟁으로 제품/서비스 가격을 낮춰 줌
- 1년 365일, 하루 24시간 쇼핑할 수 있는 편의성 제공 등을 들 수 있다.

Dell Online의 성공이유 CASE

델의 온라인 거래모델은 인터넷이라는 새로운 형태의 매체가 갖는 장점을 활용해 PC제품을 중간 유통단계를 거치지 않고 직접 고객에게 주문받고 판매하는 이른바 B2B와 B2C 모델의 성공사례라고 볼 수 있다. 그러나 누구나 이렇게 웹사이트를 구축하고 비즈니스를 하면 똑같이 성공할 수 있다는 것을 의미하지는 않는다. 델의 온라인 사업의 성공은 각 고객에게 고객이 원하는 것을 보다 저렴하게 그리고 신속하고 구현하고 높은 수준의 서비스를 제공해 줌으로써 높은 고객가치(customer value)를 구현하는 한편, 유통비용, 재고비용, 물류비용 등 비용(cost)을 줄임으로써 매출이나 비용측면에서 모두 컴팩이나 IBM 등의 경쟁자에 비해 경쟁우위를 획득하고 유지할 수 있도록 해주는 핵심역량이 있었기 때문에 가능한 것으로 봐야 한다. 즉 대량고객화(mass customization)를 가능하게 해주는 개발 및 생산시스템, 아키텍쳐 기술, 경험재로서의 PC라는 제품의 특성을 이해한 높은 수준의 기술지원 및 서비스 제공, 부품업체들과의 협력적 관계유지 등이 이러한 성공의 기반이라고 할 수 있다. 델의 성공은 단지 인터넷을 통한 소매업이라는 사업모델의 장점 때문에 이루어진 것이 아니라 이러한 핵심역량이 e-business의 장점과 결합되어 온라인과 오프에서 적절히 조화됨으로써 결과된 것으로 봐야 할 것이다.

CASE Dell Online의 성공이유

좀 더 구체적으로 우선 주문제작 방식(made-to-order & build-to-order)의 사용은 고객이 원하는 사양과 원하는 가격의 PC를 주문량 만큼만 만든다는 개념인데, 이러한 방식은 수요예측의 필요성도 없고 고객의 니즈를 조사할 필요도 없으므로 잘못된 수요예측에 의해 발생할 수 있는 sunk cost나 inventory cost를 획기적으로 줄이고 고객에게는 고객이 진정으로 원하는 최신사양의 제품을 보다 빨리 그리고 상대적으로 저렴한 가격에 공급할 수 있다는 장점을 가진다. 또한 유통 / 물류측면에서는 웹을 사용한 고객접점 혹은 채널을 활용함으로써 전통적인 다단계의 유통채널의 사용을 회피함으로써 엄청난 유통비용 절감이 가능하다. 서비스에 있어서도 PC 제품의 특성상 온라인을 통한 고객기술지원과 서비스 제공을 통해 비용절감이 이루어진다. 물론 이를 구현하기 위해서는 우선 공급자 측면에서는 수많은 부품 공급자들과의 협력적 관계형성 및 JIT 베이스의 정보전달 및 유입물류 시스템이 필요하고 입지측면에서도 상호 지리적 근접성까지 요구된다. 생산운영 측면에서는 주문한 사양의 PC를 안정성과 신뢰성을 갖도록 단기간에 조립해 내고 테스트 해내는 능력과 주문접수로부터 생산에 이르기까지 구체적인 정보가 효과적이고 일관성 있게 생성, 처리, 관리될 수 있는 정보시스템이 필요하다. 마케팅 측면에서는 이러한 주문제작 방식을 선호하는 고객세그먼트의 세분화와 목표 세그먼트별로 제품라인을 다르게 가져가는 전략이 요구되고, 고객의 반복구매와 충성도 유지에 크게 기여하는 서비스의 중요성에 비추어 양질의 기술지식을 가진 서비스 요원의 배치 등도 필요하다. 결론적으로 델의 성공은 이러한 모든 것을 상호 보완적이 되도록(reinforcing) 잘 조직화해 조화시키고 운영함으로써 비롯된 것이라고 생각한다.

이러한 요인들이 경쟁자에 비교할 때 얼마나 실질적이고 지속적일 수 있을까?

델의 온라인 사업은 개인이나 기관고객을 막론하고 고객에게 높은 고객가치를 주었기 때문에 실제로 고객의 구매와 매출급증으로 이어졌고, 수요예측, 재고, 유통 등에 소요되는 비용을 획기적으로 절감함으로써 기업재무에 이어졌기 때문에 경쟁우위 제고 및 기업성장에 실질적(substantial) 기여를 했다고 볼 수 있다. 또한 PC 제품의 온라인 소매시장 선점자로서의 이미지 각인효과와 경쟁우위 요인들을 뒷받침해 줄 수 있는 델의 핵심역량이 있기 때문에 어느 정도 지속적인 경쟁우위가 가능하다고 본다.

Dell Online의 성공이유 CASE

그러나 델의 사업방식은 매우 합리적인 방식중의 하나이지 경쟁자들이 절대 따라오지 못할 방식은 아니다. PC는 오픈 스탠다드가 성립되어 있는 산업분야로서 핵심부품 및 주변장치에 있어 이미 상당한 표준화와 규격화가 이루어져 있고, 아키텍쳐 기술이나 조립기술이라는 것도 모방이 곤란한 높은 수준의 기술과 지식이 아니므로 IBM, Compaq, HP 등 기존의 경쟁자들이 오히려 더 강력한 능력을 갖고 있을 수 있다. 전통적인 유통채널 대신 웹을 사용하여 직접 최종 고객에게 판매하고 기술지원과 서비스를 제공하는 것은 누구나 할 수 있는 일이다. 기존의 강력한 경쟁자들이 온라인을 통한 직판을 하게 되면 델의 지속적 경쟁우위가 위협받게 되고 마진폭도 점점 줄어들게 될 것이다. 또한 경쟁자들 역시 주요 핵심 공급자들을 조직화하고 프로세스를 연결시켜 JIT와 협력적 커뮤니케이션을 통해 비용을 절감할 수 있는 능력도 이미 갖고 있다. 특히 IBM의 경우 이른바 AAP(Authorized Assembly Program)을 사용해 IBM이 정한 절차와 방법을 사용해 유통판매업자(distributors)나 딜러들이 보다 고객가까이서 고객이 원하는 대로 제품을 조립하도록 함으로써, 어느 정도 고객화와 함께 상당한 품질제고와 비용절감을 동시에 달성하는 성공을 보이고 있다. 아직까지도 PC 산업계에서 매출의 대부분이 전통적인 유통채널에서 비롯되고 있는 상황에서 이러한 IBM의 행보는 델에게는 경쟁우위 상실의 위협이 될 수 있다고 생각된다.

자료 : www.dell.com

제9장

전자상거래

학습목표

- 전자상거래의 개념을 이해한다.
- 전자상거래의 형태를 알아본다.
- 전자상거래의 과정을 알아본다.
- 전자상거래의 지불시스템에 대해 알아본다.

관련기사

"Autobytel.com"

Autobytel.com은 자동차 판매를 전문으로 하는 전형적인 B2C 사이트이다. 그러나 판매를 위한 접근접은 현실세계와는 매우 다르다. 즉 자동차 판매를 적극적으로 도와주기는 하지만 실제로 자동차 판매를 하고 있는 것이 아니다. 딜러와 고객의 사이에서 자동차 매매가 보다 효율적으로 이루어 질 수 있도록 중개하는 역할만을 수행한다. 자동차의 실질적인 판매는 Autobytel.com에 가입한 딜러에 의하여 이루어진다. 하지만 단순히 고객을 딜러에게 소개하는 정도에 그치지 않고, 자동차를 구입할 때 필요한 모든 조건들이 결정된 상태에서 딜러와 고객을 연결시켜 준다.

Autotel.com을 통해서 자동차가 판매될 때에는 가격협상이 존재하지 않도록 했다. 그 이유는 가격협상을 제거함으로써 딜러에게는 과장된 가격이 아닌 솔직한 가격을 밝히도록 하고, 소비자들은 안심하고 자동차를 구입할 수 있게 하기 위해서이다. 또한 자동차를 매매하는 과정에서 발생하는 구입자금융자, 보험 등의 부대적인 사안들을 웹사이트를 통하여 대부분 해결한 상태에서 딜러와 고객을 연결시킨다.

자료 www.autobytel.com

1 전자상거래의 개념

넓은 의미에서 전자상거래는 기업의 업무를 향상시키기 위해 컴퓨터 네트워크를 이용하는 것을 의미한다. 기업의 이익을 증대시키고 시장점유율을 높이며, 고객 서비스를 개선, 배송을 신속하게 하는 것들이 전자상거래로 얻을 수 있는 이점들이다.

전자상거래는 온라인으로 제품을 주문하는 것 이상의 의미를 갖는다. 그것은 기업이 자사와 관련된 이해관계자들, 즉 그 회사의 미래를 결정할 사람들과 가지는 전자적 상호작용의 모든 측면을 포함한다.

전자상거래의 정의는 전문가마다 약간씩 차이가 있다. 처음에는 미국 국방성에서 "전자상거래란 종이 문서를 사용하지 않고 전자문서교환, 전자우편, 전자게시판, 팩스, 전자자금이체 등과 같은 정보기술을 이용한 상거래이다"라고 정의하였다.

그 후 북미의 AIAG(Automotive Industry Action Group)에서는 "전자상거래는 거래 당사자간 비즈니스 관계의 효과성 증진을 위하여 진보된 정보기술의 지원을 받아 비즈니스 비전을 가능하게 하는 것이다"라고 정의했는데, 이는 "거래 과정 전반의 효율성과 효과성 증진을 위하여 진보된 정보기술의 지원을 받아 비즈니스 비전을 가능케 하는 것"으로 재해석할 수 있다.

이와 같이 전자상거래의 정의는 정보통신 기술의 발전과 금융, 보험, 유통 등 관련 산업의 가세로 보다 포괄적으로 넓어지고 있으며, 앞으로도 계속 수정될 것이다. 종전에 기업 내에서 거래정보를 호스트 컴퓨터와 단말간으로 온라인 처리하는 것이나 기업 간의 문서거래를 전자적으로 행하는 EDI는 그 의미가 전자상거래로 확대되어 가고 있다.

최근 동향은 상품구입 신청으로부터 지불결제까지를 모두 포함한 일반 소비자와 기업간의 상거래를 전부 네트워크화하는 것으로 진행되고 있다. 전자상거래는 제품이나 서비스의 판매에 수반되는 광고, 발주, 결재 및 배달까지의 경제생활에서 전부 또는 일부분을 네트워크가 개입된 전자적으로 처리되어 가고 있다.

전자적으로 상거래를 취급하는 것은 제품 설계, 개발, 운용 등의 기업 간 정보교환을 전자화한 CALS(Commerce at Light Speed)나 EDI(Electronic Data Interchange)가 있다. CALS나 EDI가 주로 기업 간 거래인 반면, EC는 주로 기업과 소비자간의 거래이다. 넓은 의미로는 이러한 활동 모두를 EC라고 하지만, 일반적으로 후자만을 EC(Electronic Commerce)라고 하는 경우가 많다.

간략히 말하자면 전자상거래란, '어떤 한 기업이 모든 이해관계자들과 원활하게 의사소통을 나누고 비즈니스 업무를 개선하기 위해 정보통신기술을 이용하는 것을 의미'한다. 이 때 이해관계자들이란 고객들과 공급자들, 정부

〈표 9-1〉 전자상거래의 다양한 정의

기 관 명	내 용
미 국방부(1996)	종이로 된 문서를 사용하지 않고 전자자료교환, 전자우편, 팩스, 전자자금이체 등과 같은 정보기술을 이용한 상거래
Kalakota & Whinston(1997)	컴퓨터 네트워크를 통해 정보, 제품, 서비스를 구매하고 판매하는 행위
OECD(1997)	텍스트, 음성, 화상 등을 포함한 디지털 자료 처리 및 전송에 기초한 조직과 개인을 포함한 상업적 활동과 관련된 모든 형태의 거래
한국전산원(1997)	전자적 방식을 이용하여 전자공간상에서 이루어지는 상거래와 이에 필요한 제반 정보를 교환하는 방식
전자거래기본법(1997)	전자거래라 함은 재화와 용역의 거래에 있어서 그 전부 또는 일부가 전자문서에 의하여 처리되는 행위
공정거래위원회(2000)	재화나 용역의 거래에 있어서 그 전부 또는 일부가 컴퓨터 등 정보처리 능력을 가진 장치에 의하여 전자적 형태로 작성되어 송·수신 또는 저장되는 정보를 바탕으로 처리되는 거래
전자상거래 등에서의 소비자 보호에 관한 법률(2002)	(전자거래기본법의) 전자거래 방법으로 하는 상행위
전자거래기본법(2005)	정보처리시스템에 의하여 전자적 형태로 작성되어 송신·수신 또는 저장된 정보

의 관련 공무원들, 투자기관들, 경영자들과 직원들, 그리고 넓게는 일반 대중들까지도 포함한다.

2 전자상거래의 형태

전자상거래는 쇼핑, 금융, 판매, 마케팅 등 여러 분야에서 서로 다른 유형으로 형성될 수 있으며, 전자상거래를 참여대상에 따라, 크게 소비자-기업 간, 기업-기업 간 및 기업-정부 간의 형태로 구분할 수 있다.

(1) 소비자-기업 간 거래 형태

기업과 소비자 간의 거래로 상품의 생산자나 판매자가 소비자를 상대로 가상의 공간인 인터넷에 상점을 개설하고, 상품을 판매하는 전자 소매에 해당하는 것으로 www의 보급과 더불어 급속도로 성장하고 있는 유형이다. 일반 고객과 기업 간의 거래는 일반적인 재화의 소비 및 유통과 비슷하다. 판매회사는 인터넷 등을 통하여 광고하며, 소비자는 인터넷을 통하여 구매하고, 대금지불 및 배달방법을 선택하게 된다.

(2) 기업-기업 간 거래 형태

일반고객을 상대로 하는 상거래와는 달리 제조업자, 유통업자, 판매업자와 같은 기업 간의 상거래 형태로서, 흔히 Trading이라 한다. 제조업자는 자사의 제품 목록이나 솔루션을 전시하고, 이를 통해 유통업자나 협력회사의 구매방법을 지원할 수 있어야 한다. 이를 위해서는 온라인 쇼핑몰과 같은 전시공간과 이를 구매할 수 있는 결제방법을 제공해야 한다.

(3) 기업-정부 간 거래 형태

기업-기업 간의 거래와는 달리 정부는 입찰 등을 통하여 정부가 필요로 하는 물자를 조달하는 형태이다. 조달청은 나라장터라는 사이트를 개설하여 조달물자의 입찰 및 계약정보를 인터넷을 통하여 공시하고 있으며, 시설공사의 전산 입찰시스템을 운영하고 있다.

또한 국세청은 자체 홈페이지를 개설하여 국세청 뉴스, 국세정보, 조회 및 계산, 신고납부 그리고 전자민원 등 각종 세무 관련 및 세무 서비스를 제공하고 있다. 기타 정보기관에서도 사이트를 통해 각종 정보를 제공하고 있는 실정이다.

물론 정부가 경매나 공매와 같이 정부가 물자를 판매하는 예외적인 경우가 있지만, 대부분의 경우 정부가 기업을 대상으로 물자를 구매하는 경우이므로 기업 간의 거래 형태와는 약간 차이가 있다.

3 전자상거래의 과정

일반적으로 전자상거래라고 하면, 전자지불 및 인증시스템을 갖추고 가상의 쇼핑몰과 통합한 인터넷 기반의 전자상거래 서비스를 말한다. 이 방법을 이용하면 판매자들이 가상공간인 사이버 쇼핑몰을 이용하여 상품이나 서비스를 전시하고, 소비자들은 인터넷을 이용하여 원하는 상품이나 서비스를 검색한 후 주문을 한다. 그 후 소비자가 대금을 지불하면 상품이 배달된다.

사이버 쇼핑몰을 이용하여 전자상거래가 이루어지는 구체적인 과정은 다음과 같다.

① 소비자는 컴퓨터를 이용하여 인터넷 쇼핑몰에 진열된 상품이나 서비스를 검색한다.

② 필요한 상품이나 서비스를 선택한 후 주문을 한다.
③ 쇼핑몰 운영자는 인증기관에 소비자의 신분 상태에 대하여 인증을 요청한다.
④ 인증기관은 소비자의 신용을 법적으로 확인하여 보증해 준다.
⑤ 인증기관의 승인 후 쇼핑몰 운영자는 소비자에게 대금지불을 요청한다.
⑥ 소비자는 신용카드 · 계좌이체 · 전자화폐 등을 이용하여 대금을 지불한다.
⑦ 쇼핑몰 운영자는 지불 게이트웨이를 통하여 대금 결제에 필요한 고객의 신용정보를 확인한다.
⑧ 고객의 대금지불에 하자가 없으면 상품이나 서비스를 배달한다.
⑨ 소비자는 주문한 상품이나 서비스를 전달받는다.

4 전자상거래 지불시스템

(1) 기존 지불시스템의 문제점

전자상거래가 실질적으로 가능해지려면 먼저 사용자와 인터넷 상점 사이에 중요한 거래 및 지불정보를 철저히 보호해야 한다. 즉 인터넷을 통해서 상품을 구매하기 위해서는 사용자의 비밀정보(신용카드 번호, 은행계좌 번호, 비밀번호 등)가 디지털 정보의 형태로 네트워크를 통해 전송된다. 그렇기 때문에 안전하지 못한 전송망을 통해 이러한 중요 정보를 전송하는 매우 심각한 위험을 초래할 수 있다. 따라서 반드시 보안 메커니즘과 연동한 전자지불 시스템의 구축이 필수적이다.

또한 전자지불 시스템과 연동한 인터넷 상점 같은 전자상거래 서비스는 사용자와 판매자 사이에 대부분 대화형으로 데이터가 처리되기 때문에 빠른 데이터 처리가 요구된다. 즉 전자지불시스템을 웹과 연동하는 기술을 바탕으로 안전하면서 사용하기 편리한 전자상거래 환경을 구축해야 한다.

이러한 요구사항을 바탕으로 지불시스템이 개발되어야 함에도 불구하고 안전성 및 신뢰성의 부족, 표준화된 프로토콜의 부족, 또 다양한 지불수단이 공존함으로 인한 불편성 등으로 인해 사용자가 편리하게 이용하는데 많은 어려움이 따른다.

(2) 지불시스템의 보안대책

일반적으로 전자지불시스템을 만든다는 것은 암호화 알고리즘을 이용해 전자화폐와 같은 지불수단을 생성한다든지 또는 암호기술을 적절히 응용해 지불 프로토콜을 설계하는 것으로 볼 수 있다. 인터넷 전자상거래를 가능하게 하는 기반기술로 암호화 알고리즘을 통한 지불프로토콜의 설계와 함께 방화벽(Firewall), SSL(Secure Socket Layer) 등을 통한 안전한 전송로 확보를 생각할 수 있다.

또한 중요한 사용자 정보를 암호화 알고리즘을 이용하여 암호화한 메시지의 형태로 전송함으로써 제3자에 의한 도청을 막을 수 있고, 또한 인터넷이라는 가상공간에서 구매자와 판매자의 신원확인을 할 수 있게 하는 인증기법으로서 공개키 인증서를 만들어 해결할 수 있다. 최근에 많이 사용하고 있는 에스크로(escrow)도 한 대책이 될 것이다.

(3) 지불시스템의 분류

인터넷을 기반으로 한 전자상거래를 실현하기 위한 핵심요건 중 하나는 안전하고 효율적으로 지불처리를 할 수 있는 전자지불시스템의 개발이다. 이러한 전자지불시스템은 〈표 10-2〉와 같이 크게 지불브로커 시스템과 전자화폐 시스템으로 분류할 수 있다.

〈표 9-2〉 전자지불시스템의 종류

지불시스템 분류		시스템	개 발
지불브로커		SET	Visa & MasterCard
		IKP	IBM
		First Virtual	First Virtual
		NetBill	Carnegie Mellon Univ.
		NetCheque	USC
전자화폐	네트워크형	e-Cash	DigiCash
		CyberCash	CyberCash
		NetCash	USC
		Magic Money	Cypherpunck
		PayWorld	MIT
		Millicent	DEC
		Micro-iKP	IBM
		MPTP	W3C
	IC 카드형	Mondex	MasterCard
		Visa Cash	Visa
		CAFE	ESPRIT

* 신용카드형(S.E.T.) : 기존의 신용카드를 인터넷상에서 보안기능을 갖추도록 발전시킨 차세대 신용카드 표준
* 전자수표형 : 상거래 수행시점 이후의 지정된 날짜에 대금 결제 은행에서의 계좌개설이 요구됨
* 전자현금형 : 상거래 수행시점에서 대금결제 은행에서의 계좌개설이 요구됨
* 스마트카드형 : 카드 자체에 현금가치가 존재하므로, 카드 분실은 곧 현금분실을 의미함. 카드에 IC칩 내장
* 온라인 입금형 : 인터넷뱅킹을 이용해 상대방 계좌에 온라인으로 자금을 이체함. 우리나라에서 널리 이용됨
* 개인간 결제형 : 신용카드 결제시스템 없이도 신용카드에 의해 결제된 대금을 수금할 수 있어 C2C 상거래에서 많이 이용됨(예 : PayPal)

(4) 지불 브로커 시스템

지불 브로커 시스템은 사용자가 신용카드 또는 은행계좌 정보 등을 지불브로커에게 전달하고, 사용자와 판매자 사이의 거래가 성립할 때 지불 브로커를 통해 대신 지불을 처리하도록 하는 방식이다. 현재의 상거래 환경에서 현재 널리 사용되고 있는 신용카드, 은행계좌 등을 매개체로 구매자와 판매자 사이의 대금지불을 안전하게 대행해 주는 시스템이 지불 브로커 시스템이다. 이러한 시스템은 신용카드를 이용한 거래가 이미 정착되어 있어 현재 현실성 있는 지불 시스템으로 평가된다.

5 전자상거래 개발 동향 및 발전방향

(1) 전자상거래 개발 동향

전자상거래 시장의 규모가 상당히 커질 것으로 예상됨에 따라, 전자상거래 시장의 선취권 확보를 위해, 기술력을 보유하고 있는 통신사업자들이 시장 개척을 서두르고 있다. 여기에는 선진 각국의 전자상거래 현황을 간략히 살펴본다

① 미국현황

미국은 인터넷을 통한 판매에 대한 정부의 규제를 줄이고, 관련 연방세 마련을 보류하는 것 등을 골자로 하는 전자상거래 진흥대책을 마무리하였다. 이 진흥책에는 국가 안전보장 등의 일부 예외사항을 제외하고는 인터넷 상의 상거래를 완전히 자유화하고, 국가간의 거래에서도 관세를 적용하지 않을 것을 제창하였다.

또한 미 정부가 NII(National Information Infrastructure)를 위한 정부의 비전

을 명확하게 하기 위해 조직한 IITF 활동의 일환으로 "지구촌 전자상거래 기본계획(A Framework for Global Electronic Commerce)"을 작성하였으며, 1997년 7월 미 대통령이 이를 발표하였다. 이 발표문에는 범세계적인 전자상거래를 구축하기 위한 다섯 가지 원칙과 재정적, 법적, 시장접근 등 아홉 개의 이슈들에 대한 정책사항을 권고하고 있으며, 민간과 정부의 상호 조정 전략도 제시하였다.

② 일본현황

일본의 전자상거래는 미국과는 달리 정부가 주도하고 있다. 일본정부는 민간기업이 추진하게 될 전자상거래의 보급 및 실험을 전개하고 있으며, 정부 부처 및 민간기업을 구성원으로 하는 협의회를 결성하였다. 우정성의 가상비즈니스협의회와 통산성의 전자상거래진흥협회를 발족하여 각종 연구개발 사업을 추진하는 것을 비롯하여, 대정성, 법무성 등에서도 각종 프로젝트가 진행 중에 있다.

③ 유럽현황

유럽연합(EU)은 1994년 "Electronic Commerce Initiative"를 출범시켜 전자상거래 관련 소프트웨어, 네트워킹 등을 추진하였고, 1997년 4월 "A European Initiative on Electronic Commerce"를 채택하여 2000년까지 추진하여야 할 네 가지 핵심분야로 전자상거래 기반구조 구축과 제품 및 서비스 이용체제 구축, 일관된 제도적 프레임워크 마련, 기술개발 촉진 및 인식제고를 통하여 EU기업에 유리한 환경 조성, 국제 기준의 제도적 장치 마련 등을 선택하였다. 특히 EU는 "세계 정보네트워크"에 대한 각료 회의를 개최하여 본(Bohn) 선언을 채택하였다.

전자상거래와 관련하여 유럽연합이 전체적으로 지원하여 연구 개발하는 프로젝트는 ESPRIT와 ACTS 프로그램이 주도하고 있으며, G7 Pilot 프로젝트

중 유럽연합이 주도하는 "Global Marketplace for SMEs" 프로젝트에서도 55개의 전자상거래 기술을 개발하고 하였다.

④ 국내현황

전자상거래에 대한 인식이 확산되자 전자상거래 보급 및 확산을 정책 및 기술의 연구개발을 목적으로 1996년 한국과학기술원의 주도로 25개 업체들이 참여하여 국제전자상거래연구센터(ICEC : International Center for Electronic Commerce)를 발족하였다. 또한 전세계적인 조직인 CommerceNet의 한국 지부인 CommerceNet Korea(CNK)가 1996년 말에 설립되어 한국형 전자상거래 모델 개발에 착수하였다.

최근에는 정부내에서도 전자상거래에 대한 인식이 지식경제부 주도에서 점차 국방부, 조달청 등으로 확산되고 있다. 정보통신부 주도의 정보보호센터가 1996년 10월에 발족하였으며, 구 통상산업부는 산업정보망 사업을, 국방부는 국방조달분야에 EDI 구축을 추진하고 있으며, 조달청과 정보통신부는 한국전산원과 함께 EDI 기반의 조달종합전산망을 추진하였다.

(2) 전자상거래 발전방향

쇼핑몰의 정보를 소비자에게 제시하고 있는 가상 쇼핑몰(Virtual Shopping Mall)이 미래의 거래장으로 기대되고, 공공기관이나 시민들이 포함된 사회전체가 정보를 공유하는 가상사회(Virtual Community)로 진전될 것이다. 또한 실제 상품을 거래하는 것뿐만 아니라 소프트웨어 패키지, 비디오 교재 등의 디지털 컨텐츠(Contents)를 배포 또는 이용한 서비스를 실현하는 새로운 유통도 진전될 것이다.

한편 기업 간의 거래에는 안전하고 고속의 거래를 가능하게 하는 상용시스템의 등장이 예상된다. 복수기업 간의 정보를 공유하는 것으로부터 최적의 성과를 기민하게 얻어서 마치 하나의 기업처럼 행동하는 가상기업(Virtual Enterprise)도 기대되고 있다.

또한 비즈니스 유형에 대응한 움직임도 있는데, 인터넷 상의 일대일 마케팅이 개시되고 있다. 이것을 가상쇼핑(Virtual Shopping)에 적용한다면 고객의 개별 요구에 부합하는 제품이나 서비스의 제공이 가능하게 되고, 고객을 모으는 수단으로서의 실적을 높일 수 있다. 이 기술은 기업에서 경영, 기획, 마케팅 부분이 이용하는 Data Warehouse 및 Groupware System과 결합하여 고객 획득 및 의사결정을 기민하게 행하기 위한 강력한 무기로 넓게 보급될 것으로 예측된다.

Expedia.com

CASE

온라인 여행사인 Expedia는 소비자들이 관련된 정보를 비교할 수 있고, 항공사, 호텔, 자동차 렌트회사와 직접적으로 가격을 흥정할 수 있게끔 해 주고 있다. 즉 소비자들이 시간적, 물리적 제약을 받지 않고 원하는 서비스에 대한 정보를 찾고, 비교할 수 있는 기회를 제공한 것이다. 이 회사가 제공하는 이점은 '여러분이 원하는 시간에 언제든지 직접 여행을 계획하고, 항공권 구입과 호텔예약을 할 수 있으며 최종적으로 화물을 보낼 수 있습니다'라는 회사의 광고문안에 잘 나타나 있다.

자료 : www.expedia.com

제10장 인터넷 마케팅

학습목표

- 인터넷 마케팅의 개념을 이해한다.
- 인터넷의 특징이 인터넷 마케팅에 미치는 영향을 이해한다.
- 인터넷 마케팅의 중요성을 이해한다.
- 인터넷 마케팅을 분류하고 해당분류에 따른 마케팅도구를 이해한다.
- 다양한 인터넷 마케팅 도구의 활용법을 이해한다.

관련기사

커피 외식산업에서의 인터넷 마케팅 5가지 도구

과연 인터넷 마케팅을 하기 위해선 어떤 도구를 활용해야 하는지 한 번 알아보실까요?

#1 소셜 미디어

22억 명의 사람들이 페이스북을 사용하고 있다고 합니다. 사용자의 32%는 정기적으로 브랜드와 관계를 맺고 있습니다. 7억 명의 사람들이 바로 브랜드와 연관이 되고 있습니다.

소셜미디어는 단순히 친구들과의 소통을 위한 것만은 아닙니다. 소셜미디어는 회사, 사업체에게도 중요한 역할을 하고 있습니다. (2014년 산업 정보 업체 IDC의 LinkedIn-sponsored 연구에 따르면 주요 임원, 경영진들의 84%가 소셜 미디어를 통해 구매 결정을 내린 것으로 나타났습니다.)

커피를 좋아하는 사람들은 카페의 오픈 시간과 신 메뉴들을 확인합니다. 바리스타와 카페 사장들은 최근의 그라인더의 영상을 보고 사람들과 리뷰를 공유합니다. 로스터는 스페셜티 커피를 공부하고 농장을 찾아다니며 커피를 배우고 커피를 구매합니다.

인터넷에 마케팅을 하고 있는 여러분들의 사이트에는 고객이 필요로 하는 모든 정보를 담고 있을 것입니다. 하지만 텍사스 공대의 연구 결과에 따르면, 사람들이 반응하는 소셜 미디어 페이지는 페이지의 관리자와 그 페이지를 방문하는 고객들과 적극적인 관계를 맺고자 노력하고 있다고 합니다.

고객과 적극적인 관계를 맺고자 하는 관계 마케팅은 효과적입니다. 소셜 미디어를 통해 고객에게 여러분의 존재를 알리고, 여러분의 제품이 고객들이 원하는 바를 어떻게 이룰 수 있는지 알려주고, 몇 번이고 계속 들어올 수 있도록 네트워크를 구축해야 합니다.

여러분의 사업에 대한 성격을 보여주고 새로운 팔로워를 끌어들이기 위해선 시각적이고 인상적이고 영감을 주는 사진을 인스타그램에 업로드하세요. 페이스북은 의견, 리뷰, 그룹을 통해 고객과 긴밀한 관계를 구축하는 데 유용합니다. 트위터는 여러분의 뉴스를 발표하고 더 넓은 커피 커뮤니티와 토론에 참여하는 것에 유용합니다.

이 세 가지 모두 성공적인 마케팅을 위해서 중요합니다. 이 세 가지들 통해 신규 고객, 기존 고객들에게 여러분의 브랜드를 판매하는 것과 이어질 수 있습니다.

#2 블로그, 광고 기사 및 체험단 모집

고객들이 물건을 살 때는 블로그, 기사, 체험 리뷰를 참고해서 구매를 합니다. 그렇기에 좋은 블로그, 기사, 체험 리뷰는 고객들이 물건을 살 수 있도록 하는 좋은 방법입니다. 그러면 각 차이를 알아보도록 하겠습니다.

블로그 : 네이버의 블로그/회사의 홈페이지에 업로드되는 글입니다. 짧고 홍보성이 짙어도 괜찮지만 독자 지향적으로 써야 합니다.

광고 기사 : 미디어 회사에 광고료를 지불하고 발행하는 기사입니다. 의뢰 후에 최종 내용을 수정할 수 있습니다.

체험단 : 비용이 발생하지만 광고 콘텐츠와는 다르게 최소 내용을 수정할 수 없습니다. 여러분들이 기사에 대한 방향성을 제시할 수는 있지만 결과물에 대한 수정을 요청할 수는 없습니다. (사실과 다른 결과물에 대해서는 수정을 요청할 수 있습니다.)

이상적으로는 이 세 가지 모두 게시하는 것이 좋습니다. 블로그를 통해서 기존의 고객들과 소통할 수 있으며 광고/체험단을 통해서는 광범위한 잠재 고객들과 연결될 수 있습니다. 하지만 이런 마케팅을 사용할 때 꼭 명심해야 할 것이 있습니다.

모든 콘텐츠는 독자 중심적이어야 합니다. 콘텐츠에 사용되는 모든 문장, 어조, 뉘앙스는 독자들을 향하는 것이라는 걸 알아야 합니다.

콘텐츠는 단순히 제품과 서비스를 설명하는 것이 아닙니다. 독자들이 원하는 것을 알려주어야 합니다. 독자들이 원하는 것을 보여 줄 때, 독자는 콘텐츠를 클릭하게 될 것입니다.

여러분이 어떤 사업을 하고 있든 간에, 단지 판매 선전만 해서는 안됩니다. 독자들은 당신의 기사를 계속 읽지 않을 수 있지만, 그들은 당신의 글을 기억할 것입니다. 만약 당신의 글이 단순한 판매 글이고 그들에게 도움이 되지 않는다면 당신 브랜드에 악영향을 끼칠 수 있습니다.

#3 배너 광고

소셜 미디어 마케팅과 광고 차단기(AD-block)의 세계에서 배너 광고는 중요하지 않아 보일 수 있습니다. 그러나 배너는 다른 마케팅 방법들을 지원하는 중요한 부분이라 할 수 있습니다.

고객들이 구매 결정을 내릴 때, 가장 가격이 저렴한 브랜드, 가장 품질이 좋은 브랜드를 선택할 것입니다. 여러분의 브랜드가 노출되어야 하는 이유가 이것입니다. 사람들은 일반적으로 잘 아는 브랜드를 선택합니다.

궁극적으로, 여러분의 브랜드의 목표는 이렇게 되어야 합니다. 브랜드에 대해 묻지 않고 바로 생각 해낼 수 있는 브랜드 말입니다. 예를 들면, 카페 점주가 에스프레소 머신이 망가졌을 때, 새로 사야겠다고 생각 하는 순간 당신의 브랜드를 떠올리게 말입니다.

배너 광고는 그런 브랜드 마케팅에 도움이 될 것입니다. 잠재 고객이 고객이 되는 순간, 브랜드를 발견하고 기억할 수 있게 도와주는 것이 바로 배너 광고입니다. 소셜 미디어, 블로그와 기사들 그리고 배너를 활용하면 마케팅을 보다 효과적으로 진행할 수 있습니다.

#4 분석

온라인에서는 어떤 마케팅이 효과적인지에 대한 많은 데이터들이 있습니다. 사진, 영상의 시간과 시청률, 기사 헤드라인과 조회 수의 구조와 같은 다양한 마케팅 방식과 그 효과에 대해서 말입니다.

하지만 이러한 데이터들에 대해 한 가지 기억해야 할 사실이 있습니다. 그 데이터는 여러분의 사업이나 여러분들의 고객에 대한 데이터가 아닙니다. 따라서 자신의 데이터를 축적하고 다양한 데이터 기반의 미디어 회사들과 협력해야 합니다.

마케팅은 투자입니다. 마케팅에는 시간, 돈, 훈련, 소프트웨어 등 많은 것을 필요로 합니다. 그리고 여러분은 최소한의 투자로 최대한의 효과를 보고 싶어 할 것입니다. 이를 위해 반드시 필요한 것이 분석입니다.

트레킹 데이터는 여러분의 팔로워들이 관심을 가지는 것이 무엇인지, 소셜 미디어에 참여하게 되는 이유가 무엇인지 분석하고 그것을 바탕으로 여러분의 웹 사이트를 클릭하여 구매하도록 하는 것입니다.

#5 SEO

매일 구글에서는 35억 개가 넘는 검색이 이루어지고 있습니다. 매 초당 5만 번 검색하고 있는 것입니다.

검색의 상위 5위는 거의 70%나 클릭되지만, 6~10위는 4%에 불과합니다. 그 아래의 순위들은 그보다 더 아래입니다.

검색 엔진 최적화, SEO는 구글에서 순위를 매기도록 설계된 시스템으로 성공적인 마케팅을 위해서는 SEO를 아는 것은 중요합니다.

하지만 이것은 복잡한 영역으로 대기업에서도 전담하는 사람이 따로 있거나 아웃소싱을 통해 전문가를 고용하기도 합니다.

많은 요인들이 SEO에 영향을 미칩니다. 그리고 질 나쁜 게시물들로 계속 노출되고자 하는 전략을 세운다면 구글은 여러분을 영구 배제 시킬 것입니다. 즉, 여러분이 할 수 있는 방법은 고객에게 도움이 되는 유용한 콘텐츠를 제공하고 브랜드를 한 눈에 띌 수 있도록 향상시키세요. 그렇게 한다면 구글 검색 상위권에 노출되는 것도 가능할 것입니다.

디지털 마케팅은 오늘날 비즈니스 세계에서 쉽지는 않지만 성공의 열쇠이기도 합니다. 고객이 여러분에게 연락하기를 마냥 기다릴 수 없습니다. 고객이 사용하는 채널을 통해 고객에게 접근해야만 합니다. 위에 5가지 도구를 활용해 기존 고객, 잠재 고객 모두에게 브랜드를 노출하고 좋은 관계를 형성한다면 여러분이 제공하는 것은 더욱 좋아질 것입니다.

자료 커피 TV(2018. 06. 11)

1 인터넷 마케팅의 개념

21세기는 정보화시대라고 한다. 정보화를 위한 기술의 발달은 기업경영의 패러다임을 바꾸어 놓았다. 1950년대까지는 통합의 단계, 1990년대까지는 세분화의 단계를 거쳐 현재는 인터넷을 기반으로 하는 통합시스템의 단계로 변화하였다.

이런 변화는 기업들에게는 새로운 시장기회임과 동시에 위협이기도 하다. 기업의 마케터는 정보기술을 최대한 활용하여 데이터베이스 마케팅, 개인 마케팅과 같은 다양한 인터넷 마케팅을 실질적으로 구현할 수 있는 기회를 가진 반면, 이러한 기회를 적절하게 활용하지 못하는 기업은 매우 위험한 상황에 처하게 될 것이다.

그렇다면 기업환경이 인터넷을 기반으로 한 통합시스템의 단계로 접어들면서 최대 이슈로 떠오르고 있는 인터넷 마케팅이란 무엇인가? 인터넷 마케팅이란 '개인이나 조직이 인터넷을 이용한 연결과 쌍방향 커뮤니케이션을 바탕으로 마케팅 활동을 하는 것'이라고 할 수 있다.

1990년대 정보통신 기술의 진보와 월드와이드웹(WWW)의 상업적 활용이 소비시장의 인프라를 변화시키면서 시작된 통합시스템 단계는 정보의 디지털화, 정보를 중심으로 한 커뮤니케이션 산업의 발전 등으로 기업은 소비자의 개인정보를 확보함과 동시에 소비자 개개인에 대한 맞춤형 마케팅을 추진할 수 있는 기회를 얻었다. 기업은 개별 소비자의 욕구와 가치를 정확하게 파악하고 이에 적합한 전략을 통해 수익성을 극대화하고 있다.

인터넷 마케팅은 마케팅 목적을 달성하기 위하여 온라인 네트워크, 컴퓨터와 쌍방향 미디어를 이용하는 것으로 기존 고객과의 관계개선과 관계유지 및 신규고객의 창출을 위한 활동과 웹사이트의 마케팅을 의미한다. 이것은 전자카탈로그 형태의 홈페이지나 전자상거래, 고객의 데이터베이스를 활용한 DB

마케팅과 데이터 간의 연관관계를 분석하여 새로운 가치를 창출하기 위한 활동인 데이터마이닝을 포함한다.

2 인터넷의 특징

그동안 주로 TV, 라디오, 신문, 잡지와 같은 일반 매체 위주로 이루어지던 의사소통이 컴퓨터와 인터넷망으로 형성된 가상공간을 활용하게 되면서 마케팅환경은 급속하게 변화하고 있다. 이러한 변화는 일반 매체와 구별되는 다음과 같은 인터넷 매체의 특징에서 기인하는 것으로 볼 수 있다.

첫째, 인터넷 매체에서는 다수 대 다수의 의사소통이 가능하며, 의사소통의 범위도 대중 매체를 이용한 기업과 소비자 간에 주로 이루어지던 것이 기업과 기업, 기업과 소비자, 소비자와 소비자 등으로 확대되었다. 즉 인터넷은 네트워크로서 모든 인간과 집단 그리고 기업 등을 연결시키는 기능을 한다. 따라서 인터넷은 지위고하, 빈부의 격차에 관계없이 누구나 연결하여 사용이 가능하다는 특징이 있다.

둘째, 인터넷은 정보를 바탕으로 존재한다. 인터넷에는 인류역사상 가장 많은 정보들이 존재하고 있고, 앞으로도 계속적으로 정보가 축적될 것이다. 인터넷에 존재하는 모든 정보는 공유를 목적으로 하는 경우가 대부분이며, 또한 정보가 없는 웹 사이트나 홈페이지는 무의미하다. 인터넷을 이루는 핵심은 '네트워크'와 '정보' 그리고 '사람'이다. 네트워크가 인터넷에 골격이라면 정보는 인터넷을 이루는 살이다. 그리고 인터넷에 생명을 불어 넣는 것은 사람이다.

셋째, 인터넷은 대기업이든, 작은 상점이든, 동일한 출발점에서 시작한다. 물론 오프라인에서 브랜드 가치가 높은 기업에게 어느 정도의 이점이 있을 수 있겠으나, 대기업이라도 정보 제공을 소홀히 한다면 도태되고 마는 것이 인터넷 공간이다. 작은 상점이라도 온라인상에서 유용한 정보를 제공한다면 인터넷에서 성공할 수 있다. 실제로 인터넷에서 보여줄 수 있는 넓이는 대기업이든, 작은 상점이든, 하나의 웹 페이지일 뿐 대기업이라고 해서 보다 넓은 인터넷 영역을 차지하는 경우는 없다. 문제는 이용자들이 가치를 느낄 만큼의 유용한 정보와 서비스를 제공할 수 있는가 하는 것이다.

넷째, 인터넷이란 가상공간은 철저하게 이용자 중심의 매체이다. 인터넷 이용자들은 자신에게 필요 없다고 판단되는 정보는 무시한다. 또한 핵심적으로 필요한 정보 또는 홈페이지만을 찾아다니는 습성이 있다. 이용자의 지속적인 정보 또는 홈페이지 이용을 유도하려면 좋은 정보와 좋은 서비스로 이용자들에게 이익을 줄 수 있어야 한다. 또한 그 이익을 이용자들이 인식할 수 있어야 한다.

다섯째, 가상공간에서의 의사소통은 메시지의 발신자와 수신자간의 상호작용이 가능하다는 것이다. 소비자는 가상공간에서 상품이나 서비스에 대한 정보를 취득하거나 구매를 할 수 있을 뿐만 아니라 해당 상품이나 서비스에 대한 의견이나 평가를 기록할 수 있다. 기업은 소비자의 이와 같은 의견이나 평가에 대하여 빠르게 대처함으로써 고객만족을 위한 전략적 접근이 가능하게 된다.

여섯째, 인터넷은 멀티미디어를 이용한 의사소통이 가능함과 동시에 정보의 반복적인 이용이 가능하다. 기존의 매체가 음성, 문자, 동영상 중 하나 또는 일부의 정보만 제공이 가능하였던 점과 비교할 때, 인터넷 매체는 음성, 문자, 동영상 및 다양한 복합적 정보를 제공할 수 있을 뿐만 아니라 언제든지 원하는 장소와 원하는 시간에 반복적으로 볼 수 있다는 특징을 가지고 있다.

일곱째, 인터넷은 시간과 공간에 제약이 없는 개방형 구조를 가지고 있다. 인터넷을 이용하는 이용자들은 시간제약 없이 가상공간을 활용한다. 이용자 관점에서 볼 때 바쁜 일상생활로 인하여 다양한 정보를 취득하는데 시간과 공간의 제약으로 인하여 필요한 정보를 적기에 취득하지 못하는 것을 예방해 주는 효과가 있다. 제공자 관점에서는 소비자가 필요로 하는 정보를 언제든 필요에 따라 제공함으로써 고객서비스를 증진시키는데 일조를 하게 된다.

3 인터넷 마케팅의 발전과정과 중요성

(1) 인터넷 마케팅의 발전과정

전통적인 마케팅 커뮤니케이션의 모형은 기업이 다수의 소비자에게 대중매체를 통하여 일방적으로 특정 내용을 전달하는 것이었다. 기업이 불특정 다수의 잠재고객에게 마케팅활동을 펼치는 전통적 마케팅은 일대다수의 마케팅이며, 인터넷 마케팅은 다수 대 다수의 마케팅을 넘어서서 데이터베이스에 구축된 강력한 정보를 바탕으로 고객 개인을 상대로 한 일대일 마케팅으로 발전하고 있다.

전통적인 일대다수의 매스마케팅은 다양한 소비자의 욕구를 만족시킬 수 없기 때문에 이에 대한 대안으로 등장한 일대일, 즉 마이크로 마케팅(micro marketing)은 고객의 니즈(needs)가 매우 다양하고 개성이 강해서 지역 및 고객의 성격에 따라 차별화된 마케팅을 요구하고 있다. 이와 같은 마케팅의 발전과정은 대중마케팅(mass marketing), 표적마케팅(target marketing), 일대일 마케팅(one to one marketing)으로 변화하고 있다.

(2) 인터넷 마케팅의 중요성

인터넷 마케팅이 커다란 주목을 받게 된 동기는 크게 두 가지로 나눌 수 있는데, 그것은 경제적 동기와 기술적 동기이다. 경제적 동기는 인터넷이 시간과 공간을 초월하여 고객과 의사소통을 가능하게 해 줌과 동시에 거기에 소요되는 비용 역시 매우 저렴하다는 데 있다. 인터넷을 활용한 마케팅은 신문, TV, 잡지와 같은 일반적인 매체를 통한 마케팅에 비하여 그 비용이 매우 저렴하게 소요된다.

두 번째 동기인 기술적인 동기는 인터넷과 연관된 다양한 기술이 발전하게 되면서 기존에는 불가능했던 전략적 마케팅이 가능하게 되었다는 것이다. 이전에는 TV, 신문, 영화, 게임 등 각기 다른 미디어를 통해 개별적으로 전달되었던 정보가 이제는 인터넷이라는 매체를 통하여 통합적 포괄적으로 제공될 수 있다.

따라서 인터넷을 통해 통합적으로 제공되는 기술적 가능성이 많아짐으로써 인터넷 마케팅을 활용할 수 있는 동기를 제공하고 있다. 실제로 인터넷 마케팅은 인터넷 기술의 발달과 사용인구의 증가와 함께 발전하였고, 다음과 같은 다양한 환경적 변화에 의하여 그 중요성이 더욱 부각되고 있다.

첫째, 인터넷 이용자의 급격한 증가에 따른 변화이다. 인터넷 기술과 인프라의 확충은 인터넷 인구의 급격한 증가를 불러왔고, 이와 같은 인터넷 이용자의 소비행동 역시 많은 변화를 겪고 있다.

둘째, 매체환경이 변화하고 있다. TV, 신문, 잡지와 같은 기존의 매체가 포화상태에 이르고 있으며, 매체의 개념 역시 일방향 의사소통에서 쌍방향 의사소통으로 변화하고 있다. 매체환경의 이러한 변화는 소비자의 변화에 부응할 수 있는 다양한 매체의 출현과 정보기술이 발달에 의하여 가능해지고 있다.

셋째, 정보이용에 대한 소비자의 태도도 변화하고 있다. 기존에는 소비자들이 기업의 일방적인 메시지를 그대로 받아들이는 수동적 입장을 가진 정보수용자에 불과하였으나, 인터넷과 같은 뉴미디어가 등장하고부터는 소비자가 원하는 정보를 직접 검색하고 선택하여 상호작용하는 쌍방향성의 능동적인 입장을 가진 정보의 탐색자로 개념이 변화하였다.

넷째, 소비자의 구매행동도 변화하고 있다. 소비자들은 단순히 유행을 선호하고 따르기 보다는 개성을 강조한 다양하고 개별적인 상품과 서비스를 원하고 있다. 경제의 발전에 따라 육체적, 정신적 풍요로움이 함께 하는 질적인 삶을 추구하는 경향이 강해져 편리하고 다양하며 시간을 절약할 수 있는 구매행동으로 진화하고 있다.

마지막으로 국내와 국외를 막론하고 모든 기업의 인터넷에 대한 관심이 증가하고 있다. 1인 1대를 넘어선 컴퓨터의 보급과 인터넷망의 확충으로 인하여 인터넷 인구가 폭증하면서 인터넷 마케팅의 중요성은 더욱 커지고 있다. 따라서 기업들은 저렴하고 편리하며 인력의 수요가 적은 인터넷 마케팅으로 관심을 집중하고 있다.

4 인터넷 마케팅의 분류

앞에서 살펴본 인터넷의 특징과 함께 인터넷 마케팅은 어떤 상품이나 서비스를 판매하는 마케터 입장에서 볼 때 기존의 마케팅 도구에 비하여 다양한 강점을 가지고 있다. 이와 같은 인터넷 마케팅은 쌍방향 마케팅, 관계 마케팅, 데이터베이스 마케팅, 표적 마케팅 등으로 분류할 수 있는데, 이를 구체적으로 살펴보면 다음과 같다.

(1) 쌍방향 마케팅

과거의 대중 마케팅 시장에서는 대중 매체를 통한 의사소통에 기반을 둔 거래를 강조하였다. 하지만 최근에 중요성이 대두되고 있는 쌍방향 마케팅은 개별고객의 니즈(needs)에 맞는 상품제안과 메시지를 강조하고 있다. 결과적으로 쌍방향 마케팅은 소비자들의 욕구가 세분화되고, 이러한 개별 소비자의 욕구를 만족시키려는 노력이 없이는 기업의 지속적인 생존이 불가능하다는 의식에서 비롯되었다.

이와 같은 쌍방향 마케팅은 일반적으로 TV홈쇼핑, 인터넷 커뮤니케이션 매체, 비디오게임과 같은 쌍방향 매체를 이용한 마케팅을 말한다. 소비자가 소비에만 참여하는 단계를 넘어 제품의 생산과 유통에까지 참여하는 생산적 소비자, 즉 '프로슈머'의 등장에 맞추어 쌍방향 마케팅의 중요성은 더욱 커지고 있는 실정이다.

예를 들어 레스토랑 기업들이 회사의 브랜드를 내건 인터넷 미니홈피나 카페를 개설하여 자사와 직접적인 관련이 있는 직원 및 가명점주는 물론이고 일반 소비자를 대상으로 기업을 홍보하고, 메뉴개발 및 마케팅활동에까지 참여를 유도하는 것이 대표적인 외식산업에서의 쌍방향 마케팅이다.

(2) 관계 마케팅

관계 마케팅이란 고객 등 이해관계자와의 강한 유대관계를 형성, 이를 유지해 가며 발전시키는 마케팅활동을 말한다. 고객만족 극대화를 위한 경영이념으로 최근 관심을 끌고 있다. 즉 마케팅은 기존의 판매위주의 거래 지향적 개념에서 탈피, 장기적으로 고객과 경제・사회・기술적 유대관계를 강화함으로써 "나에 대한 고객의 의존도를 제고시키는 것"이다. 개별적 거래의 이익극대화보다는 고객과의 호혜관계를 극대화하여 고객과 우호관계를 구축하면 이익은 절로 수반된다.

기존의 마케팅의 관점은 주로 신규고객의 확보에 초점을 맞추는 경우가 많았다. 그러나 신규고객을 창출하는 데는 많은 비용이 수반되는 것이 일반적이다. 즉 서비스나 제품에 있어 기술적인 차이가 점점 좁아지게 됨에 따라 고객들로 하여금 애호고객이 되게 하는 데 그만큼 많은 촉진비용, 유통비용, 서비스개발비용, 가격정책비용 등을 들여야 한다.

특히 어느 정도의 시장점유율을 확보한 경우에는 신규고객의 창출보다는 관계 마케팅을 통한 기존고객의 유지가 중요한 마케팅전략이 되는 것이다. 이러한 관계 마케팅은 고객과의 계속적인 관계를 개발하고, 유지하여 자사의 서비스에 대한 가족적 인지를 공유할 수 있게 하는 것이다. 이러한 이유는 고객과 기업간의 상호 호혜적인 이익을 증대시켜 나가는 것을 그 배경으로 하고 있다.

따라서 관계 마케팅에서 핵심은 바로 고객관계이다. 특히 서비스에선 고객 개개인에 대한 관심이다. 고객을 군중의 일부가 아니라 특별한 개체로 보아 그들의 욕구에 맞게 서비스를 제공하여 만족과 신뢰를 형성하고자 하는 것이다. 이와 같은 관계마케팅의 특징을 살펴보면 다음과 같다.

첫째, 제품의 질보다는 고객과의 관계의 질을 중시한다. 과거 고도성장시대에는 제품의 질만으로 시장을 개척하고 유지할 수 있었으나, 제품의 품질에 동질화 경향이 나타나고 성장이 둔화되는 시대에는 고객과의 관계, 고객밀착도 등이 시장유지 및 확대의 핵심이 된다는 것이다. 즉 제품의 관리, 판매 및 거래관리 중심에서 고객서비스 관리로 마케팅 관리의 중심을 이동해야 한다.

둘째, 시장점유율이 아니라 고객점유율을 핵심으로 한다는 점이다. 시장점유율은 전체 시장속에서 우리의 상품 매출액이 얼마인가를 나타내는 규모 중심의 척도이지만, 고객점유율은 한 고객의 구입액 중 우리 회사의 각종 상품 구입총액이 얼마인가를 나타내는 범위 중심의 척도이다. 즉 시장 속의 점유율이 아니라 고객속의 점유율인 집중도가 중시되는 개념이다. 고객과의 밀착관리를 통하여 우리 회사 제품의 구입 빈도, 구입액의 비중을 높여 가는 개별마케팅전략인 것이다.

셋째, 광고, 판촉 중심의 일방적 커뮤니케이션이 아니라 인적판매 중심의 쌍방 커뮤니케이션 전략이다. 제품중심의 일방적인 정보제공이 아니라 고객의 인격을 존중하고 고객을 참가시켜 대화하고 호소하며, 고객을 진심으로 보호하는 고객만족 중심의 전략인 것이다. 고객관계 만족은 집중도의 심화를 낳고 집중도의 심화는 새로운 고객의 창조를 낳게 되는 것이다.

넷째, 본사 중심의 대규모 전략이 아니라 지역 상권 중심의 유니트 전략이라는 점이다. 앞으로의 전략은 본사중심, 전국중심의 광범위 전략의 유효성

보다는 지역중심의 소규모 밀착전략이 더욱 위력을 발휘하게 될 전망이다. 원거리 관계가 아니라 근거리 관계의 초점이 보다 명확하기 때문이다.

이러한 특징을 가지는 관계 마케팅을 위한 관계의 단계는 다음과 같이 5가지로 나눌 수 있다.

① BASIC 단계 : 기업과 고객은 단순히 제품을 '사고 파는' 행위만 한다.

② REACIVE 단계 : 기업이 제품을 판매한 후, 문제나 문의사항이 생길 때 고객이 기업에게 연락을 취하도록 독려한다.

③ ACCOUNTABLE 단계 : 기업이 제품을 판매한 후, 제품에 만족하는지 여부를 체킹합니다. 즉, 기업 측에서 피드백 과정을 거친다.

④ PROACTIVE 단계 : 영업사원이나 기업의 사원이 시시때때로 고객에게 전화해서 제안을 받는다.

⑤ PARTNERSHIP 단계 : 기업이 지속적으로 고객과 함께 활동한다.

관계 마케팅은 인터넷의 발전과 더불어 최근에는 인터넷 환경에 고객관계 관리를 접목한 eCRM(Electronic Customer & Relationship management)의 형태로 진화하고 있다. 이에 대한 구체적인 내용은 인터넷 마케팅의 도구에서 다루기로 한다.

(3) 데이터베이스 마케팅

데이터베이스 마케팅(Database Marketing)이란 고객정보, 경쟁사정보, 산업정보 등 시장의 각종 1차적인 데이터를 직접 수집하고, 분석하여 그것을 바탕으로 마케팅 전략을 수립하는 하나의 방법을 의미한다.

어느 고객이 무엇을 얼마나 자주 구매하였는지, 어느 고객이 어느 매장에서 어떤 유형의 제품을 구매하였는지, 또는 어느 고객층이 언제 재구매, 대체구매를 할 것인지 등과 같은 데이터를 가지고 고객의 성향을 분석하고 향후 필요한 효율적인 마케팅 전략을 수립하는 것을 말한다. 즉 고객에 관한 데이터베이스를 구축하여 이용하면서 필요한 고객에게 필요한 제품을 판매하는 전략으로 '원 투 원(one-to-one) 마케팅'이라고도 한다.

이러한 최신 마케팅 전략기법은 컴퓨터시스템과 인터넷 기술의 발달로 인해 큰 영향을 받게 되었다. 컴퓨터가 고객의 복잡한 데이터를 보다 저렴하고 신속하게 일괄 처리할 수 있게 되자, 그날 그날의 고객 구매 형태에 대한 데이터베이스가 신속하게 갖춰질 수 있었고, 이러한 데이터가 인터넷 환경을 이용하여 시간과 공간을 초월한 활용이 가능하게 됨으로써 보다 효과적인 마케팅 전략의 수립이 가능하게 되었다.

기업의 데이터베이스 마케팅을 위해서는 고객 데이터베이스의 구축이 필수적인데, 데이터베이스라는 것은 일종의 데이터 창고라고도 말할 수 있다. 데이터를 입력시키는 것과 출력시키는 것은 별개의 작업이라고 인식하기 쉽지만, 중요한 것은 꺼내기 쉽도록 잘 정리해 두는데 있다.

따라서 정보의 입출력은 체계화가 무척 중요하며, 이러한 것을 관리하는 것이 데이터베이스 관리시스템이다. 필요한 정보를 짧은 시간 내에 꺼낼 수 있도록 데이터를 관리해 주는 소프트웨어 시스템인 DBMS(Database Management System)는 파일 속의 서류와도 같다.

그래서 정리되지 않고 흐트러져 있는 서류는 서류를 찾는 효율성 측면에서 뿐만 아니라 정보가치 면에서도 엄청난 차이를 만들어낸다. DBMS에 의해서 지원되는 고객 데이터베이스는 고객 마스터 파일, 판매파일, 고객판정 파일, 상품파일, 판촉파일 등으로 구성되어 있다.

이 파일들에는 고객의 특성, 고객의 과거 구입실적, 상품별 매출 실적 및 판촉 활동의 성과 등 다양한 정보들이 축적이 되며, 이러한 정보들은 마케팅 전략수립을 위한 각종 분석의 기초자료로 제공된다. 또한 분석을 통해 도출된 결과는 체계적으로 정리되어 시장 세분화 또는 상품 차별화 전략을 위해 활용이 되기도 한다.

(4) 표적 마케팅

표적 마케팅이란 소비자의 인구통계적 속성과 라이프스타일에 관한 정보를 활용, 소비자의 욕구를 최대한 충족시키는 마케팅 전략을 말한다. 이를 위해 소비자들을 가장 작은 단위로 나눈 다음 계층별로 소비자 특성에 관한 데이터를 수집해 마케팅 계획을 세운다. 즉 표적집단을 선정한 후 매우 정교한 마케팅활동을 펼치는 것이 필요하다.

이와 같은 표적 마케팅은 대부분의 소비자와 연결된 인터넷망을 이용하면 일부계층에 광고를 하기 위하여 우편으로 광고전단을 발송할 필요없이 인터넷을 통하여 소비자에 대한 정확한 데이터를 수집, 분석하여 선택적인 마케팅전략을 펼칠 수 있다.

인터넷 마케팅에 있어서의 시장은 소비자 개개인의 다양한 요구와 밀접한 관계가 있으므로 시장의 상호작용성, 연계성을 갖게 되는 기준으로 세분화된다. 정보를 기반으로 하는 인터넷 마케팅에서 시장세분화의 목적은 더 많은 마케팅활동이 아니라 더 나은 마케팅활동이므로 기업의 경쟁가능성과 특징을 고려해 표적시장을 선택하는 것이 중요하다. 인터넷을 활용하게 됨으로써 기업은 세분시장의 기본욕구에 맞도록 마케팅프로그래밍을 조절하는 표적 마케팅이 수월하게 되었다.

5 인터넷으로 인한 기회와 위협

앞에서 설명하였던 인터넷의 특징과 다양한 유형의 인터넷 마케팅은 기업의 마케터에게 활동영역에 대한 새로운 기회와 함께 위험부담을 가중시키기도 하는데, 이와 같은 기회와 위협요인을 자세히 살펴보기로 한다.

첫째, 인터넷은 기업들에게 새로운 마켓플레이스(market place)를 제공하고

[그림 10-1] 신선설농탕의 온라인 판매

있다. 기업들은 이제 소매상이나 도매상과 같은 일반적인 유통경로를 생략하고 인터넷을 통하여 직접 판매와 서비스를 수행할 수 있게 되었다. 고객들은 기업의 홈페이지를 이용하여 상품에 대한 정보를 탐색, 구매 및 구매 후 평가에 이르기까지 구매와 관련된 일련의 과정을 쉽게 처리할 수 있다.

온라인을 통한 상품이나 서비스의 구매는 소비자가 직접 상품을 확인할 수 없는 단점이 있는 반면에 시간과 비용을 절약할 수 있는 장점을 가지고 있다. 외식기업 중 신선설농탕(www.sinsunfood.co.kr)은 이와 같은 기회를 적절하게 활용하는 대표적인 기업이다. 자사의 레스토랑을 방문하여 메뉴에 만족을 느꼈던 고객들의 구전효과가 더해지면서 자사의 홈페이지를 통한 설농탕과 김치 등이 판매가 증가하고 있다. 또한 패밀리레스토랑들은 온라인쇼핑몰 업체와 제휴를 통하여 e-쿠폰 등을 판매함으로써 가격에 민감한 고객들을 유치하고 있다.

둘째, 인터넷은 고객의 개개인을 대상으로 하는 일대일 마케팅을 시행할 수 있는 최상의 공간으로 인식되고 있다. 일대일 마케팅은 고객들의 개별적인 신상정보를 취득함과 동시에 그들의 지속적인 구매활동을 구체적으로 파악할 수 있어야 하기 때문에 실제로 실시하기 위해서는 엄청난 비용이 수반된다. 하지만 인터넷과 정보기술을 활용하는 경우 오프라인에서의 시행에 비하여 비용의 절감뿐 아니라 정보수집 자체도 매우 수월하게 이루어질 수 있다는 장점이 있다.

기업은 웹사이트 서버의 로그파일 분석을 통하여 고객의 선호도와 구매패턴을 파악할 수 있고, 고객이 원하는 사항이나 불만사항을 개별적으로 반응하고 처리하는 시스템의 개발이 가능하게 되었다. 특히 이메일, 블로그, 미니홈피, 카페 등을 활용하여 고객에 대한 개별적인 응대 비용을 혁신적으로 절감할 수 있게 되었다.

셋째, 인터넷은 개인은 물론이고 기업에게도 새롭고 다양한 의사소통 채널로 활용되고 있을 뿐만 아니라 기업은 인터넷을 네트워크의 공간으로 활용할 수 있다. 인터넷 인구가 급격하게 증가함에 따라 의사소통 채널로서의 인터넷 가치 역시 상승세를 이어가고 있다.

기업은 홈페이지, 카페, 미니홈피, 블로그 등을 구축하여 자사의 제품이나 서비스에 대한 세부적인 정보를 고객에게 제공할 수 있으며, 저렴한 비용으로의 광고는 물론이고 이메일이나 채팅 등을 통하여 최소의 비용으로 고객과의 개별적인 의사소통도 가능하게 되었다. 다만 이와 같은 다양한 온라인 의사소통 채널은 기업에 반감을 가진 고객들이 대중들에게 쉽게 기업의 문제점을 확산시키는 데에도 활용됨으로써 위협요인으로 작용하기도 한다.

의사소통 채널을 넘어서서 네트워크 공간으로서의 인터넷의 진화는 아직도 진행되고 있다. 원래 네트워크의 가치는 참여자가 많아지면 많아질수록 더 커지게 된다. 따라서 기업은 인터넷을 통하여 관련 구성원들과 다양한 관

인터넷에서 유의해야 할 위협요인 사례 CASE

초밥을 전문으로 하는 음식점에서 고객들에게 초밥의 장점을 알리기 위해 인터넷 홈페이지에 초밥에 대한 효능 등을 실었다. 문제는 이 같은 설명이 식품위생법상 과대광고에 해당된다는 것이다. 이를 놓칠리 없는 식파라치들은 관할 보건소에 해당 홈페이지를 신고했다.

행정법원까지 간 이 사건으로 음식점은 벌금 천여만원을 내야했다. 이런 가운데 음식점은 보건소 지시대로 홈페이지를 수정했음에도 불구하고, 또 다른 식파라치의 신고로 다시 벌금을 내야 될 처지에 놓였다. 참치 효능에 대해 모 대학교수의 연구결과를 인용한 페이지가 과대광고로 적발된 것이다.

계를 맺음으로써 인터넷의 활용가치를 높일 수 있다. 하지만 이러한 네트워크 구조는 오히려 기업에게 위협으로 다가오기도 한다.

지금까지 살펴본 인터넷에 의한 기회와 위협 요인은 항상 양면성을 가지고 있음을 알 수 있다. 즉 인터넷은 그 특징을 이해하고 잘 활용하면 기업의 성장을 위한 커다란 기회의 장이 될 수 있는 반면에 자칫 위해요소로 인하여 어려움에 봉착하게 되기도 한다.

6 인터넷 마케팅의 도구

인터넷에서 사용되는 마케팅 도구들은 홈페이지, 카페, 미니홈피, 블로그, 트위터, 배너광고, eCRM 등 매우 다양하다. 이러한 도구들을 어떻게 활용해서 기업의 마케팅 목표를 달성할 수 있을지 자세히 알아보도록 한다.

(1) 홈페이지

인터넷에서 기업이 소비자에게 정보를 전달하는 수단으로 가장 먼저 사용한 방법은 홈페이지를 만드는 것이었다. 이는 기업이 가상공간에서 특정 사이트를 만들어 기업이나 상품 또는 서비스에 관한 정보를 전달하는 형식이다.

홈페이지의 가장 큰 목적은 기업과 관련이 있는 모든 이해관계자를 방문하도록 만드는 것이다. 그 이후에 이해관계자들에게 필요한 정보를 제공하고 그 공간을 이용하여 기업과 브랜드의 인지도를 높이고, 더 나아가 상품과 서비스를 판매하는 것이다.

실제로 홈페이지는 기업 및 상품과 서비스에 대한 정보를 제공하는 역할을 수행하면서 더 나아가 상품과 서비스를 판매하는 목적까지 가진다. 이와 같은 홈페이지는 전통적인 커뮤니케이션 매체와 비교할 때 다음과 같은 장점을 가진다.

첫째, 실시간의 신속한 정보 제공이 가능하다. 기업 입장에서는 홈페이지가 고객에게 제공, 전달하고 싶은 정보가 있다면 즉시 제공이 가능한 매체이다. 하지만 소비자 입장에서도 반드시 그렇다고 할 수는 없다. 소비자가 홈페이지에 접속하여 볼 때까지는 정보의 전달에 한계가 있기 때문이다. 따라서 최근에는 이러한 정보를 휴대폰으로 전송하는 방법을 사용하기도 한다.

둘째, 공간의 제약을 받지 않는다. 홈페이지가 차지하는 공간에 대한 비용은 매우 저렴하기 때문에 기업은 원하는 정보를 얼마든지 제공할 수 있다. 소비자 입장에서도 인터넷망이 있고 컴퓨터만 설치되어 있다면, 어디서든지 기업이 제공하는 정보를 취득할 수 있다.

셋째, 사용자 중심의 정보교환이 가능하다. 기업은 소비자들의 이해를 돕기 위하여 시각적, 청각적으로 다양한 멀티미디어 요소를 활용하여 사용자의 관심을 끌 수 있다. 인터넷에서는 발달된 가상정보기술을 이용하여 사용자의 편의와 이해를 고려한 다양한 기법들이 이용 가능하다.

넷째, 소비자 개개인에 맞춤화된 일대일 커뮤니케이션이 가능하다. 기업은 홈페이지를 이용하여 소비자들의 등록정보를 취득하고, 이를 활용하여 그들의 개인적 니즈(needs)와 욕구(wants)를 파악할 수 있다. 또한 이러한 정보를 기초로 개인화된 상품과 서비스의 제공이 가능해진다.

예를 들어, 거대 점포망을 갖춘 국내 대표적 외식업체인 (주)롯데리아(www.lotteria.co.kr)는 '즐거운 홈페이지'라는 컨셉으로 매장의 주고객층인 10대 네티즌 고객들에게 게임, 쪽지 서비스, 동호회, 채팅 등 재미를 전달하는 내용을 홈페이지에 추가하였다. 또한 고객카드회원과 홈페이지회원을 통합함으로써 고객카드회원을 홈페이지로 유도하는 행사도 진행하였다. 현재 롯데리아는 80만명 이상의 고객카드 회원과 홈페이지 회원들을 대상으로 배너광고 교환, 비정기적인 메일서비스 등을 실시하고 있다.

맥도널드(www.McDonalds.co.kr)는 단순한 홍보나 메시지를 전달하던 단방

[그림 10-2] 롯데리아 홈페이지

향성의 홈페이지를 CRM을 위한 데이터베이스 축적과 고객의 의견을 들을 수 있는 쌍방향성의 홈페이지로 변화시키기 위한 개편을 단행하고 인터넷 마케팅을 활발히 실시하고 있다.

맥도널드는 되도록 많은 네티즌이 홈페이지를 방문하도록 유인하기 위하여 매장에서 실시하는 프로모션 외에도 온라인 전용 이벤트를 벌이거나 오프라인상의 프로모션과 홈페이지 이벤트를 연계하는 노력을 기울이고 있다.

예를 들면 오프라인 이벤트 결과를 온라인 즉 홈페이지상에서 확인하도록 하는 것이다. 그 외에도 사이버머니 적립제도인 '맥코인'을 활용하여 재미를 더하고 있다.

맥코인은 홈페이지에 가입하여 매번 접속하거나 게임, 퀴즈에 참여할 때 적립되며 이러한 사이버머니를 사용하여 '맥옥션'에서 물건을 구입할 수도 있다. 맥도널드는 고객에게 재미와 함께 실질적인 이익을 제공하기 위해 준비한 맥코인을 통해 인터넷마케팅 효과를 배가하고 있다.

패밀리레스토랑 베니건스(www.bennigans.co.kr)도 멤버십 회원을 인터넷으로 끌어들이기 위하여 데이터 통합작업을 실시한 바 있다. 베니건스는 온라

[그림 10-3] 썬앳푸드 카드

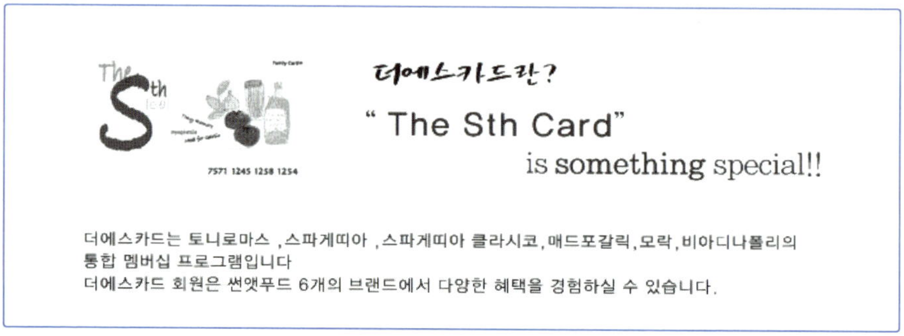

인 회원의 양적 증가보다는 멤버십카드 회원들에게 더욱 크고 강력한 혜택을 제공하여 충성도를 높이는 전략에 투자하고 있다. 충성도는 곧 재방문으로 이어진다는 판단 때문이다. 멤버십 회원에게는 식음료 할인 쿠폰, 포인트 적립, 이벤트 초대 등의 혜택이 주어지고 공헌도에 따라 구분된 VIP 플래티넘, VIP 골드, 보너스 카드 등의 등급에 따라 차등된 혜택을 제공하고 있다.

다브랜드의 통합 패밀리 카드를 이용하여 홈페이지 회원으로 가입을 유도하는 기업도 있다. [그림 10-3]의 (주)썬앳푸드는 토니로마스, 스파게띠아, 카푸치노 익스프레스, 메드포갈릭 등의 브랜드를 통합한 패밀리카드를 출시하였다. 인터넷에서 카드 발급자를 대상으로 경품이벤트를 실시하여 eCRM을 구현하여 인터넷 마케팅에 활용하려는 의도로 판단된다.

(2) 인터넷 광고

소비자들은 인터넷 서핑을 하면서 다양한 유형의 인터넷 광고를 접하게 된다. 주로 배너광고로 대표되었던 인터넷 광고는 포털사이트의 발전과 진화에 따라 다양한 형태로 표출되고 있으며, 인터넷 공간이 마켓플레이스로 정착되면서 인터넷 광고를 위한 마케터들의 노력은 한층 더 가열되고 있는 실정이다.

인터넷 홈페이지가 만들어진 초창기에는 주로 자사의 홈페이지를 이용한 광고와 배너광고 그리고 키워드 검색을 제공하는 포탈사이트에 키워드를 등록시키는 노력만으로도 충분한 광고효과를 올리던 시기를 지나 최근에는 지식인, 블로그, 미니홈피, 카페, 뉴스, 배너광고 등 더욱 다양해진 인터넷 광고가 활성화되고 있다. 이와 같은 인터넷 광고의 특징을 살펴보면 다음과 같다.

첫째, 인터넷 광고는 시간적, 공간적 제약이 없다.

둘째, 쌍방향 커뮤니케이션이 가능하다.

셋째, 데이터베이스와 연계가 가능하다.

넷째, 즉각적인 구매유도가 가능하다.

다섯째, 자유로운 스폰서십이 가능하다.

여섯째, 광고효과의 측정이 쉽고 편리하다.

일곱째, 광고의 신속한 갱신이 가능하다.

다만, 이와 같은 장점에 해당하는 특징에 비하여 인터넷 광고는 다음과 같은 문제점을 내포하고 있다.

첫째, 공신력이 낮다. 온라인에서의 광고는 소비자들이 광고 자체의 신빙성에 의문을 갖는 경우가 많기 때문이다.

둘째, 온라인에서의 광고가 홍수를 이루고 있어서 소비자들이 혼란을 겪는다. 즉 너무 많은 정보로 인하여 특정 광고에 집중할 가능성이 매우 낮다

셋째, 광고에 대한 지속적인 업데이트가 안되는 경우가 많다. 따라서 홈페이지 관리가 소홀해지지 않도록 정기적인 관리가 필요하다.

넷째, 배너 번아웃(Banner Burn-out) 현상이 일어날 수 있다. 한 번 클릭한 광고를 다시 클릭할 확률이 매우 낮아서 고객의 입장에서 광고 자체의 존재는 알지만, 광고 주체에 대하여 기억할 확률이 낮아 광고효과가 떨어질 수 있다.

이와 같은 문제점에도 불구하고 인터넷이 대중화되면서 월드와이드웹이라는 가상공간을 활용한 광고가 급격하게 늘어나고 있다. 초기의 인터넷 검색

사이트 네이버, 야후 등에서 시작한 인터넷 광고는 점차 인기있는 사이트를 중심으로 확산되었고 인터넷신문과 인터넷방송의 등장과 함께 광고유치를 위한 경쟁이 가속화되고 있다.

이와 같은 인터넷 광고는 초기에는 주로 배너광고, 버튼형 광고, 텍스트링크형 광고, 삽입형 광고, 협찬 광고, 기사형 광고 등으로 시작되어 최근에는 더욱 다양한 형태로 진화하고 있다.

레스토랑 업체 중 인터넷 홈페이지를 통하여 추가적인 수익을 창출하고 있는 기업도 다수 있다. 아웃백 스테이크하우스는 홈페이지에서 외식상품권을 판매하고 있다. 피자헛과 미스터피자, 도미도피자 등 대부분의 피자업체들은 홈페이지를 통한 온라인 주문시 추가적인 할인혜택을 제공함으로써 고객유치는 물론 고객충성도를 높이기 위한 노력을 하고 있다.

CASE 바이러스(바이럴) 마케팅

바이러스 마케팅(virus marketing)은 네티즌들이 이메일이나 다른 전파 가능한 매체를 통해 자발적으로 어떤 기업이나 기업의 상품이나 서비스를 홍보할 수 있도록 제작하여 널리 퍼지도록 만드는 마케팅 기법을 말한다. 컴퓨터 바이러스처럼 확산된다고 해서 이런 이름이 붙었다. 2000년 말부터 확산되면서 새로운 인터넷 광고 기법으로 주목받기 시작했는데, 기업이 직접 홍보를 하지 않고, 소비자의 이메일을 통해 입에서 입으로 전해지는 광고라는 점에서 기존의 광고와 차별화된다.

입소문 마케팅과 비슷하지만 전파하는 방식이 차이가 있다. 입소문 마케팅은 정보 제공자를 중심으로 메시지가 확산되지만 바이러스 마케팅은 정보 수용자를 중심으로 퍼져나간다는 특징이 있다. 기업은 유행이나 풍조와 같은 현실의 흐름을 따라가면서 네티즌들의 취향에 맞는 엽기적인 내용이나 재미있고 신선한 내용의 웹 애니메이션을 제작, 인터넷 사이트에 무료로 게재하면서 그 사이에 기업의 이름이나 상품을 슬쩍 끼워 넣는 방식으로 간접광고를 한다. 네티즌은 애니메이션 내용이 재미있으면, 이메일을 통해 다른 네티즌에게 전달하게 되고, 이러한 과정이 반복되다 보면 어느새 네티즌 사이에 화제가 됨으로써 자연적으로 마케팅 효과가 나타나는 것이다.

이 바이러스 마케팅은 웹 애니메이션 기술을 바탕으로 이루어지며, 파일 크기가 작아 거의 실시간으로 재생이 가능함은 물론, 관련 프로그램만 이용하면 누구나 쉽게 제작할 수 있고, 기존의 텔레비전이나 영화 등 필름을 이용한 광고보다 훨씬 저렴한 비용이 들기 때문에 빠른 속도로 확산되고 있다.

자료 : 위키백과

(3) 온라인 커뮤니티

인터넷에서는 하루가 다르게 다양한 온라인 커뮤니티가 생겨나고 있다. 카페, 블로그, 트위터, 미니홈피, 채팅 서비스 등이 그것이다. 온라인 커뮤니티는 원래 인터넷을 통하여 공통의 관심사와 목표를 가지고 함께 모여 상호작용을 하는 개인이나 단체들의 집단이다. 그들은 제품에 대한 소비경험을 주고받기도 한다.

원래 소비자는 기업이 제공하는 정보보다는 대중매체의 기사를, 대중매체의 기사보다는 같은 소비자의 경험을 더 중시하고 신뢰하는 경향이 있기 때문에 온라인을 통한 소비자들 간의 구전효과는 브랜드 이미지와 제품판매에 지대한 영향을 미칠 수 있다.

이와 같은 이유로 기업들이 자사의 상품이나 서비스를 알리고 브랜드 이미지를 높이기 위한 목적으로 온라인 커뮤니티를 활용하기 시작하면서 최근에는 온라인 마케팅의 대표적인 수단으로 대두되고 있다.

커뮤니티 마케팅은 말 그래도 커뮤니티를 이용해서 개인이나 기업의 마케팅에 활용하는 것을 말한다. 이는 기업 입장에서 카페나 블로그, 미니홈피 등을 활용하는 경우와, 개인이 카페 또는 블로그, 미니홈피 등을 만들어서 비영리나 영리 형태로 운영하면서 광고, 홍보 등을 유치하는 것을 포함한다. 최근 블로그 마케팅 분야를 비롯해서 다양한 형태로 점차 확대되고 있는 추세이다.

일반적으로 커뮤니티 마케팅이 이루어지는 대상을 살펴보면 다음과 같다.

첫째, 포털커뮤니티이다. 네이버, 다음, 싸이 같은 카페 커뮤니티로 일반적으로 비영리 형태로 운영된다.

둘째, 오픈커뮤니티이다. 디시인사이드, 웃긴대학, 자동차 동호회 등 자체 사이트를 커뮤니티 형태로 운영하고 있으며, 영리로도 이용이 가능하다.

셋째, 기업형 커뮤니티가 있다. 대기업 등 기업의 사이트에 고객서비스를 위한 서비스 사이트를 개설하여 운영하는 경우가 이에 해당된다. 웹진도 포함되는 개념이다.

넷째, 포털 블로그가 있다. 네이버블로그, 미니홈피 등 포털에 소속된 블로그, 상업적 이용이 불가능하지만 최근 파워 블로그 등 유치로 인해 혜택을 조금씩 주고 있는 실정이다.

다섯째, 오픈 블로그이다. 티스토리 등 자체 블로그에 다양한 스킨을 이용해서 구글광고 등을 붙일 수 있다.

다양한 형태로 운영되는 커뮤니티를 이용한 마케팅 전략은 다음과 같은 장점을 가질 수 있다.

첫째, 최소의 비용으로 최대의 효과를 얻을 수 있다.

둘째, 해당분야에 최고 매니아들에게 집중 타케팅이 가능하다.

셋째, 이벤트 등을 활용한 수많은 글과 댓글이 생성되어 많은 소비자를 유인할 수 있다.

넷째, 신뢰도 높은 커뮤니티는 효과가 배가되어, 트래픽 상승효과도 얻을 수 있다.

다섯째, 차후 시너지 효과를 얻을 수 있으며 사용자의 거부감이 적다.

기존 매체에 비하여 많은 장점을 가진 인터넷 커뮤니티 마케팅은 실제로 기업보다는 카페 운영자, 커뮤니티 운영자, 사업가, 창업희망자 등과 같은 개인이 주체가 되는 경우가 더 많다. 또한 기업 입장에서도 자신들이 직접 주체가 되기보다는 소비자로부터 신뢰성이 높은 개인을 활용하기도 한다. 다만 개인이 주체가 되는 경우 기업의 의도와는 다르게 커뮤니티가 형성될 가능성을 배제할 수 없기 때문에 기업 마케팅, 홍보, 광고 담당자가 직접 주체가 되어 커뮤니티 마케팅을 실행하기도 한다.

이와 같이 개인이나 기업이 주체가 되는 경우에는 마케팅 성과에 한계가 있을 수 있다는 점을 고려하여 최근에는 커뮤니티 마케팅을 전문으로 하는 온라인 광고 대행사, 동호회 연합클럽 등이 주체가 되어 커뮤니티 마케팅을 대행하기도 한다.

다양한 주체에 의하여 다양한 형식으로 이루어지는 커뮤니티 마케팅을 효과적으로 실행하는 방법을 살펴보면 첫째, 개인이 활용할 수 있는 커뮤니티 마케팅의 경우 다음과 같은 순서로 실행하는 것이 좋다.

- 1단계 : 포털에 카페, 블로그 개설로 인한 회원수 확보 및 활성화한다.
- 2단계 : 카페나 블로그 활성화로 어느 정도 회원이 확보되면 사업전환 검토 및 유사업체와 접촉한다.
- 3단계 : 오픈커뮤니티 전화 또는 포털에서 마케팅 노하우를 터득한다.

둘째, 기업에서 활용할 수 있는 커뮤니티 마케팅의 효과적인 방법은 다음과 같다.

- 기업에서 자체적으로 커뮤니티사이트를 운영한다.
- 기업에서 대행사를 통하거나 자체적으로 포털에 카페, 블로그, 미니홈피를 운영한다.
- 유사분야 커뮤니티에 광고배너 등을 통한 커뮤니티 마케팅을 시행한다.

셋째, 광고대행사의 커뮤니티 마케팅은 다음과 같은 순서로 운영하는 것이 효과적이다.

- 기업체의 커뮤니티 활성화를 위한 카페, 블로그 생성을 운영한다.
- 분야별로 활성화된 커뮤니티를 대상으로 해당 광고를 대행한다.
- 동호회 연합모임 시샵클럽 등을 활용한 다양한 동호회 광고를 대행한다.

커뮤니티 마케팅은 결국 커뮤니티의 성공적인 운영이 가능해야 그 효과를 얻을 수 있다. 따라서 성공적인 커뮤니티를 만들기 위해서는 디시인사이드, 웃긴대학, 장미가족의 태그교실 등과 같은 국내 대표 커뮤니티 운영 노하우를 습득하는 것이 좋다. 성공한 커뮤니티는 일반적으로 네이버, 다음, 오픈커뮤니티 중 어떤 곳이 목표달성에 적합한지를 결정한 후, 키워드와 동호회명 선정, 핵심 컨텐츠의 구축, 대문 꾸미기와 메뉴 구성법 등에 대한 차별화된 접근을 취하고 있다.

특히 커뮤니티의 운영에 있어서도 회원모집을 위한 홍보 노하우, 회원관리 방법, 정기적인 오프라인 모임 개최, 적절한 이벤트로 웃음과 재미를 더하고 컨텐츠는 반드시 자체적으로 만들고 있다.

커뮤니티는 결국 회원들 간에 즐기는 공간이 되어야 한다. 즐거움이 없는 곳이라면 아무도 찾지 않을 것이기 때문이다. 회원들에게 이러한 즐거움을 주기 위해서는 다양한 번개와 정모, 계절마다 실시하는 엠티, 디지털 인맥을 통한 평생친구 만들기, 사업 파트너 만들기 등 다양하고 즐거운 요소가 포함되어야 한다.

이외에도 커뮤니티 마케팅의 노하우를 좀 더 체계적으로 습득하기 위하여 아래와 같은 내용을 참고하는 것이 필요하다.

① 국내 대표 인터넷 동호회 시솝(system operator)들이 생각하는 커뮤니티 마케팅 노하우
② 국내외 대표적으로 성공한 커뮤니티마케팅 사례 연구
③ 직접 만들어서 정보공유를 하고 상부상조하면서 커뮤니티 마케팅 실현하기
④ 자신의 커뮤니티 및 사업에 관한 SWOT 분석을 통한 연구
⑤ 국내 대표 커뮤니티(지마켓, 옥션 등) 사이트 분석
⑥ 포털카페나 블로그에서 광고 및 마케팅 가능성 분석
⑦ 검색, 키워드 그리고 지식인 등을 통한 커뮤니티 마케팅 분석

(4) 이메일

인터넷 사용자들이 인터넷에 접속하게 되면 가장 먼저 하는 일이 무엇일까? 아마도 대부분의 사용자들은 이메일 확인을 가장 먼저 하게 될 것이다. 이메일은 인터넷상에서 가장 대중화 되어 있는 커뮤니케이션 프로그램이다.

기업들은 이메일을 이용하여 일대일 형태로 메시지를 보내거나 또는 메일링 리스트가 확보된 경우에는 다수의 사용자에게 일시에 메시지를 보낼 수도 있다. 다만 이러한 이메일 메시지가 소비자가 원하지 않는 스팸 메시지와 혼합되면서 정보의 홍수를 이루고 있어서 소비자들이 정상적으로 수신하지 않는 경우도 많아지고 있다.

이메일 마케팅은 이제 기업들에게 가장 주목받는 마케팅 전략 중 하나이다. 이는 이메일이 다른 매체에 비해 비용이 저렴하면서도 고객들로부터의 높은 응답률을 얻어낼 수 있고, 이를 통한 수익창출 효과 또한 매우 높기 때문이다.

또한 이메일 마케팅은 새로운 고객을 획득하고 유지하거나, 새로운 상품을 알리거나, 고객충성도를 높이는데 있어서도 매우 효과적이다. 다만 이러한 추세에 따라 이메일 수가 폭증하면서 새로운 문제를 야기시키는데, 한 사람의 고객이 살펴볼 수 있는 이메일 수는 매우 제한적인데 반하여 수신되는 이메일은 하루에 수백 통에 이르기 때문이다.

따라서 정보의 홍수 속에 빠진 고객들의 주의(attention)를 이끌어내기 위한 경쟁이 치열해지면서, 기업들은 두 가지 문제에 직면하게 되었다. 첫째, 지속적으로 높은 반응률을 유지해야 하며, 둘째, 고객과의 효과적인 의사소통 통로를 지속적으로 유지해야 한다는 것이다.

어떻게 하면 이메일 마케팅을 효과적으로 할 수 있을지는 기업의 마케터에게 주어진 가장 큰 과제인 것이다. 이러한 상황 속에서 이메일 마케팅을 효과적으로 하기 위해서는 우선 고객들로부터 미리 발송을 허락받는 이메일 마케팅이 기본일 것이다. 하지만 앞으로는 이러한 허락만으로는 고객들의 주의를 효과적으로 이끌어내기는 힘들다. 따라서 이메일 마케팅에서 중시해야 할 요소는 다음과 같다.

첫째, 최초 마케팅이 중요하다. 비록 고객들은 이메일을 허락했다고 하지만, 실제로 이메일을 받아보기 전까지는 완전히 허락한 것이 아니다. 따라서 처음으로 이메일을 보낼 때 어떤 내용을 보내는가에 따라서 고객들이 앞으로의 수신여부를 결정할 것이란 사실을 염두에 두어야 한다.

또한 이로부터 몇 개월 간은 이메일에 담기는 내용에 대해서 신중하게 결정해야 한다. 왜냐하면 고객들은 언제든지 이메일 수신을 거부할 수 있기 때문이다. 이러한 과정이 어느 정도 지나가면 고객들로부터 약간의 신뢰를 얻어낼 수 있다.

둘째, 일관성(Consistency)이 있어야 한다. 일반적으로 고객들은 온라인과 오프라인 상에서의 광고, 배너, 기사 등을 보고 그 사이트에 접속하는 경우가 많다. 이러한 점을 고려할 때 온라인과 오프라인 상의 모든 매체에서 노출된 자사의 사이트 성격과 이메일의 성격이 어느 정도는 일관성을 유지해야 한다.

셋째, 유용성이 있어야 한다. 이메일 속에 담기는 내용은 그 사이트에서 벌어지는 새로운 내용들을 체계적으로 보여주어야 한다. 내용이 많아진다면 고객들의 관점에서 본 중요도에 따라 순서를 분류하고 보여주는 방식도 결정해야 할 것이다. 이는 고객들에게 사이트를 직접 방문하지 않고도 어떤 일이 벌어지고 있는지를 알리는데 목적이 있으며, 좀 더 자세한 내용에 관심을 가질 때만 사이트에 방문하도록 만드는 것이다. 물론 자사의 트래픽을 고려해서 최대한 관심을 불러일으키게 만드는 것이 뒤따라야만 할 것이다.

넷째, 원투원 마케팅이 이루어져야 한다. 자사의 사이트에 방문하는 회원수가 증가하고, 어느 정도 성장에 이른 기업이라면 웹로그 분석을 통한 DB 마케팅에 대해서도 염두에 두어야 한다. 즉 고객의 이메일에 대한 반응률, 구매 패턴, 네비게이션 패턴, 연령별 데이터 등의 로그분석을 통해서 각각의 회원들에게 서로 다른 이메일을 보내주는 것이다.

이메일 마케팅은 비용이 저렴하고 편리하다는 장점이 있는 반면에, 회사의 이미지를 급격히 실추시킬 수 있는 도구란 점을 명심해야 할 것이다. 즉 이메일 한통은 단순한 메시지가 아니라 그 기업이 고객에게 가지는 모든 생각을 담고 있다는 사실을 항상 염두에 두어야 한다. 따라서 자신의 홈페이지에 있는 내용의 변화나 고객 개개인의 변화를 끊임없이 살펴보고, 이에 따라 끊임없이 변화하는 마케팅 전략만이 성공할 수 있을 것이다.

(5) e-CRM

CRM은 고객에 대한 광범위하고 심층적인 지식을 바탕으로, 개개인에 적합하고 차별적인 제품 또는 서비스를 제공함으로써, 고객과의 관계를 지속적으로 강화해 나가는 마케팅 혁신 활동이다.

원래 CRM은 오프라인 기반에서 행해지던 것을 2001년경에 고객들의 온라인기반 활동이 많아지고, 고객활동 및 고객정보가 데이터베이스로 기록되어지는 것이 수월해지면서 인터넷을 바탕으로 한 e-CRM이 등장하였다.

CRM은 고객과의 첫 만남에서 헤어짐에 이르는 전 과정에서 기업과 고객의 관계강화를 목표로 하며, 이를 구체적으로 나타내면 [그림 10-4]와 같다.

[그림 10-4] CRM의 과정

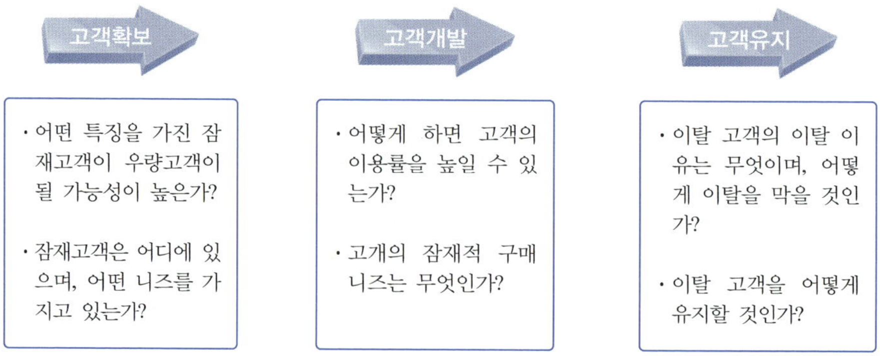

기업이 장기적인 관점에서 기존 사업의 성과를 높이기 위해서는 [그림 10-5]와 같이 고객수 증대, 고객생애가치(LTV-Lifetime Value), 고객확보/유지비용 감소라는 다양한 차원에서 CRM의 성과를 필요로 하는데, LTV(고객생애가치)는 고객의 거래 건수 × 고객의 거래단가(매출액/거래건수) ×고객의 거래기간을 통해 산정된다. 고객 1인당 LTV를 높이기 위해서는 교차판매(Cross Selling), 추가판매(Upselling), 고객유지의 3가지 핵심활동이 필요하다.

[그림 10-5] CRM의 성과

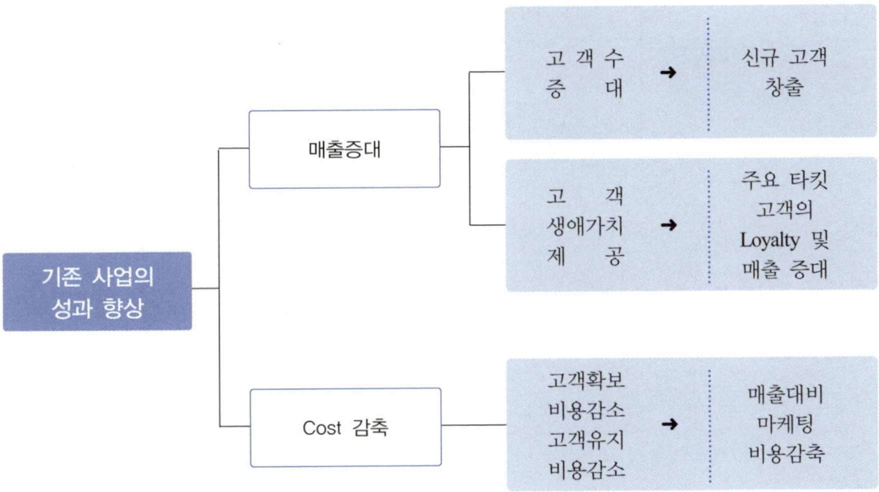

e-CRM은 인터넷상에서의 CRM이며, 고객에 대한 이해와 접근방식은 일반적인 CRM과 동일하나, 고객정보의 획득 및 커뮤니케이션 방법(비용이 저렴한 인터넷, 이메일등 사용)에 있어서는 차이를 지닌다고 할 수 있다. 따라서 e-비즈니스의 핵심이 되는 가치 네트워크, 특히 고객 네트워크를 효과적으로 관리하기 위해서는 e-CRM이 필수적이다. 이와 같은 e-CRM의 기초는 결국 고객 데이터이며, 데이터는 지속적으로 정제/보완 및 갱신되어야 한다.

[그림 10-6] 고객 데이터의 내용

- **내부데이터**
  - 기초 인적 데이터
    - 고객 리스트, 신청서, 제품, 보증서 카드
  - 접촉 / 반응 데이터
    - 인터넷 : 쿠키, Web Log, 클릭스트림
    - 거래정보 : 주문, 구매이력, POS데이터, 통장, ATM, 신용카드 거래내역
    - 문의 / 불만정보 : 콜센터, AS조직
  - 접촉 / 반응 데이터
    - 서베이 데이터, 패널 데이터, 직접반응, 광고 데이터
- **외부데이터**
  - 직접 입수 데이터
    - 타기업 고객정보 : 제휴를 통한 타기업 고객정보 공유
    - 전문공급업체 : 회원명부, 센서스 자료, 라이프스타일 자료 등
  - 제휴 활용 데이터
    - 정보 중개자의 정보간접 활용
    - 제휴를 통한 타기업 고객 정보 간접 활용

제11장

온라인 광고시스템

학습목표

- 온라인 광고의 개념을 이해한다.
- 온라인 광고의 특성을 파악한다.
- 온라인 광고의 유형을 알아본다.
- 온라인 광고효과 측정방법을 알아본다.

관련기사

2020년 온라인 광고 비중 50% 돌파, 디지털 역량 갖춘 '광고 한류' 기대

2020년 온라인 광고비, 방송·인쇄 등 전통 매체 광고비 앞서 광고비 비중에 걸맞는 업계 역량 갖춘 '광고한류' 기대

매년 두 자릿수 성장률을 기록하며 승승장구하고 있는 온라인 광고비가 2020년엔 드디어 전체 광고비의 절반을 넘어설 전망이다.

과학기술정보통신부와 한국방송광고공사에서 매년 발표하고 있는 '방송통신광고비 조사보고서'(2019년 12월)에 따르면 2020년 온라인 광고비는 7조3890억으로 총 광고비 14조5077억의 50.9%를 차지할 것으로 예상된다.

온라인 광고가 방송, 인쇄, 옥외 등 전통 매체 광고비를 다 합친 것보다 더 많은 시대가 열린 것이다.

온라인 광고비는 지난 2016년 방송 광고를 제치고 매체 카테고리에서 선두에 오른 후 2020년엔 격차를 2.4배 가까이 벌릴 것으로 예측 돼 광고 시장에서 독보적 위치를 이어가고 있다.

거의 100%에 이르는 스마트폰 보급과 사용 시간의 확대로 촉발된 모바일 광고의 폭풍 성장(2014년~2020년 연평균 성장률 35.4%, '방송통신광고비 조사 보고')이 그 바탕이 되고 있다.

온라인 광고의 독주는 소비자의 매체 접촉 행태 변화에 따른 당연한 결과다.

TV 프로그램이나 신문 기사조차 각각의 고유 매체보다 인터넷이나 모바일 기기를 통해 보는 빈도가 많아지고 있을뿐 아니라 이제는 이를 대체할 자체 콘텐츠가 넘쳐나고 있으니 광고가 이런 트렌드를 놓칠 리 없다.

여기에 타깃팅(Targeting), 트래킹(Tracking), 상호작용성(Interactivity) 등 온라인 미디어의 고유 속성이 광고 효율의 비교 우위를 제공해 날개를 달아주고 있다.

온라인 광고는 5G, AI, 빅 데이터 등 4차 산업 테크놀로지의 고도화와 맞물려 지속적으로 진화하고 있다. 데이터 기반의 최적화된 맞춤 솔루션과 브랜딩에서 구매까지 이르는 원스톱(One-Stop) 플랫폼의 활성화 등에 힘입어 예전엔 경험해보지 못한 마케팅 환경을 만들며 앞으로도 상당 기간 광고 시장을 끌어갈 것으로 보인다.

온라인 광고가 전체 광고비의 절반을 넘어선 만큼 업계 역량과 여건도 이에 견줄 수 있는지는 뒤돌아봐야 한다.

지금 온라인 업계에서는 '구직난 속에 구인난'이라는 말이 나돌 정도로 디지털 지식과 경험을 갖춘 전문 인력의 부족을 호소하고 있다.

부분적 요소이긴 하지만 매체별 광고 종사자 중 온라인 종사자 수가 12% 수준에 불과한 현실이 이를 뒷받침해 주고 있다.

온라인 광고가 '온라인'이라는 미디어 특성이 강조되다보니 시스템과 테크놀로지가 부각되고 역설적으로 휴먼 소스(Human Source)에 대한 투자에는 소홀 했다는게 중평이다.

날로 중요성이 부각되고 있는 통합 광고 캠페인에서도 온라인이 중심 역할을 제대로 하기 위해서는 온라인뿐만 아니라 크로스미디어(Cross-Media)적 통찰력을 바탕으로 크리에이티브를 펼칠 수 있는 인적 역량이 강화돼야 한다.

신규 인력의 유입 확대는 물론이고 기존 전통 매체 담당자의 재교육을 통한 전환 등 온라인 광고의 인적 기반을 넓히기 위한 업계와 학계의 공동 노력이 절실해지는 대목이다.

온라인 광고는 '롱테일 법칙'이 적용되는 대표적인 산업이다. 몇몇 대형 포털과 외국계 사업자, 대기업 계열사 등이 주축인 플랫폼 사업자를 제외하면 중·소형 독립 업체가 근간이 돼 움직이는 시장이다.

따라서 이들 독립 업체들이 공정한 경쟁의 룰 아래서 창의성을 바탕으로 자유롭게 경쟁하고 다양한 합종연횡을 통해 시장 기회와 사업 시너지까지 발휘할 수 있는 환경과 여건조성도 놓치지 말아야한다.

국내 광고 시장의 맏이로 급성장한 온라인 광고가 이에 걸맞는 역량을 갖추고 우리나라가 하드웨어에서 이룬 ICT 강국의 이미지를 발판 삼아 세계 무대에서도 빛을 내는 '광고 한류'의 주역이 되길 기대해 본다.

자료 뉴데일리 경제(2020. 01.17)

1 온라인 광고의 개념

온라인 광고는 인터넷이라는 통신매체를 통해 행해지는 광고 활동 전반을 의미하며, 이는 보편적으로 배너광고뿐만 아니라 이메일 광고, 도메인 광고, 키워드 검색 광고 등 인터넷 상에서 기업 및 상품 정보전달과 관련된 모든 행위를 포함한다.

인터넷 광고의 환경에 따른 형태 구분을 자세히 보면, 첫째, 웹 방식은 제품이나 서비스에 대한 광범위한 정보를 소비자들에게 제공하고, 광고자와 소비자 간의 쌍방향 정보교환을 가능하게 하는 방식이다. 둘째, 전자우편(E-mail) 방식은 전자우편을 통해 광고 메시지를 전달하는 방식이다. 셋째, 대화방(IRC : Internet Relay Chat) 방식은 대화방의 토론 참여자들과의 대화를 통한 광고 메시지 전달 및 의견수렴 방식이다. 넷째, 유즈넷(Usenet) 방식은 공통 관심사를 가진 사람들의 지식 공유를 위한 유즈넷을 이용해 광고 메시지를 전달하는 방식이다. 다섯째, 배너(Banner) 광고 방식은 광고 수용자들이 클릭을 함으로써 다른 특정한 웹 사이트로 이동시키는 것을 주요 목적으로 하는 광고방식이다.

인터넷은 디지털 기술을 바탕으로 한 멀티미디어 기술이며, 소비자와 기업 간의 쌍방향 커뮤니케이션이 가능한 미디어이자 모든 사용자가 온라인으로 연결된 네트워크형 멀티미디어이다.

인터넷 광고는 인터넷을 통해 이루어지는 모든 마케팅 커뮤니케이션 활동을 포함하는 개념이다. 현재 인터넷 광고가 폭발적으로 증가하고 있으나, 인터넷 광고 전략 수립은 기존의 대중매체를 이용한 광고를 지원하는 정도로 이해되는 수준이다.

인터넷 광고를 정의하자면 인터넷 광고는 인터넷 환경을 이용하여 다양한 기업 정보 및 제품 정보를 제공하는 인터넷 마케팅 활동 중 하나이다. 넓은 의미에서는 기업이나 조직체가 인터넷을 이용하여 행하는 소비자와의 일련의 커뮤니케이션 활동을 포함한다.

특히 홍보를 목적으로 웹사이트를 구축하여 각종 기업의 정보소개, 고객관리, 제품소개, 각종 이벤트 프로모션, 상거래 등의 인터넷 마케팅 커뮤니케이션 활동을 전개하는 것을 포함한다.

좁은 의미로 보면 특정 웹사이트에 소리 모양의 광고용 배너를 개재하여 배너 클릭을 통해 자신의 웹사이트로 이동시키거나, 검색엔진이나 다른 사이트에 자신의 사이트를 하이퍼링크 시키고, 매체에 광고비용을 지불하는 광고활동을 말한다.

구매자와 판매자 간의 거래를 촉진시키기 위해 정보를 제공하는 행위를 광고라 하며, 광고에는 일반 대중을 대상으로 한 단방향성 광고, 광고 효과를 더욱 높이기 위해 시도된 텔레마케팅 등의 일대일 광고와 고객이 광고주 또는 광고와 직접적으로 상호 작용하는 것을 가능하게 하는 쌍방향 광고 등을 들 수 있다. 웹의 등장 이후, TV, 신문, 잡지, 라디오의 4대 미디어와 함께 온라인 광고가 새로운 정보 전달 수단으로 떠올랐다.

2 온라인 광고의 특징

온라인 광고의 장점은 다음과 같다.

- 24시간 365일 광고 가능
- 지역에 제한을 받지 않음
- 소비자의 특성에 따른 시장 세분화가 용이함
- 일대일 광고가 가능함
- 멀티미디어 및 가상현실감을 이용한 효과적인 광고기법 구사 가능함

- 텔레비전이나 신문, 라디오와 달리 최소의 비용으로 컨텐츠의 제작, 수정, 갱신 등이 용이함
- 광고를 보는데 따른 시간이나 내용의 제한 없음

온라인 광고는 다음과 같은 단점을 가진다.

- 시장의 크기를 측정하기 어려움
- 광고효과를 측정하는 측정기준에 대한 표준이나 방법이 모호함

온라인 광고의 가장 큰 장점은 개인의 특성에 기반 한 개인 특화된 광고가 가능하다는 것이다. 포레스트 리서치는 인터넷 광고를 실시한 미국의 52개의 기업을 대상으로 웹 광고를 통해서 주로 얻고자 하는 효과가 무엇인지를 조사한 결과, 고객과의 관계 강화, 측정 가능성, 속도 등이 중요하게 생각하는 효과로 나타났는데, 이는 앞서 열거한 인터넷 광고의 특성을 광고주들이 제대로 안다는 것을 의미하며, 광고주들이 온라인 광고를 통해 광고 노출에 의한 인지도 제고보다는 고객에 대한 빠른 정보 전달과 관계 강화를 기대한다는 것을 시사한다.

3 온라인 광고 유형

(1) 매체대행 광고

광고대행사를 통한 매체의 판매가 이루어지는 온라인 광고의 가장 일반적인 형태로는 배너 광고가 있다. 지금까지 인터넷상의 광고 대부분이 배너 중심의 광고형태를 이루며, 인지도 제고 및 Click Through를 유도하는 가장 효과적인 광고형태로 앞으로도 계속해서 그 위치를 고수하겠지만, 점차 협찬광

고와 틈새광고의 시장점유율도 증가하는 추세에 있다.

① 배너광고

배너 광고는 직사각형 띠 모양의 공간에 게재하는 방법으로 보통 다른 웹 컨텐트와 링크되도록 구성되는데, 클릭할 경우 특정 사이트의 홈페이지 초기 화면으로 들어가도록 만들어진 것이 일반적이다. 배너 광고는 온라인 광고의 시초로서 인터넷 마케팅의 발전을 가속화해 왔으나 크기의 제한으로 인해 카피 한줄과 회사 로고 정도로 공간이 채워지게 되므로 표현상의 제약이 있다. 동적인 배너나 비디오 클립이다 음성을 동원한 배너 광고도 등장하였다.

배너 광고에는 그 표현형태에 따라 정적인 배너, 애니메이션 배너, 상호작용성 배너가 있으며, 광고 게재 사이트에 따라 배너를 싣게 되는 위치가 좌우, 상단, 중단 또는 하단으로 각각 다를 수 있으므로 효과성을 고려하여 효과적인 매체 운용을 해야 한다.

② 키워드 검색 광고

키워드 검색 광고는 야후, 구글, 오버추어 등의 검색 사이트에서 사용되어 진다. 광고주들의 광고가 관련된 키워드가 검색될 때마다 검색 페이지에 이미 입찰된 광고비에 따라 정렬된다. 즉 입찰된 금액이 크면 리스트의 상단에 위치하게 된다. 키워드 검색광고는 포털의 수익성을 강화하였고, 구글의 바코드 검색, 어스 검색 등의 검색 모델도 등장하였다.

③ 플래쉬 광고

플래쉬 광고는 온라인 에니메이션 툴에 비디오 스트림 기술을 활용한 새로운 광고 기법으로 광고가 삽입된 짧은 영상물을 고객에게 노출시키는 방법이다. 기존의 TV와 같은 영상매체에 비해 상대적으로 광고 및 제작 비용이 낮은 반면 한 영상파일 안에 여러 가지 내용을 담을 수 있고 광고 내용을 쉽게 변경할 수 있어 많은 광고주들이 선호한다. 또한 소비자의 관심을 집중시키고, 고객에도 브랜드 인지도를 높이는 등 기존 단순 영상물이나 정적 및 동적 배너를 활용한 광고보다 광고 효과가 좋다.

4 온라인 광고 전략

인터넷에서의 광고에 있어서도 다양한 전략적 모색이 가능하다. 따라서 본 절에서는 먼저 온라인 광고의 디자인에 있어서의 고려 사항들과 다양한 전략 기법들을 알아보고 이들 전략의 구현을 위한 기법들을 소개하고자 한다.

① 배너 교환

맴버들 간에 배너를 서로 교환하고 자신의 웹사이트에 다른 맴버들의 배너를 올려 주는 방식인 배너 교환광고기법을 활용한 온라인 광고는 비용대비 효과가 상대적으로 높다는 장점을 가진다.

배너광고는 고객에게 효율적으로 기업이 전달하고자 하는 마케팅 메시지를 담아내는 광고매체이기 때문에 초기 배너광고를 게재할 때 배너광고를 토대로 얻고자 하는 목적을 정확히 설정한 후에 광고전략을 전개해야 효과측정에 관한 기준이 명확해진다.

배너광고의 효과측정은 노출과 클릭에 의한 효과측정이 일반적이며 노출효과의 경우 배너광고가 사용자에게 노출되어 회사의 브랜드나 서비스 인지도 등의 효과를 얻고자 하는 경우이며, 이러한 경우 배너에 고객에게 온・오프라인의 매체를 통한 브랜드 아이덴티티를 동일하게 설정하거나 애니메이션이나 크리에이티브한 카피를 통해 고객에게 소구해야 한다.

체계적인 배너 광고집행을 위해서 광고를 게재하고자 하는 사이트가 얼마

만큼의 방문자를 확보하고 있으며 어느 정도의 페이지뷰를 게재하는 것이 적당한지를 사전에 파악하여 배너광고를 게재한 후 배너광고의 효과감소에 따른 분석을 실시해야 한다.

배너광고의 효과감소는 광고매체가 감당할 수 있는 능력 이상의 배너광고를 게재할 경우 배너의 과다노출에 의한 광고효과가 떨어지게 된다. 이러한 경우 광고매체의 1인당 페이지뷰수와 방문자수를 계산하여 CTR를 계산해 내야 한다. 예를 들어 1일당 10만 페이지뷰, 방문자수 2만의 사이트에 매일 5만 페이지뷰의 배너광고를 계속적으로 게재하는 경우 사이트의 능력으로 감당할 수 없기 때문에 CTR은 하락하게 된다.

배너광고의 매체 선택이나 게재배너 선택을 위하여 카피나 소구방법, 타깃 대상, 매체의 특성에 따라 배너를 제작하여 각각의 배너의 사용자 반응을 토대로 CTR을 측정하여 각각의 타깃에 맞는 배너선택 및 매체를 선택할 수 있다.

② 링크 교환

링크 교환은 웹 방문자들을 공유하는 방법이다. 상대적으로 규모가 작은 웹사이트들 간에 트래픽을 증가시키고 링크를 홍보하기 위해 사용되는 기법으로 배너 교환에서처럼 배너대신 링크를 멤버 사이트들 간에 교환하는 기법이다.

5 온라인 광고 효과 측정과 가격모델

(1) 온라인 광고 효과 측정

로그분석은 인터넷 수익모델의 대부분을 차지하고있는 인터넷 광고에 대한 효과분석을 하기 위한 중요한 도구로 인터넷 광고업체는 광고에 태그(TAG)를 삽입하거나 애드서버의 고객 로그데이터를 분석하여 광고에 대한 효과측정의 근거자료로 활용할 수 있다. 이러한 광고효과 측정데이터는 광고

단가를 설정하는 기준이나 광고주를 설득하는 객관적인 자료로 활용된다.

① **히트수**

히트는 가장 기초적인 효과 측정 데이터로서 클라이언트와 서버 간의 접촉 기록을 표시하는 단위이다. 이는 접속자가 특정 웹사이트를 접속할 때 해당 사이트의 서버로부터 일정시간 동안 웹 사용자들에게 보내지는 파일의 수를 측정하는 방법이다.

② **브라우저수**

웹사이트에 접속한 컴퓨터의 수를 측정한다. 측정이 용이하긴 하지만 컴퓨터의 수가 곧 방문자의 수가 될 수는 없다. 그러나 실제로 방문자의 수를 측정하는 것이 기술적으로 불가능하기 때문에 많이 사용되었다.

③ **클릭수**

클릭수는 사용자가 광고주에게 추가정보를 요청하기 위해서 배너광고를 클릭하는 횟수를 말한다. 클릭수는 사용자의 능동적인 행위를 나타내는 것으로 최소한 광고에 대한 주목과 광고 페이지로의 이동을 보증해주는 지표이다.

클릭 효과의 경우 사용자가 배너광고를 클릭하여 자사를 방문하여 회원으로 가입하거나 상품을 구매하도록 유인하는 경우이며 방문객의 확대, 상품에 관한 상세정보 제공, 구매고객 확보 등의 직접적으로 수익과 연관된 경우가 많다. 이러한 경우 클릭을 유도하기 위하여 고객들에게 이득이 될만한 경품이나 이벤트 형태의 기획을 통하여 한정성, 모호성, 의문형 등의 카피로 고객들에게 소구해야 한다.

④ Page View & AD View(Impression)

Page View와 AD View는 방문객들의 대상으로 하는 효과측정 단위로 많이 활용되며 Page View는 배너가 있는 페이지의 다운로드 횟수를 의미하고 AD View는 배너가 브라우저에 다운로드되는 횟수를 의미하며 임프레이션(Impression)이라고도 한다.

Page View와 AD View는 광고가 방문자들에게 노출되어 각인되는 기존 오프라인 광고방식의 원리를 이용하여 일반적으로 배너광고를 측정하는 기준으로 많이 활용되고 있다. 그러나 Page View와 AD View는 사용자의 캐쉬(Cash)나 프록시 서버(Proxy Server)를 통하여 사이트를 방문하는 경우 수치가 왜곡될 수 있는 단점이 있다.

⑤ Visitor & Session

Visitor 웹사이트를 접속하여 일정한 기간동안(보통 30분을 기준)의 일련의 행동을 보인 사용자를 분석하기 위한 단위이다. Session은 한 방문자가 특정 웹사이트에 접속해서 연속적으로 페이지를 본 후 다른 사이트로 이동하는 일련의 과정을 말한다.

Visitor &Session은 실질적인 방문자를 기준으로 한 광고측정이기 때문에 Page View보다 유용한 결과를 얻을 수 있다. 이러한 Visitor & Session 쿠키나 사용자 인증을 통하여 개인 맞춤형 광고나 객관적인 광고를 집행할 수 있다.

(2) 온라인 광고의 가격모델

① CPM(Cost-per-Mill)

CPM은 주어진 기간동안 임프레션(Impression) 횟수를 보증하는 광고가격 모델로, 예를 들어 사이트의 배너당 $15,000이고, 배너에 600,000 임프레션을 보장하는 웹사이트의 CPM 가격은 $25가 되는 것이다(Total Cost / Total Impression*1000으로 계산). CPM 가격모델은 특정사이트를 방문한 사람들에게 노출되는 횟수를 세는 단순한 방식이기 때문에 광고주들에게 광고에 대한 고객

행동 데이터를 확보하는데 제한적인 한계가 있다.

② CTR(Click-Through-Rate)

사용자가 배너를 보고 클릭하여 광고주의 사이트를 방문한 경우를 계산하는 방식으로 1996년 1월에 P&G(Procter & Gamble)가 단순히 배너의 노출횟수가 아닌 실제로 배너를 클릭하여 자사의 사이트로 들어오는 방문자들을 기반으로 광고가격을 산출하면서 일반적으로 사용되기 시작했다.

카카오톡 '톡보드' 효과 톡톡…"모든 광고주에 곧 오픈" CASE

카카오가 제한적으로 도입한 카카오톡 채팅목록 광고(톡보드)가 좋은 성과를 기록해, 조만간 오픈 베타를 통해 모든 광고주가 자유롭게 이용할 수 있는 광고 플랫폼으로 진화한다.

카카오 대표는 2019년 2분기 실적발표 컨퍼런스콜에서 "지난 5월 카카오톡 톡보드의 비공개 테스트를 시작해 매일 카톡을 이용하는 4천만 이용자를 대상으로 비즈니스 플랫폼으로서의 카톡의 가능성을 새롭게 선보였다"며 "톡보드는 국내 모든 매체를 통틀어 가장 많은 사람들이, 가장 자주 사용하는 공간에 위치한 만큼 다양한 광고주들의 많은 관심을 받고 있다"고 말했다.

이어 "데이터와 이용자 의견을 기반으로 노출 이용자, 횟수, 위치, 타깃팅 및 최적화 알고리즘을 테스트하며 단계적으로 적용범위를 확대해 나가고 있다"면서 "6월부터는 커머스, 패션, 뷰티, 리테일, 금융, 교육, 영화와 같은 주요 업종 300개 광고주를 대상으로 톡보드 집행 권한을 확대 중이고, 성과지표를 분석해 플랫폼 성능을 지속 개선 중"이라고 덧붙였다.

카카오톡 대표는 카카오톡 톡보드 초기 성과와 광고주들의 뜨거운 관심을 기반으로 모든 광고주가 톡보드를 자유롭게 이용할 수 있는 공개 서비스를 조만간 시작한다는 방침이다.

카카오톡 대표는 "근래 TV를 보는 이용자가 급격히 줄고 있고, 온라인 사용 시간 증가에 따라, 더욱 효율적인 온라인 광고에 대한 광고주의 수요가 나날이 확대되고 있다"며 "카카오는 광고주로 하여금 모바일에서의 새로운 이용자 경험에 맞는 비즈니스 솔루션을 발전시켜 나갈 것이다. 이를 위해 카카오의 광고 플랫폼인 모먼트를 통해 모든 광고주가 톡보드를 자유롭게 이용할 수 있도록 톡보드의 오픈 베타를 곧 시작할 예정"이라고 말했다.

CASE 카카오톡 '톡보드' 효과 톡톡…"모든 광고주에 곧 오픈"

비즈보드(톡보드)

카카오의 2분기 연결 매출은 7천330억원, 영업이익은 405억원, 당기순이익은 310억원을 기록했다. 매출은 전분기 대비 4%, 전년 동기 대비 24% 증가했다. 영업이익은 전분기 대비 46%, 전년 동기 대비 47% 올랐다. 당기순이익 역시 각각 76%, 38% 상승했다.

플랫폼 부문 매출은 전분기 대비 4%, 전년 동기 대비 30% 증가한 3천268억원을 기록했다. 톡비즈 매출은 카카오톡 내 광고 인벤토리 확대, 메시지 광고의 지속적 성장으로 전 분기 대비 9%, 전년 동기 대비 42% 증가한 1천389억원으로 집계됐다.

ZD NET KOREA(2019. 08. 08)

③ CPA(Click-Per-Action)

CPA는 배너광고를 클릭하여 방문자가 광고주가 요구한 실제적인 행동(회원등록 / 구매 / 리서치 등)을 기준으로 계산하는 방식으로 하는 광고비 지출을 통한 실제 매출액과 연관되기 때문에 최근 많이 활용되고 있는 가격산정방식이다.

6 키워드 광고

키워드 검색 광고는 불특정 다수에게 광고를 노출시키는 것이 아니라, 광고주가 원하는 키워드로 검색했을 때에만 광고를 보여줌으로써 광고주의 서비스를 이용할 가능성이 높은 잠재고객에게만 광고를 보여주는 타깃화된 광고 기법이다.

즉 특정 검색어에 대한 검색 결과에만 노출되는 광고로서, 기존의 배너광고가 클릭률이 낮은 반면, 관심 있는 네티즌에게만 노출됨으로써 클릭률이 높고, 저렴한 비용으로 광고를 할 수 있으며, 전문 포털사이트를 통한 마켓 선점효과, 다양한 활용성 등으로 인해 소액 광고주들에게 효율적이라는 평가를 받고 있다.

최근에는 키워드 검색 광고가 아닌 일반 사이트 등록만으로는 검색결과에서 상위에 노출되기가 어렵다. 검색 엔진에서는 첫 페이지 상위에 노출되는 것이 절대적으로 중요하다는 점과 쇼핑몰에서 검색 엔진으로부터 유입된 고객의 비중이 가장 크다는 점을 감안하면 키워드 검색 광고는 필수 마케팅 트렌드로 볼 수 있다.

(1) 키워드 광고의 업무 프로세스

키워드 광고의 업무 프로세스에 관련되는 곳은 크게 4군데이다. 먼저 광고비 지불하고 키워드를 구매하는 광고주가 있고, 오버추어, 구글 등 키워드 광고 검색 엔진을 제공하는 서비스업체가 있으며, 그밖에 네이버와 다음 같은 포털 및 영업 대행을 맡는 광고대행사 등이 참여한다. 이들 네 참가자 사이의 업무 관계를 설명하면 다음과 같다.

- 광고주 : 광고주는 오버추어나 구글 애드워즈 등의 검색광고 서비스업체에 자신의 계정을 만들어야 한다. 그리고 자신이 원하는 키워드들을 구매하고 그에 맞는 광고 문구를 작성한 후 자신의 사이트를 연결 페이지로 등록한다.
- 키워드 광고 서비스업체 : 오버추어나 구글 등 서비스업체는 네이버와 다음 등의 포털과 제휴를 맺어 검색페이지 최상단에 검색 광고를 노출할 자리를 확보한 후 다양한 키워드를 광고주들에게 판매한다.
- 포털 : 자신의 검색페이지에 광고할 자리를 마련해서 오버추어나 구글 등의 키워드 광고 서비스업체와 판매계약을 하는 한편 포털 이용자가 키워드 검색을 할 경우 검색 결과 페이지 상단에 광고들을 노출한다.
- 광고대행사 : 광고대행사는 키워드 광고 서비스업체를 대신하여 광고주를 모집하는 영업 행위를 하고 이들로부터 10~15%의 대행수수료를 받는다. 또한 키워드 광고를 효과적으로 진행하려면 상당 수준의 노하우가 필요하기 때문에 광고주들은 광고대행사에게 의뢰를 해서 광고 전략을 짜고 집행하게 하는 경우가 많다.

(2) 키워드 광고의 특징 알아보기

첫째, 세분화된 타깃팅이 가능하다. 키워드 광고는 현존하는 인터넷 광고 기법 중 가장 세분화된 타깃팅이 가능한 광고 수단이다. 고객이 해당 상품에 대한 가격 정보, 상품 정보, 판매처 정보를 얻기 위해 관련 단어를 네이버와 같은 포털사이트에서 검색할 경우, 해당 업체는 자신의 웹사이트의 URL주소와 자신의 사이트를 소개하는 간단한 설명문구를 제공함으로써 구매 가능성이 높은 고객을 사이트로 끌어들일 수 있다.

둘째, 클릭률이 높은 광고이다. TV나 라디오 광고의 경우 소비자가 광고에 노출된 이후, 광고를 인지하였는지 측정하기 위해서는 '설문조사' 등의 과정을 거쳐야 한다. 그러나 인터넷 광고는 소비자가 광고에 노출된 이후 '클릭'을 통해 해당 광고주 사이트를 방문하기 때문에 광고 노출수 대비 사이트를 방문하는 비율을 측정할 수 있다.

셋째, 저렴하게 운영할 수 있는 광고이다. 국내 인터넷 광고기법은 크게 '키워드 광고, 배너 광고, 이메일 광고, 제휴 마케팅 광고' 등으로 구분할 수 있다. 이 가운데 최소 월 1만원부터 시작할 수 있는 광고로는 키워드 광고가 유일하다.

네 번째, 다양한 대안 마련이 가능한 광고이다. 배너나 이메일과 같은 광고상품에서 광고주가 선택할 수 있는 항목은 '어떤 포털사이트의, 어떤 광고 지면에 언제까지 얼마의 비용을 지불할까'로 요약할 수 있다. 하지만 키워드 광고의 경우에는 이런 4가지 항목 이외에 '어떤 키워드를 선택할 것인가'라는 판단 항목이 하나 더 존재한다. 따라서 다른 광고보다는 다양한 선택을 할 수 있다는 장점이 있다.

연관 키워드란? CASE

가령 호텔을 검색한 사람이 다음과 같은 패턴으로 검색했다고 가정하자. '호텔〉숙박〉하얏트호텔〉호텔예약〉잠자리〉호텔', 이런 경우 네이버의 키워드 추천 서비스는 이러한 검색 DB를 모두 통계 내어 해당 검색어를 고객이 이후에 검색한 검색어가 무엇이며 어느 정도 연관성이 있는지를 분석하게 된다.

자료 : www.overture.co.kr

다섯째, 키워드 광고를 둘러싼 경쟁 심화되고 있다. 일반 기업도 키워드 광고를 이용하기는 하지만, 주로 개인 쇼핑몰이 키워드 광고를 이용한다. 인터넷 쇼핑몰 창업 현황을 살펴보면 현재 광고를 운영하고 있는 광고주들은 얼마나 되는지 앞으로 얼마나 더 추가고 유입될 것인지를 예측할 수 있다.

(3) 오버추어 광고

오버추어의 Pay-For-PerformanceTM 검색 광고란 인터넷 이용자가 선택한 검색어와 본인이 선택하신 키워드가 일치할 경우, 오버추어 파트너사 사이트의 검색결과 페이지 상단에 이용 희망사의 사이트가 보여지게 되므로 엄선된 타깃 고객을 귀사의 사이트로 유도할 수 있는 가장 효과적인 방식의 인터넷 광고이다.

또한 고객이 이용 희망사의 사이트에 방문을 했을 경우에만 클릭당 광고비를 지불하므로 저렴한 광고비용으로 최대의 투자수익률(ROI : Return on Ivestment)을 창출할 수 있다.

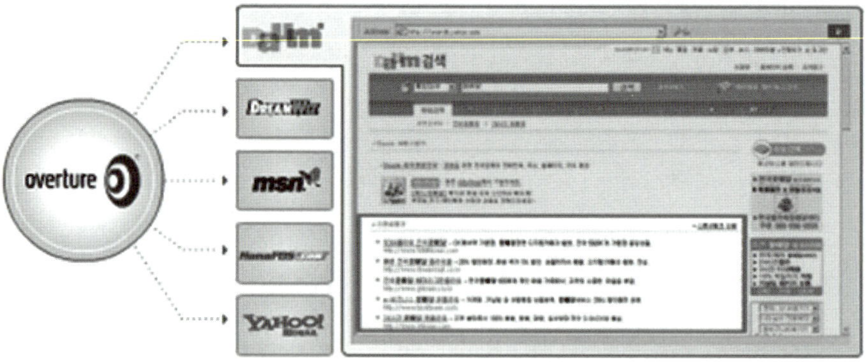

부 록

1. 관광 관련 웹사이트
2. 국가정보화 기본법률

1 관광 관련 웹사이트

■ 세계의 관광청

(1) 유 럽

그리이스관광청 http://www.gnto.gr
네덜란드관광국 http://www.visitholland.com
노르웨이관광청 http://www.visitnorway.com
덴마크관광청 http://www.dt.dk
독일관광청 http://www.germany-tourism.de
러시아관광청 http://www.russia-travel.com
루마니아관광청 http://www.turism.ro
룩셈부르크관광청 http://www.luxembourg-ville.lu
리투아니아 http://www.tourism.lt
모나코관광청 http://www.monaco-tourism.com
벨기에관광청 http://www.visitbelgium.com
스웨덴관광청 http://www.visit-sweden.com
스톡홀름관광청 http://www.stockholmtown.com
스위스관광청(한글) http://www.myswitzerland.co.kr
스칸디나비아반도관광청 http://www.goscandinavia.com
스페인관광청(한글) http://www.spaintour.com/korean/kspain.html http://www.tourspain.es
슬로바키아관광청 http://www.sacr.sk
슬로베니아관광청 http://www.slovenia-tourism.si
아이슬랜드관광청 http://www.icelandtravel.is
아일랜드관광청 http://www.ireland.travel.ie/home
스코틀랜드관광청 http://www.visitscotland.com/update
웨일즈관광청 http://www.tourism.wales.gov.uk
안도라관광청 http://www.turisme.ad
에스토니아관광청 http://tourism.ee
영국관광청(통합페이지) http://www.travelengland.org.uk
잉글랜드관광청 http://www.visitbritain.com
북아일랜드 http://www.northern-ireland.com
오스트리아관광청(한글) http://www.austria.or.kr/kotour.htm http://www.austria-tourism.at
비엔나관광청 http://info.wien.at

이탈리아관광청http://www.enit.it/uk
지브롤터관광청http://www.gibraltar.gi
체코관광청http://www.visitczechia.cz
크로아티아관광청http://www.htz.hr
터키관광청http://www.turizm.gov.tr
포르투칼관광청http://www.portugal.org/tourism
폴란드관광청http://www.polandtour.org
프랑스관광청http://www.maison-de-la-france.com
핀란드관광청http://www.travel.fi
헝가리관광청http://www.hungarytourism.hu

(2) 아시아 & 중동

네팔관광청http://www.hitechvalley.com/welcomenepal/index.htm
대만관광청http://www.tbroc.gov.tw
라오스관광청http://www.visit-laos.com
마카오관광청http://www.macautourism.gov.mo
말레이시아관광청http://www.mtpb.co.kr
몰디브관광청http://www.visitmaldives.com/intro.html
몽골관광청http://www.mongoliatourism.gov.mn
미얀마관광청(한글)http://www.myanmartour.net
부탄관광청http://www.kingdomofbhutan.com
브루나이정부홈페이지관광정보http://www.brunei.gov.bn
베트남관광청http://www.vietnamtourism.com
스리랑카관광청http://www.lanka.net/ctb
싱가폴관광청(한글)http://www.newasia-singapore.or.kr/index.htm
싱가폴관광청(한글)http://www.stb.com.sg
인도관광청http://www.tourindia.com
인도네시아관광청http://tourismindonesia.com
일본관광청(한글)http://www.jnto.go.jp/korean
중국관광청http://www.cnta.com
홍콩관광진흥청(한글)http://www.discoverhongkong.com/kor
캄보디아관광청(한글)http://www.cambodiatourism.co.kr
캄보디아관광청(한글)http://www.cambodia-web.net/camtourist
태국관광청(한글)http://www.tatsel.or.kr
태국관광청(한글)http://www.tat.or.th
티벳관광청http://www.tibet-tour.com
파키스탄관광청http://www.tourism.gov.pk

필리핀관광청http://www.tourism.gov.ph
레바논관광청http://www.lebanon-tourism.gov.lb
바레인관광청http://www.bahraintourism.com
사우디아라비아관광청http://www.saudiembassy.net
시리아관광청http://www.syriatourism.org
아랍에미리트관광청http://dubaitourism.co.ae
아제르바이잔미국대사관광정보http://www.azembassy.com
요르단관광청http://www.tourism.com.jo
이란관광청http://www.itto.org
이스라엘관광청(한글)http://www.israel.co.kr
이스라엘관광청(한글)http://www.goisrael.com
이집트관광청http://www.touregypt.net
키프로스관광청http://www.cyprustourism.org
터키관광청http://www.turizm.gov.tr
터키쉬 키프로스관광청http://www.trncwashdc.org/c000.html
팔레스타인관광청http://www.visit-palestine.com

(3) 미 주

캘리포니아관광청http://www.visitcalifornia.com
괌관광청(한글)http://www.welcometoguam.co.kr
라스베가스관광청http://www.klasvegas.com/lvcva/lvcva.htm
하와이관광청(한글)http://www.alohakorea.com
하와이관광청(한글)http://www.hawaii.gov/tourism
앵커리지관광국(한글)http://www.anchorage-alaska.co.kr
캐나다관광청(한글)http://www.travelcanada.or.kr
캐나다관광청(한글)http://www.travelcanada.ca/travelcanada/index.cfm
과테말라관광청http://www.guatemala.travel.com.gt
그레나다관광청http://www.grenada.org
도미니카관광청http://www.dominica.dm/tourism.htm
도미니카공화국관광청http://www.dominicana.com.do
마르티니크관광청http://www.touristmartinique.com
멕시코관광청http://www.mexico-travel.com
바하마관광청http://www.bahamas.com
버뮤다관광청http://www.bermudatourism.org
버진아일랜드(미국령)관광청http://www.usvi.net
버진아일랜드(영국령)관광청http://www.bviwelcome.com
브라질관광청http://www.embratur.gov.br

수리남관광청http://www.parbo.com/tourism
아르헨티나관광청http://www.sectur.gov.ar
아이티관광청http://www.haititourisme.com
자메이카관광청http://www.jamaicatravel.com
칠레관광청http://www.segegob.cl
코스타리카관광청http://www.tourism-costarica.com
파나마관광청http://www.ipat.gob.pa
페루관광청http://www.mitinci.gob.pe
포클랜드관광청http://www.tourism.org.fk
트리니다드토바고관광청http://www.visittnt.com

(4) 대양주

뉴질랜드관광청http://www.purenz.com/indexnz.cfm
북마리아나관광청(한글)http://www.visit-marianas.co.kr
솔로몬군도관광청http://www.commerce.gov.sb
타히티관광청http://www.tahiti-tourisme.com
통가(프렌치폴리네시아)관광청http://www.vacations.tvb.gov.to
피지관광청http://www.fijifvb.gov.fj
호주관광청(한글)http://www.eaustralia.or.kr
호주관광청(한글)http://www.aussie.net.au

(5) 아프리카

가나관광청http://www.africaonline.com.gh/Tourism
감비아관광청http://www.thegambia-touristoff.co.uk
기니관광청http://www.mirinet.net.gn/ont
남아프리카공화국관광청http://www.southafrica.net
모로코관광청http://www.tourism-in-morocco.com
모리셔스관광청http://www.mauritius.net
모잠비크정부홈페이지관광정보http://www.mozambique.mz/turismo
수단외무부홈페이지http://www.sudmer.com
세네갈관광청http://www.senegal-tourism.com
이디오피아관광청http://www.ethiopianembassy.org
잠비아관광청http://www.zambiatourism.com/travel
케냐관광청http://www.kenyaweb.com
탄자니아관광청http://www.tanzania-web.com
튀니지관광청http://www.tourismtunisia.com

■ 관광기업

(1) 여행사

한국명	사이트	주요 내용 및 업무
21세기관광	www.21ctour.co.kr	패키지여행상품
KBC여행사	www.ozi.co.kr	오지여행, 테마 여행전문
Q-travel	www.qtravel.co.kr	호주관광 전문 업체
SK여행사	www.sktour.co.kr	패키지여행상품, 이벤트
startravel	www.startravel.co.kr	외국인들을 위한 국내 city tour, 영어 일어 가이드 서비스 등
tour114여행사	tour114.co.kr	패키지여행상품
worldwide GSA	wgsa.co.kr	미주 전문
WTN	www.wtn.co.kr	패키지여행상품, 오늘의 HOT DEAL
가가투어	www.gagatour.com	패키지여행상품, 국제매너
가나여행사	www.iliketravel.co.kr	패키지여행상품, 할인항공권
가람여행사	www.karamtour.co.kr	패키지여행상품
가야여행사	www.kayatour.co.kr	국내외 여행,호텔 예약 안내 등
갤럭시투어	www.toursale.co.kr	패키지여행상품
경춘관광	www.kctour.co.kr	패키지여행상품, 항공/철도 예약
고고여행사	www.gogotour.co.kr	패키지여행상품, 정동진해돋이 및 설악산 열차관광등
골드투어	www.goldtour.co.kr	패키지여행상품, 최저항공권 예약
광남여행사	www.kwangjutour.co.kr	광주 소재, 전남지역 무조리조트 정기업체
교원여행	www.goworld.co.kr	패키지여행상품, 연수여행/교육적 프로그램
국제박람회여행사	www.icetour.co.kr	국제박람회 전문
국제여행사	www.kukjaetour.co.kr	패키지여행상품
국제연합여행사	www.besttour.co.kr	중국전문
국진월드투어	kukjin.co.kr	중국여행전문

한국명	사이트	주요 내용 및 업무
귀빈여행사	www.viptour.co.kr	광주 소재, 국내외 여행 상품, 할인항공권, 렌트카, 학교 MT
나라여행사	www.naratravel.com	캐나다전문여행사
나의여행	www.mytour.co.kr	자유여행, 허니문, 가족여행, 골프투어, 비즈니스 투어 서비스등
남강여행사	www.namkangtour.co.kr	국내외여행, 신혼여행, 졸업여행, 할인항공권, 여권비자 서비스안내
네스트투어	www.nesttour.co.kr	신혼여행, 테마여행, 할인항공권, 해외여행, 국내여행 전문업체
뉴질랜드레저관광	travel.to / nztour	뉴질랜드 전문
닥터트레블	drtravel.net	유럽, 인도, 지중해 등 세계여행정보, 항공권, 배낭여행, 패키지
대양여행사	daeyang21.co.kr	해외여행 및 신혼여행, 출장지원 전문업체
대주여행사	www.djt.co.kr	국내외신혼여행 비즈니스 에어텔, 여권비자, 할인항공권, 맞춤여행
대한여행사	www.koreantour.co.kr	광주 소재, 국내외 신혼여행, 할인항공권, 에에텔, 금강산 관광신청안내
더존여행사	www.thezone.co.kr	국내외 여행 상품
도원여행사	www.shangrila.co.kr	세계의 여행상품, 항공요금, 호텔정보, 철도패스, 예약안내
독일세계여행사	www.segye.euko.de	소그룹 전문, 독일 프랑크푸르트에 소재한 여행사로 유럽 전문
동국투어라인	www.tourline.com	경주 전문, 동국대학교 벤쳐 창업 보육센터 집중 육성 업체
두루투어	www.truetour.co.kr	종합 여행 상품
드림투어	dreamtour.co.kr	호주전문
드림플러스	www.dreampius.net	한글 / 영문 선택 가능, 사이버미팅(여행친구), 실시간예약제
디도여행사	www.welcome.to/ didotour	몽골 전문

한국명	사이트	주요 내용 및 업무
레인보우 여행사	rainbo.co.nz	뉴질랜드, 유럽, 호주, 남태평양.특수지역 여행, Asia Tips
로얄관광	www.royaltour.co.kr	인천 소재, 국내외 허니문, 항공권 배달업무 등
리워드에어마트	www.airmart.co.kr	출장 스케줄, 비자, 컨티키, 클럽메드, 허니문, 배낭여행, 항공권, 유레일 패스
마린투어	www.marinetour.co.kr	괌, 사이판, 필리핀 전문, PIC호텔, 클럽메드, 신혼여행안내
마스타투어	www.mastertour.co.kr	필리핀 현지 직영
마타하리여행사	www.matahari.co.kr	인도네시아 전문
만트래블	www.mantravel.com	프랑스, 유럽여행 전문, 프랑스현지 여행사
메트로여행	www.metro.co.kr	제주도 전문
명문여행사	mts.co.kr	할인항공권, 해외여행, 신혼여행, 성지순례안내
명품여행사	www.goodtour.com	패키지여행상품
모두 투어	modetour.co.kr	각 지역 패키지상품과 항공권안내, 환율정보, 여행약관
반도고속관광	myhome.thrunet.com/~bdts/	차량전세, 국내외 여행상품
배낭여행자네트워크	www.backpacker.net	국내외 여행정보, 여행준비, 여행담 소개
배재항공여행사	www.travelline.co.kr	국제조인트여행, 호텔팩, FIT
범한여행	www.redcap.co.kr	패키지여행상품, 인테넷카드
보라네트	www.boranet.com	항공권 실시간예약, 렌트카 및 호텔예약, 맞춤여행, 패키지상품안내
블루여행사	www.bluetravel.co.kr	배낭여행, 해외여행, 신혼여행, 어학연수, 할인항공권, 이벤트
비엔엠세계관광	www.mongolia.co.kr	몽골전문
사람과 여행	www.petra.co.kr	호주, 뉴질랜드, 피지, 타히티, 남태평양섬 전문
사이버여행사	cybertravelagency.com	동행자찾기, 여행기, 할인항공권, 호텔예약, 국내외 여행상품
싸이버여행사	www.ctn.co.kr	여행준비 및 여행상식 등도 소개하고 각 나라별 예약

한국명	사이트	주요 내용 및 업무
삼호관광	www.samhotour.com	미국 LA 소재 한인 여행사, 국가별 여행 패키지상품 소개
삼희관광	www.samhee.co.kr	국내외 패키지 상품, 기상정보, 환율정보
샤프여행사	www.sharptravel.com	항공, 호텔, 여행, 유통, 컴퓨터, 통신사업 등
새길여행사	newwaytour.co.kr	국내외 패키지여행, 배낭여행, 신혼여행, 여행준비안내
새로나여행사	www.koreatours.com	미국 거주 한인들의 모국방문 및 여행정보 수록
서울항공여행사	eurail.co.kr	유레일패스 한국 총판, 각국 철도 패스, 패키지여행상품, 항공권
서진항공여행사	seojin.bz.co.kr	대구 위치, 항공권, 신혼여행, 배낭여행, 워킹홀리데이, 패키지상품안내
설악파크여행사	www.sorakpark.com	설악지역 전문
세계로여행사	www.segyero.com	배낭여행, 할인항공권, 신혼여행, 세계여행정보
세방여행	www.globaltour.co.kr	패키지여행상품
세일여행사	www.seiltour.co.kr	패키지여행상품
수학여행아카데미	newtrip.co.kr	주제가 있는 수학 여행
스카이투어	www.skytour.co.kr	(주)역산관광
신선여행	www.singsingtour.co.kr	싱싱투어, 국내외 여행상품, 할인항공권, 골프투어 등
아주관광	www.ajutours.com	여행패키지, 여행정보
알프스여행사	www.alpstiur.co.kr	유럽알프스 지역 산악 전문, 하이킹, 스키,배낭여행 정보
에델여행사	www.edl.co.kr	패키지여행상품, 관광법규
에주투어	www.edutour.co.kr	배낭여행 전문
여행클럽	www.travel-com.net	맞춤여행, 국내외 여행상품, 할인항공권, 호텔, 콘도, 렌트카등
열린여행	opentour.co.kr	피지, 사모아, 타히티, 통가, 바누아투 등 남태평양의 섬나라 정보

한국명	사이트	주요 내용 및 업무
오네트투어	www.channelisrael.com	기도교, 가톨릭 성지 순례 프로그램
온누리관광	www.onnuritour.co.kr	울산소재, 군부대 입영자와 그 동행가족들을 위한 전용버스 운영
위더스관광	www.withustour.co.kr	인도차이나 전문, 베트남, 캄보디아, 라오스, 미얀마, 태국에 관한 정보제공
원여행클럽	www.wontc.co.kr	정기간행물, 추천사이트, 상품조회, 여행정보
월드(3W)투어	www.worldtour.co.k	패키지여행상품, 관광벤처기업
웹투어	www.webtour.co.kr	국내외 여행상품, 호텔, 콘도 등
이오스여행사	배낭여행.kr21.net	유럽 배낭여행 전문. 유럽 항공권, 유레일 패스, 호텔팩
이지투어	www.easytour.co.kr	여행정보, 여행상품, 이벤트, 여행소식, 교통정보, 여행지도
자유투어	www.jayootour.co.kr	광주광역시 소재, 패키지여행상품
조은세계여행사	www.good-tour.com	패키지여행상품, 러시아 카자흐스탄 우즈베키스탄 등 비자대행
죠이투어	www.joytour.co.kr	허니문, 에어텔, 성지순례, 배낭여행, 비즈니스, 맞춤여행 등
코리아트래블즈	www.koreatravles.com	한국관광협회중앙회 출자회사
코오롱고속관광	www.kolontour-uno.co.kr	패키지상품 소개 등
클럽메드	www.clubmed.co.kr	패키지상품 소개 등
타임머신세계여행사	www.timemachine.co.kr	패키지여행상품
토마스쿡	www.ThomasCook.com	세계의 대표적 여행사
투어몰	www.tourmall.co.kr	패키지여행상품, 이벤트,
투어시티	www.tourcity.com	여행상품, 세계여행정보, 해외호텔정보, 항공교통정보, 이벤트 등
투어제펜	www.tourjapan.co.kr	일본여행전문, 워킹홀리데이비자
투어플라자	www.tourplaza.com	항공권 경매, 여행패키지 판매 서비스, 여행 항공 정보

한국명	사이트	주요 내용 및 업무
티앤티클럽	www.tntclub.co.kr	패키지여행상품
푸른여행사	www.greentour.co.kr	레포츠 여행상품 전문
필투어	www.philtour.co.kr	필리핀 여행 전문
하나투어	www.hanatour.co.kr	국내외 여행상품, 국가별 역사, 교통, 출입국 관련사항, 팁 등
하얏트여행사	www.hyttour.co.kr	패키지여행상품
한남여행사	www.hannam.co.kr/	패키지여행상품
한라레저관광	www.hallaleisure.co.kr	제주 전문
한불관광	www.hanbultour.co.kr	패키지여행상품
한솔여행사	www.hansoltour.co.kr	패키지여행상품
한우여행사	travel-club.co.kr	일본여행 전문
한울안관광	www.singapore.co.kr/	싱가포르, 빈탄, 몰디브 전문
한주여행사	www.ktt.co.kr	패키지여행상품
한중여행사	www.hanjoong.co.kr	비즈니스 전문 여행사
한진관광	www.kaltour.com	KAL월드투어와 KALPAK의 패키지 투어
행운관광여행사	www.haenguntour.co.kr	패키지여행상품
허니문클럽	honeymoonclub.co.kr	섬, 리조트 전문
현대드림투어	www.hyundaitour.com	패키지여행상품
혜초여행사	www.hyecho.co.kr	세계오지탐험, 명산트래킹, 배낭여행

(2) 숙 박

한국명	사이트	주요 내용 및 업무
호 텔		
Hotels	hotels.co.kr	전세계 호텔 예약
경주콩코드호텔	www.concorde.co.kr	객실.식당,바 등 부가시설 안내, 예약 안내, 신라 민속촌, 기타 행사
낙산비치호텔	www.naksanbeach.co.kr	호텔 지도와 예약안내, 객실, 커피숍, 레스토랑 안내
노보텔앰배서더	ambassadors.co.kr	호텔위치와 소개 부대시설안내와 객실요금, 예약
로 얄	www.royal.co.kr	예약 및 시설 소개
롯 데	hotel.lotte.co.kr	5개의 롯데호텔 홈페이지, 특별 이벤트 소개
르네상스호텔	www.renaissance.co.kr	각종 부대시설과 객실의 소개, 예약 안내, 이벤트
리츠칼튼	www.ritz.co.kr	각종 부대시설의 영업시간, 이벤트, 예약 등
서 교	seokyo.aju.co.kr	예약 및 시설 소개
서울팔래스	www.seoulpalace.co.kr	예약 및 시설 소개
서울프라자	www.seoulplaza.co.kr	회사 소개,객실안내,요금안내,각종 부대시설의 이용 등 소개
세종호텔	www.sejong.co.kr	서울, 춘천의 세종호텔 지점 안내
소피텔앰배서더	ambassadors.co.kr	호텔위치와 소개 부대시설안내와 객실요금, 예약
쉐라톤워커힐	www.walkerhill.co.kr	호텔 소개 및 위치와 각종 부대시설, 멤버쉽
스위스그랜드호텔	www.swissgrand.co.kr	호텔 소개와 이달의 행사, 예약
신 라	www.shilla.samsung.co.kr	예약 및 시설 소개
아미가	www.amiga.co.kr	호텔 소개와 객실, 레스토랑을 소개, 객실 예약 안내
앰배서더	ambassadors.co.kr	노보텔앰버세더, 소피텔앰버세더의 홈페이지

한국명	사이트	주요 내용 및 업무
호 텔		
예다원	yedawon.co.kr	붉은 벽돌의 고풍스런 호텔, 한국식 정원
올림픽파크텔	www.parktel.co.kr	올림픽공원내의 위치, 객실, 식당, 연회장 안내
인터컨티넨탈	interconti.lg.co.kr	호텔 안내와 객실,서비스,레스토랑 안내
제주그린관광호텔	www.greenhotel.co.kr	제주공항에서 10분 거리, 1급 관광호텔, 객실 예약 안내
제주그랜드호텔	www.grand.co.kr	오라관광(주)의특1급 관광호텔, 예약, 교통관광, 이벤트, 날씨
하얏트	www.hyatt.com/pages/s/selrsa.html	서울 그랜드 하얏트호텔 소개
해밀톤 호텔	www.hamiltonhotel.net	이태원 소재, 약도, 객실, 요금안내
호텔나라	www.hotelnara.com	해외호텔 예약 전문서비스
호텔페이지	www.hotelpage.com	국내외 호텔 예약, 여행정보, 관광관련 취업
현대호텔	www.hyundaihotel.com	울산, 경포대 호텔의 홈페이지
힐튼호텔	www.hilton.com/hotels/SELHITW/index.html	서울 힐튼 호텔
콘도 / 리조트		
금호리조트	www.kumhoresort.co.kr	예약 및 관광정보
두산리조트	www.doosanresort.co.kr	춘천 콘도미니엄, 춘천 컨트리 클럽 소개 및 예약
무주리조트	mujuresort.com	사우나, 온천, 테마파크 등
대동여지도	www.doumee.co.kr	전국 콘도 예약
대명콘도	www.daemyung.co.kr	콘도, 스키장, 골프장 등 종합레저업체

한국명	사이트	주요 내용 및 업무
콘도 / 리조트		
대영레저타운	condosale.co.kr	전국 콘도 예약
오라리조트	www.oraresort.com	제주그랜드호텔, 오라컨트리클럽 예약, 제주도에 관한 관광 정보
오색약수온천모텔	www.hot-spring.com	순환 관광코스, 약수 온천, 남설악, 주변 편의시설 할인쿠폰
알프스리조트	www.alpsresort.co.kr	예약 및 시설 소개
양지파인리조트	www.pineresort.com	세미나시설, 예약안내 등
제주오라리조트	www.oraresort.co.kr	이벤트, 컨트리클럽 등
토비스콘도	www.tovice.co.kr	전국 콘도소개, 분양 및 회원가입안내
투어다이렉트	www.tourdirect.co.kr	콘도 / 리조트 종합정보
한국콘도	www.koreacondo.co.kr	교육연수용 연회장, 전국 체인망지점 소개 등
한화리조트	www.hanwharesort.co.kr	지역별 콘도 체인 안내 등
현대훼미리리조트	members.iworld.net/hdfamily	관광정보, 예약
호 도	www.hodo.co.kr	호텔 및 콘도 염가 예약
호텔가이드	www.hotelguide.co.kr	전국 호텔의 각종 이벤트
휘닉스파크	www.phoenixpark.co.kr	쇼핑몰, 콘도미니엄 소개 등
기 타		
GSH(홈스테이)	www.gsh.co.kr	외국인 국내 민간 가정 숙박
고향집	backhome.co.kr	민박, 숙박, 관광정보
민박정보서비스	www.minbak.co.kr	민박문의 및 신청, 민박운영자 신청, 민박상품소개
알파홈스테이코리아	www.home-stay.co.kr	지역별 민박정보와 신청안내
여행스케치	www.toursketch.co.kr	중저가 숙박정보 한국어, 중국어, 일본어, 영어 서비스

(3) 교 통

한국명	사이트	주요 내용 및 업무
항 공		
KLM네덜란드항공	www.klm.co.kr	항공예약, 이벤트
대한항공	www.koreanair.co.kr	항공예약, 이벤트
로얄네팔항공	www.nepal.co.kr	네팔항공사, 항공 스케줄 및 요금정보, 여행상품소개 등
루프트한자	www.lufthansa-korea.com	독일항공사, 마일리지 프로그램 항공시간표
베트남항공	www.vietnamair.co.kr	베트남 항공사의 홈페이지
스위스항공	www.swissair.co.kr	스위스항공에 대한 소개, 서비스 안내와 예약 및 비행 스케줄
아시아나항공	www.asiana.co.kr	항공예약, 이벤트
아시아나 항공화물	www.asianacargo.com/cyber	항공화물 취급
인도항공	www.airindia.co.kr	한국출발 운항 스케줄, 인도 여행정보 등
전일본항공(ANA)	www.anakorea.co.kr	항공정보, 요금, 스케줄, 일본여행 안내, 할인
캐세이패시픽항공	www.cathaypacific.co.kr	홍콩항공사, 여행상품과 서비스 패키지 안내 등
타이 항공	www.thaiair.co.kr	항공예약, 이벤트
버스, 지하철, 철도		
강남고속버스터미널	www.exterminal.co.kr	고속버스 노선, 예매안내, 시간표, 상가 안내.
서울도시철도공사	www.smrt.co.kr	열차시각표 및 배차 간격 안내 등
지하철	www.websubway.co.kr	서울, 부산, 대구, 인천, 광주, 대전 지하철 안내
철도청	www.korail.go.kr	기차예약, 기차여행상품
렌트카		
Avis렌트카	www.avis.co.kr	차량검색, 요금, 대여 정보 등
금성렌트카	www.ksrent.co.kr	공항에서 10분 거리, 인터넷 예약시 할인 해택 등
길렌트카	www.kilrent.co.kr	부산에 위치, 렌트할인 서비스
대한렌트카	www.krc.co.kr	보상제도 안내, 예약서비스 안내 등

한국명	사이트	주요 내용 및 업무
렌트카		
성산렌트카	www.sungsanrent.co.kr	드라이브코스 안내, 제주도 관광지 소개 등
알라모렌트카	www.alamo.co.kr	미주, 유럽 예약 가능
제주월드렌트카	www.worldrent.co.kr	제주관광드라이브 장소 코스소개, 제주도 축제 등
카포유렌트카	www.carforyou.co.kr	렌트카 예약 전문 사이트로서 예약 안내 및 가격정도 등
한국렌트카	www.hankookrent.co.kr	인터넷할인예약 서비스, 제주 관광지 및 드라이브 정보 등

(4) 기관 / 학술 / 연구소

한국명	사이트	주요 내용 및 업무
PATA 한국지부	www.knto.or.kr / PATA	PATA 소개 등
관광디지털도서관	tdl.donga.ac.kr	관광관련 문헌, 관광사업 동향, 법률, 인력정보 등
교통개발연구원	www.koti.re.kr	교통 계획 및 교통 정책에 관한 조사, 연구
경주대 관광학부	www.kyongju.ac.kr/univ/cyber2000/index.htm	가상관광대학, 인터넷 사이버 강의실
경주대 문화관광정보시스템	www.kyongju.ac.kr/research/tourism/kutis830/index.htm	숙박, 여행, 음식, 교통, 카지노, 국제회의, 학술
동국대 관광산업연구소	wwwk.dongguk.ac.kr/~tour/	연구소 소개, 주요업무, 연구활동, 관광경주, 대외홍보
배재대 관광경영대학	www.paichai.ac.kr/~tourism	관광검색엔진, 관광뉴스
문화관광부	www.mct.go.kr	관광주요시책 등
세종대 호텔관광경영학과	dasan.sejong.ac.kr/~hotedpt	학과소개, 교과목 안내, 교수진, 취업, 진로방향, 우리고궁 산책
한국관광공사	www.knto.or.kr	관광통계, 관광지도, 관광정보

한국명	사이트	주요 내용 및 업무
한국관광연구원	www.ktri.re.kr	연구원소개, 문헌정보검색, 관광관련정보, 관광뉴스
한국관광협회중앙회	www.koreatravel.or.kr	협회 소개 등
한국관광호텔업협회	hotelskorea.or.kr	호텔검색, 호텔산업, 통계자료 조회, 회원사 광장
한국민박협회	www.indongcho.com	각 지역별 해수욕장, 산, 농원등의 관광지의 민박 및 교통편 소개
한국유스호스텔연맹	www.kyha.or.kr	유스호스텔의 회원 가입 및 이용 방법, 워킹홀리데이 비자
한양대 관광연구소	www.tri.hanyang.ac.kr	연구소 / 연구원소개, 수행업무, 연구소 발간물, 관광연구논총, 관련사이트
한양대 관광학과	www.toucss.hanyang.ac.kr	학과 소개, 취업관련, 동문 주소록
한양대 전자도서관	library.hanyang.ac.kr	국내학회지, 국내외저널

(5) 신문 / 잡지 / 매체

한국명	사이트	주요 내용 및 업무
CHANNEL14	www.ch14.com	주말뉴스, 맛집, 이색공간, 레저, 문화, 행사, 쇼핑, 호텔 소식
Travel NET	www.TravelNETz.co.kr	인터넷 여행잡지, 각종 관광 기사 및 뉴스
관광산업신문	www.tip.co.kr	국내외의 최신관광소식 및 정보, 업계소식, 호텔정보, 여행기 소개
베스트래블	www.bestravel.co.kr	중앙일보 뉴미디어의 여행전문가이드, 여행뉴스, 유명 여행지 등
세계여행신문	www.gtn.co.kr	관광지안내, 세계여행지 추천 등
에어타임스	airtimes.co.kr	월간 항공 관련 잡지, 여권 및 비자정보, 주요 항공사 링크
여행신문	www.traveltimes.co.kr	관광관련 뉴스 제공
여행정론	www.tbj.co.kr	여행과 관련된 상담이나 불편사항접수

한국명	사이트	주요 내용 및 업무
여행정보신문	www.travelinfo.co.kr	관광기사, 국내외 최신 여행정보, 국내 여행사별 해외여행상품 정보 등
와우트래블	travel.waw.co.kr	여행 전문 웹메거진, 드라이브 코스, 주말 여행지, 세계여행
웨더뉴스 기상정보	weathernews.co.kr	전국지역별, 계절별, 종류별, 여행지 안내 및 관광지의 날씨예보
투어가이드	www.tourguide.co.kr	인터넷 여행잡지, 여행정보 서비스 제공
트래블 조선	travel.chosun.com	관광기사, 국내외 여행 예약, 관광 기획 상품
한국관광저널	www.ttj.co.kr	관광전문 월간지 여행지관련 인물 관광개발정책 등

(6) 기타 여행정보

한국명	사이트	주요 내용 및 업무
insidekorea	www.insidekorea.com	외래관광객을 위한 한국 관광 정보
PIC 코리아	www.pic.co.kr	괌과 사이판에 위치한 리조트 호텔, 숙박과 레저 시설 및 요금
Tour World	tour.daum.net	여행일정별 관광지 소개, 날씨, 환율, 시차
toursys	www.prosyss.co.kr/toursys	종합관광정보
WEBSITE 114	www.letsgo.co.kr	여행종합정보
국립민속박물관	www.nfm.go.kr	상설전시안내, 사이버 전시, 세시풍속, 민속동화, 민속사진
궁궐가는 길	seoul.pr.co.kr	경복궁, 창덕궁, 창경궁, 덕수궁, 경희궁, 운현궁 등에 대한 정보
금강산 종합 정보	www.mtkumkang.com	금강산에 대한 다양한 정보, 동양화 풍의 홈페이지
메뉴판	www.menupan.co.kr	5만5천 개의 음식점 DB 구축, 전국 각지의 음식점 정보
서울포커스	www.metro.seoul.kr	서울 관광, 역사, 공연 등
세계여행지도	www.microsoft.com/automap	지도 정보

한국명	사이트	주요 내용 및 업무
아름다운 우리강산	www.korearature.com/	산, 호수, 약수(藥水)
여행사랑	www.ilovetour.co.kr	종합여행정보
예술의 전당	www.sac.or.kr	공연 및 전시 일정 안내 등
우리술이야기	www.koreanwine.co.kr	전통주의 역사, 옛 이야기 등
우프코리아	www.wwoof.com	해외여행을 하는 젊은이에게 현지의 올바른 문화와 정보 제공
원스탑코리아	1stopkorea.com	국내 거주 외국인들이 한국 관련 정보를 직접 수집해 제공
인터넷 베이커	www.homebakery.net	초보자를 위한 빵, 과자 만드는 법 설명
인터넷통합예약	www.yeyak.co.kr	여행사, 항공사, 호텔, 콘도, 유스호스텔, 고속버스, 철도, 렌터카, 연극, 영화, 음식
전국 자연휴양림	home.kisco.or.kr/~bsm	지역별로 분류, 특징 및 편의시설, 이용요금, 주변 볼거리, 교통 등
전통문화터	chajan.com	녹차, 전통음식, 전통음악 등 소개
택리지21	www.koreantour.net	종합여행정보, 각종 예약, 여행담, 날씨
테마 코리아	www.themekorea.co.kr	한국을 방문하는 외국인들에게 한국의 문화와 여러 가지 정보를 제공
토파스	www.topas.net	토파스교육, 여행지 소개, 여행사, 교통편, 항공예약
투르마	www.tourma.com	여행정보 검색서비스, 여행정보, 전세계 이벤트와 축제, 예약, 환율
투어리즘코리아	www.tourism.co.kr	관광구인구직, 관광법규, 관광뉴스, 관광학교, 관광자료, 관광서적
한국김치	www.kimchi.or.kr	농수산물 유통공사 해외 김치 홍보사이트, 김치 종류, 역사, 효능, 요리법
한국민속촌	www.koreanfolk.co.kr	설립 및 역사, 관람안내, 편의시설, 할인권, 약도
한국의 산	www.kormt.co.kr/	가나다순 명산 정보, 산 특징, 산행 코스, 산행기
한국의 창	www.kocis.go.kr	한국의 문화, 역사, 예술, 음악, 사회, 정치 등에 관한 정보
한이의 배낭여행	tour.infoweb.co.kr	국내 유명산, 해수욕장, 문화유적지, 고궁, 박물관, 전통악기, 음식점 등

■ 관광 관련학교

(1) 4년제 대학교

학 교	학 과	전화번호	위 치
강릉대학교	관광경영학과	033-640-2216	강원도 강릉시
강원대학교	관광경영학전공	033-250-6160	강원도 춘천시
건양대학교	관광학과	041-730-5499	충청남도 논산시
경기대학교	관광대학	031-249-9501	경기도 수원시
경남대학교	관광학부	055-249-2444	경상남도 마산시
경동대학교	관광학부	033-631-2000	강원도 고성군
경북외국어대학교	관광학부	053-327-3046	대구광역시 북구
경운대학교	관광학부	054-479-1340	경상북도 구미시
경원대학교	관광경영학과	031-750-5214	경기도 성남시
경일대학교	관광비즈니스학과	053-850-7450	경상북도 경산시
경주대학교	관광대학	054-748-2801	경상북도 경주시
경희대학교	호텔관광대학	02-961-0848	서울특별시 동대문구
계명대학교	관광경영학과	053-580-6427	대구광역시 달서구
공주대학교	관광학부	041-850-8670	충청남도 공주시
관동대학교	관광스포츠대학	033-649-7640	강원도 강릉시
광주대학교	관광학부	062-670-2645	광주광역시 남구
나사렛대학교	호텔관광경영학과	041-570-7944	충청남도 천안시
남서울대학교	관광경영학과	041-580-2640	충청남도 천안시
대구가톨릭대학교	호텔관광대학	053-850-3299	경상북도 경산시
대구대학교	관광경영학과	053-850-6250	경상북도 경산시
대구한의대학교	관광레저학부	053-819-1342	경상북도 경산시
대불대학교	관광외국어학부	061-469-1522	전라남도 영암군
동국대학교	경영관광대학	054-770-2114	경상북도 경주시
동명대학교	관광경영학과	051-629-1881	부산광역시 남구
동서대학교	관광학부	051-320-2620	부산광역시 사상구
동신대학교	관광경영학과	061-330-3668	전라남도 나주시

동아대학교	국제관광학부	051-200-7449	부산광역시 사하구
동의대학교	관광경영학과	051-890-2058	부산광역시 부산진구
명신대학교	관광경영학과	061-742-2351	전라남도 순천시
배재대학교	관광문화대학	042-520-5440	대전광역시 서구
백석대학교	관광학부	041-550-9114	충청남도 천안시
상지대학교	관광학부	033-730-0320	강원도 원주시
선문대학교	국제레저관광학과	041-530-2551	충청남도 아산시
세명대학교	호텔관광학부	043-649-1728	충청북도 제천시
세종대학교	호텔관광대학	02-3408-3516	서울특별시 광진구
수원대학교	호텔관광경영학과	031-220-2617	경기도 화성시
숙명여자대학교	문화관광학부	02-710-9969	서울특별시 용산구
순천향대학교	관광경영학과	041-530-1208	충청남도 아산시
신라대학교	국제관광경영학과	051-999-5424	부산광역시 사상구
안양대학교	관광경영전공	031-467-0732	경기도 안양시
영동대학교	호텔관광항공영어과	043-740-1250	충청북도 영동군
영산대학교	호텔관광대학	051-540-7181	부산광역시 해운대구
예원예술대학교	문화관광경영전공	063-640-7283	전라북도 임실군
용인대학교	관광학과	031-8020-2730	경기도 용인시
우석대학교	호텔관광학과	063-290-1381	전라북도 완주시
우송대학교	호텔관광경영학과	042-630-9760	대전광역시 동구
을지대학교	관광경영학과	031-740-7240	경기도 성남시
전주대학교	문화관광대학	063-220-2761	전라북도 전주시
제주대학교	관광경영학과	064-754-3130	제주시
중부대학교	관광경영학과	041-750-6383	충청남도 금산군
청운대학교	호텔관광대학	041-630-3363	충청남도 홍성군
청주대학교	관광학부	043-229-8153	충청북도 청주시
한국국제대학교	관광대학	055-751-8106	경상남도 진주시
한북대학교	국제관광경영학과	031-860-1430	경기도 동두천시
한양대학교	관광학부	02-2220-0860	서울특별시 성동구
한중대학교	호텔관광경영학과	033-520-9255	강원도 동해시
호남대학교	관광경영학과	062-940-5221	광주광역시 광산구
호원대학교	관광대학	063-450-7321	전라북도 군산시

(2) 2년제 대학

학　교	학　과	전화번호	위　치
가톨릭상지대학	호텔관광과	054-851-3130	경상북도 안동시
강릉영동대학	관광경영과	033-610-0114	강원도 강릉시
강원관광대학	관광정보처리과	033-550-6328	강원도 태백시
강원도립대학	관광과	033-660-8021	강원도 강릉시
경남도립남해대학	관광과	055-860-5340	경상남도 남해군
경남정보대학	항공관광과	051-320-1246	부산 사상구
경동정보대학	관광항공서비스과	053-850-8171	경상북도 경산시
경민대학	관광호텔학부	031-828-7260	경기도 의정부시
경복대학	관광계열	031-539-5280	경기도 포천시
경북과학대학	관광계열	054-979-9001	경상북도 칠곡군
경인여대	관광학부	032-5400-230	인천 계양구
계명문화대학	관광레저학부	053-589-7860	대구 달서구
공주영상대학	항공관광과	041-850-9071	충청남도 공주시
광양보건대학	관광영어과	061-760-1416	전라남도 광양시
광주보건대학	관광영어과	062-958-7745	광주 광산구
구미1대학	호텔관광계열	054-440-1380	경상북도 구미시
국제대학	관광경영학부	031-610-8150	경기도 평택시
군장대학	관광경영과	063-450-8315	전라북도 군산시
극동정보대학	관광과	043-879-3396	경기도 이천시
김포대학	경영관광학부	031-999-4165	경기도 김포시
김천대학	관광경영과	054-420-4078	경상북도 김천시
나주대학	국제문화관광학부	061-330-7457	전라남도 나주시
대경대학	국제관광과	053-850-1449	경상북도 경산시
대구공업대학	스포츠관광계열	053-560-3960	대구 달서구
대구과학대학	관광계열	053-320-1085	대구 북구
대동대학	관광경영	051-510-4950	부산 금정구
동강대학	관광경영과	062-520-2528	광주광역시 북구
동남보건대학	항공관광영어과	031-2496-559	경기도 수원시
동서울대학	관광정보처리학부	031-720-2240	경기도 성남시

동양공업전문대학	관광경영과	02-2610-1972	서울 구로구
동우대학	관광과	033-639-0579	강원도 속초시
동원대학	관광전공	031-7600-429	경기도 광주시
동의과학대학	국제관광계열	051-860-3400	부산 진구
동주대학	국제관광학부	051-200-3240	부산 사하구
두원공과대학	항공서비스과	031-670-7000	경기도 안성시
목포과학대학	관광레저경영과	061-270-2613	전라남도 목포시
백석문화대학	관광학부	041-550-0464	충청남도 천안시
부산경상대학	호텔관광경영과	051-850-1055	부산 연제구
부산여자대학	관광계열	051-850-3207	부산 진구
부천대학	관광경영과	032-610-3280	경기도 부천시
상지영서대학	관광과	033-744-4150	강원도 원주시
서강정보대학	관광과	062-520-5069	광주광역시 북구
서라벌대학	국제관광경영과	054-770-3603	경상북도 경주시
서정대학	관광과	031-860-5044	경기도 양주시
서해대학	호텔관광과	063-460-9169	전라북도 군산시
선린대학	호텔관광계열	054-260-5571	경상북도 포항시
성덕대학	국제관광경영	054-330-8800	경상북도 영천시
성화대학	관광호텔경영전공	061-430-5000	전라남도 강진군
세경대학	관광과	033-371-3181	강원도 영월군
송원대학	관광계열	062-360-5825	광주광역시 남구
송호대학	호텔관광과	033-340-1165	강원도 횡성군
수원과학대학	항공관광과	031-350-2394	경기도 화성시
순천청암대학	문화관광과	061-740-7275	전라남도 순천시
숭의여자대학	관광과	02-3708-9110	서울 중구
신구대학	관광영어과	031-740-1323	경기도 성남시
신성대학	호텔관광계열	041-3501-380	충청남도 당진군
신흥대학	관광경영과	031-870-3550	경기도 의정부시
안산공과대학	관광영어과	031-490-6105	경기도 안산시
안양과학대학	관광외국어학부	031-441-1173	경기도 안양시
양산대학	관광계열	055-370-8258	경상남도 양산시

여주대학	관광영어과	031-880-5319	경기도 여주군
영남외국어대학	관광항공서비스과	053-810-0100	경상북도 경산시
영남이공대학	관광계열	053-650-9620	대구광역시 남구
영진전문대학	국제관광계열	053-940-5380	대구광역시 북구
오산대학	호텔관광경영과	031-370-2826	경기도 오산시
우송정보대학	관광계열	042-629-6258	대구광역시 동구
울산과학대학	관광통역과	052-230-0751	울산광역시 동구
원광보건대학	호텔관광과	063-840-1391	전라북도 익산시
유한대학	관광정보과	02-2610-0824	경기도 부천시
인덕대학	관광레저경영과	02-950-7820	서울시 노원구
인하공업전문대학	관광과	032-870-2340	인천광역시 남구
장안대학	관광경영전공	031-299-3150	경기도 화성시
재능대학	관광경영과	032-890-7380	인천광역시 동구
전북과학대학	호텔관광계열	063-530-9255	전라북도 정읍시
전주기전대학	국제관광과	063-280-5215	전라북도 전주시
제주관광대학	관광경영과	064-740-8751	제주시
제주산업정보대학	관광호텔경영과	064-754-0386	제주시
제주한라대학	관광계열	064-741-7644	제주시
주성대학	관광항공서비스과	043-210-8360	충청북도 청원군
진주보건대학	관광계열	055-740-1870	경상남도 진주시
창신대학	호텔관광경영과	055-250-1295	경상남도 마산시
창원전문대학	호텔관광과	055-279-5144	경상남도 창원시
청양대학	호텔관광외식과	041-940-6757	충청남도 청양군
충청대학	관광학부	043-230-2220	충청북도 청원군
포항1대학	관광호텔마린비즈계열	054-245-1167	경상북도 포항시
한국관광대학	관광경영과	031-644-1000	경기도 이천시
한림성심대학	관광영어과	033-240-9280	강원도 춘천시
한양여자대학	관광과	02-2290-2260	서울시 행당동
한영대학	관광전공	061-650-4000	전라남도 여수시
혜전대학	호텔관광경영과	041-630-5287	충청남도 홍성군
혜천대학	호텔관광계열	042-580-6268	대전광역시 서구

(3) 고등학교

학　교	전화번호	주　소
서울관광고등학교	02-886-9161	서울특별시 관악구
선정관광고등학교	02-3156-1600	서울특별시 은평구
한국관광고등학교	031-662-5113	경기도 평택시
경남관광고등학교	055-277-6871	경상남도 창원시
대구관광고등학교	053-953-6203	대구광역시 동구
문경관광고등학교	054-572-0300	경상북도 문경시
부산관광고등학교	051-248-3123	부산광역시 서구
부산정보관광고등학교	051-518-7922	부산광역시 금정구
해운대관광고등학교	051-742-0041	부산광역시 해운대구

2 국가정보화 기본법률

국가정보화 기본법

[시행 2019. 2. 22] [법률 제15369호, 2018. 2. 21, 일부개정]

과학기술정보통신부(디지털사회기획과) 044-202-6138

제1장 총칙

제1조(목적) 이 법은 국가정보화의 기본 방향과 관련 정책의 수립·추진에 필요한 사항을 규정함으로써 지속가능한 지식정보사회의 실현에 이바지하고 국민의 삶의 질을 높이는 것을 목적으로 한다.

제2조(기본이념) 이 법은 국가정보화의 추진을 통하여 인간의 존엄을 바탕으로 사회적, 윤리적 가치가 조화를 이루는 자유롭고 개방적인 지식정보사회를 실현하고 이를 지속적으로 발전시키는 것을 기본이념으로 한다. <개정 2015. 6. 22.>

제3조(정의) 이 법에서 사용하는 용어의 뜻은 다음과 같다. <개정 2013. 5. 22.>

1. "정보"란 특정 목적을 위하여 광(光) 또는 전자적 방식으로 처리되어 부호, 문자, 음성, 음향 및 영상 등으로 표현된 모든 종류의 자료 또는 지식을 말한다.
2. "정보화"란 정보를 생산·유통 또는 활용하여 사회 각 분야의 활동을 가능하게 하거나 그러한 활동의 효율화를 도모하는 것을 말한다.
3. "국가정보화"란 국가기관, 지방자치단체 및 공공기관이 정보화를 추진하거나 사회 각 분야의 활동이 효율적으로 수행될 수 있도록 정보화를 통하여 지원하는 것을 말한다.
4. "지식정보사회"란 정보화를 통하여 지식과 정보가 행정, 경제, 문화, 산업 등 모든 분야에서 가치를 창출하고 발전을 이끌어가는 사회를 말한다.
5. "정보통신"이란 정보의 수집·가공·저장·검색·송신·수신 및 그 활용, 이에 관련되는 기기(器機)·기술·서비스 및 그 밖에 정보화를 촉진하기 위한 일련의 활동과 수단을 말한다.
6. "정보보호"란 정보의 수집, 가공, 저장, 검색, 송신, 수신 중 발생할 수 있는 정보의 훼손, 변조, 유출 등을 방지하기 위한 관리적·기술적 수단(이하 "정보보호시스템"이라 한다)을 마련하는 것을 말한다.
7. "지식정보자원"이란 국가적으로 보존 및 이용 가치가 있는 자료로서 학술, 문화, 과학기술, 행정 등에 관한 디지털화된 자료나 디지털화의 필요성이 인정되는 자료를 말한다.
8. "정보문화"란 정보기술의 활용 과정에서 형성된 사회구성원들의 행동방식, 가치관, 규범 등의 생활양식을 말한다.
9. "정보격차"란 사회적, 경제적, 지역적 또는 신체적 여건으로 인하여 정보통신서비스에 접근하거나 정보통신서비스를 이용할 수 있는 기회에 차이가 생기는 것을 말한다.

9의2. "정보통신윤리"란 정보통신기술을 이용한 정보의 수집·가공·저장·검색·송신·수신 및 그 활용 과정에서 개인 또는 사회 구성원들이 지켜야 하는 가치판단 기준을 말한다.

10. "공공기관"이란 다음 각 목의 기관을 말한다.

가. 「공공기관의 운영에 관한 법률」에 따른 공공기관
나. 「지방공기업법」에 따른 지방공사 및 지방공단
다. 특별법에 따라 설립된 특수법인
라. 「초·중등교육법」, 「고등교육법」 및 그 밖의 다른 법률에 따라 설치된 각급 학교
마. 그 밖에 대통령령으로 정하는 법인·기관 및 단체

11. "정보통신망"이란 「전기통신기본법」 제2조제2호에 따른 전기통신설비를 이용하거나 전기통신설비와 컴퓨터 및 컴퓨터의 이용기술을 활용하여 정보를 수집, 가공, 저장, 검색, 송신 또는 수신하는 정보통신체제를 말한다.
12. "정보통신기반"이란 정보통신망과 이에 접속하여 이용되는 정보통신기기, 소프트웨어 및 데이터베이스 등을 말한다.
13. "초고속정보통신망"이란 실시간으로 동영상정보를 주고 받을 수 있는 고속·대용량의 정보통신망을 말한다.
14. "광대역통합정보통신망"이란 통신·방송·인터넷이 융합된 멀티미디어 서비스를 언제 어디서나 고속·대용량으로 이용할 수 있는 정보통신망을 말한다.
15. "광대역통합정보통신기반"이란 광대역통합정보통신망과 이에 접속되어 이용되는 정보통신기기·소프트웨어 및 데이터베이스 등을 말한다.
16. "광대역통합연구개발망"이란 광대역통합정보통신망과 관련한 기술 및 서비스를 시험·검증하고 연구개발을 지원하기 위한 정보통신망을 말한다.
17. "정보통신서비스"란 「전기통신사업법」 제2조제6호에 따른 전기통신역무와 이를 이용하여 정보를 제공하거나 정보의 제공을 매개하는 것을 말한다.
18. "정보통신서비스 제공자"란 「전기통신사업법」 제2조제8호에 따른 전기통신사업자와 영리를 목적으로 전기통신사업자의 전기통신역무를 이용하여 정보를 제공하거나 정보의 제공을 매개하는 자를 말한다.
19. "이용자"란 정보통신서비스 제공자가 제공하는 정보통신서비스를 이용하는 자를 말한다.
20. "인터넷중독"이란 정보통신망을 통하여 제공되는 정보통신서비스의 지나친 이용으로 이용자가 일상생활에서 쉽게 회복할 수 없을 정도로 신체적·정신적·사회적 기능의 손상을 입는 것을 말한다.

제4조(국가정보화 추진의 기본원칙) ① 국가와 지방자치단체는 제2조에 따른 기본이념을 고려하여 국가정보화 추진을 위한 시책을 수립·시행하여야 한다.

② 국가와 지방자치단체는 국가정보화 추진 과정에서 민간과의 협력 체계를 마련하는 등 사회 각 계층의 다양한 의견을 수렴하도록 노력하여야 한다.

③ 국가와 지방자치단체는 국가정보화 추진 과정에서 정보화의 역기능을 방지하기 위한 정보보호, 개인정보 보호 등의 대책을 마련하여야 한다.

④ 국가와 지방자치단체는 국가정보화를 추진하는 경우에는 민간과 구분되는 고유의 역할에 충실하여야 하며 민간의 자유와 창의를 존중하고 지원하여야 한다. <개정 2015. 6. 22.>

⑤ 국가와 지방자치단체는 국민이 국가정보화의 성과를 보편적으로 누릴 수 있도록 편의성, 접근성을 개선하는 등 필요한 조치를 하여야 한다. <신설 2015. 6. 22.>

⑥ 국가와 지방자치단체는 시책 추진에 필요한 재원을 마련하기 위하여 노력하여야 한다. <개정 2015. 6. 22.>

제5조(다른 법률과의 관계) ① 국가정보화의 추진에 관한 다른 법률을 제정하거나 개정할 때에는 이 법의 목적과 기본이념에 맞도록 노력하여야 한다.

② 국가정보화의 추진에 관하여 다른 법률에 특별한 규정이 있는 경우를 제외하고는 이 법에서 정하는 바에 따른다.

제2장 국가정보화 정책의 수립 및 추진체계

제6조(국가정보화 기본계획의 수립) ① 정부는 국가정보화의 효율적, 체계적 추진을 위하여 5년마다 국가정보화 기본계획(이하 "기본계획"이라 한다)을 수립하여야 한다.

② 기본계획은 과학기술정보통신부장관이 국가와 지방자치단체의 부문계획을 종합하여 「정보통신 진흥 및 융합 활성화 등에 관한 특별법」 제7조에 따른 정보통신 전략위원회(이하 "전략위원회"라 한다)의 심의를 거쳐 수립·확정한다. <개정 2013. 3. 23., 2015. 6. 22., 2017. 7. 26.>

③ 기본계획에는 다음 각 호의 사항이 포함되어야 한다. <개정 2011. 5. 19., 2013. 5. 22., 2015. 6. 22.>

1. 국가정보화 정책의 기본 방향 및 중장기 발전방향
2. 행정, 보건, 사회복지, 교육, 문화, 환경, 과학기술, 재난안전 등 공공 분야의 정보화
3. 제16조에 따른 지역정보화
4. 산업·금융 등 민간 분야 정보화의 지원
5. 제2호부터 제4호까지의 사항과 관련된 분야별 정보보호, 국가정보화 기반의 조성 및 고도화
6. 정보문화의 창달 및 정보격차의 해소
7. 개인정보 보호, 건전한 정보통신윤리 확립, 이용자의 권익보호 및 지식재산권의 보호
8. 정보의 공동활용 및 표준화
9. 국가정보화와 관련된 법령·제도의 개선
10. 국가정보화와 관련된 국제협력의 활성화
11. 국가정보화와 관련된 재원의 조달 및 운용
12. 그 밖에 국가정보화 추진을 위하여 필요한 사항

④ 과학기술정보통신부장관은 국가와 지방자치단체의 부문계획의 작성지침을 정하고 이를 관계 기관에 통보할 수 있다. <개정 2013. 3. 23., 2017. 7. 26.>

⑤ 중앙행정기관(대통령 소속 기관 및 국무총리 소속 기관을 포함한다. 이하 같다)의 장과 지방자치단체의 장은 소관 주요 정책을 수립하고 집행을 할 때 제3항 각 호의 사항을 우선적으로 고려하여야 한다.

⑥ 과학기술정보통신부장관은 매년 기본계획의 주요 시책에 대한 추진 실적을 점검·분석하여 그 결과를 전략위원회에 보고하여야 한다. <신설 2015. 6. 22., 2017. 7. 26.>

제7조(국가정보화 시행계획의 수립) ① 중앙행정기관의 장과 지방자치단체의 장은 기본계획에 따라 매년 국가정보화 시행계획(이하 "시행계획"이라 한다)을 수립·시행하여야 한다.

② 중앙행정기관의 장과 지방자치단체의 장은 전년도 시행계획의 추진 실적과 다음 해의 시행계획을 과학기술정보통신부장관에게 제출하여야 한다. 이 경우 행정안전부장관은 지방자치단체의 전년도 시행계획의 추진 실적과 다음 해의 시행계획을 종합하여 과학기술정보통신부장관에게 제출하여야 한다. <개정 2013. 3. 23., 2015. 6. 22., 2017. 7. 26.>

③ 중앙행정기관의 장과 지방자치단체의 장은 제2항에 따라 제출된 시행계획 중 대통령령으로 정하는 중요한 사항을 변경하는 경우에는 그 내용을 과학기술정보통신부장관에게 제출하여야 한다. <신설 2015. 6. 22., 2017. 7. 26.>

④ 과학기술정보통신부장관은 제2항에 따라 제출된 추진 실적과 시행계획 및 제3항에 따라 제출된 시행계획을 점검·분석한 후 그 의견을 기획재정부장관에게 제시하여야 한다. 이 경우 지방자치단체가 제출한 사항을 점검·분석하는 경우에는 행정안전부장관의 의견을 들어야 한다. <개정 2015. 6. 22., 2017. 7. 26.>

⑤ 기획재정부장관은 시행계획에 필요한 예산을 편성할 때에는 제4항에 따른 과학기술정보통신부장관의 의견을 참작하여야 한다. <개정 2013. 3. 23., 2015. 6. 22., 2017. 7. 26.>

⑥ 시행계획의 수립 및 시행 등에 필요한 사항은 대통령령으로 정한다. <개정 2015. 6. 22.>

제8조(국가정보화 정책 등의 조정) ① 중앙행정기관의 장이나 지방자치단체의 장은 다른 중앙행정기관의 장이나 지방자치단체의 장이 수행하는 국가정보화 정책이나 사업 추진이 해당 기관의 국가정보화 정책이나 사업 추진에 지장을 줄 우려가 있다고 인정될 때에는 과학기술정보통신부장관에게 조정을 요청할 수 있다. <개정 2013. 3. 23., 2017. 7. 26.>

② 과학기술정보통신부장관은 제1항에 따른 조정 요청을 받으면 이를 검토하여 그 조정 결과를 해당 중앙행정기관의 장이나 지방자치단체의 장에게 통보하여야 한다. <개정 2013. 3. 23., 2017. 7. 26.>

③ 해당 중앙행정기관의 장이나 지방자치단체의 장은 특별한 사유가 없으면 제2항에 따라 통보받은 조정 결과를 해당 국가정보화 정책이나 사업 추진에 반영하여야 한다.

④ 조정의 절차와 방법 등에 필요한 사항은 대통령령으로 정한다.

제9조 삭제 <2013. 3. 23.>

제10조 삭제 <2013. 3. 23.>

제11조(정보화책임관) ① 국가기관과 지방자치단체의 장은 해당 기관의 국가정보화 시책의 효율적인 수립·시행과 국가정보화 사업의 조정 등의 업무를 총괄하는 책임관(이하 "정보화책임관"이라 한다)을 임명하여야 한다. <개정 2015. 6. 22.>

② 정보화책임관은 해당 기관의 업무와 관련하여 다음 사항을 담당한다. <개정 2010. 2. 4., 2013. 5. 22., 2015. 6. 22.>

1. 국가정보화 정책 및 사업의 총괄조정, 지원 및 평가
2. 국가정보화 정책과 기관 내 다른 정책·계획 등과의 연계·조정
3. 정보기술을 이용한 행정업무의 지원
4. 정보자원의 획득·배분·이용 등의 종합조정 및 체계적 관리와 정보공동활용방안의 수립
5. 정보문화의 창달과 정보격차의 해소

5의2. 건전한 정보통신윤리의 확립

6. 「전자정부법」 제2조제12호에 따른 정보기술아키텍처(이하 "정보기술아키텍처"라 한다)의 도입·활용
7. 정보화 교육
8. 그 밖에 다른 법령에서 정보화책임관의 업무로 정하는 사항

③ 국가기관과 지방자치단체의 장은 제1항에 따라 정보화책임관을 임명한 경우 제12조제3항에 따른 협의회의 의장에게 이를 통보하여야 한다. 정보화책임관을 변경한 때에도 또한 같다. <신설 2015. 6. 22.>

제12조(정보화책임관 협의회) ① 중앙행정기관 및 지방자치단체는 정보화의 효율적 추진과 필요한 정보의 교류 및 관련 정책의 협의 등을 하기 위하여 제11조에 따라 임명된 정보화책임관으로 구성된 정보화책임관 협의회(이하 이 조에서 "협의회"라 한다)를 구성·운영한다.

② 협의회는 다음 각 호의 사항을 협의한다. <개정 2013. 5. 22., 2015. 6. 22.>

1. 전자정부와 관련된 정책의 수립·시행에 관한 사항
2. 행정정보의 공동이용에 관한 사항
3. 정보기술아키텍처에 관한 사항
4. 정보자원의 체계적 관리 및 표준화에 관한 사항
5. 여러 국가기관, 지방자치단체 및 공공기관(이하 "국가기관등"이라 한다)이 관련된 전자정부사업, 지역정보화사업의 추진에 관한 사항
6. 정보문화 창달, 정보격차 해소와 인터넷중독의 예방·해소의 추진에 관한 사항
7. 「인터넷주소자원에 관한 법률」 제2조제2호에 따른 인터넷주소자원의 이용에 관한 사항
8. 그 밖에 의장이 필요하다고 인정하는 사항

③ 협의회의 의장은 과학기술정보통신부장관 및 행정안전부장관이 된다. 다만, 의장이 필요하

다고 인정하는 경우에는 관계 기관의 정보화책임관을 협의회의 위원으로 추가할 수 있다. <개정 2013. 3. 23., 2014. 11. 19., 2017. 7. 26.>

④ 제1항부터 제3항까지에서 규정한 사항 외에 협의회의 운영에 필요한 사항은 대통령령으로 정한다.

제13조(정보화계획의 반영 등) ① 정보화사업을 수반하는 사업으로서 「사회기반시설에 대한 민간투자법」 제2조에 따른 사회기반시설사업 또는 「지역 개발 및 지원에 관한 법률」 제2조에 따른 지역개발사업을 시행하려는 중앙행정기관의 장과 지방자치단체의 장은 해당 사업계획을 수립·시행할 때에는 정보기술의 활용, 정보통신기반 및 정보통신서비스의 연계이용 등을 위한 정보화계획을 수립하여 반영하여야 한다. 다만, 정보기술의 활용이 경미한 사업으로서 정보화사업의 특성 및 사업 규모 등이 대통령령으로 정하는 기준에 해당하는 경우에는 그러하지 아니하다. <개정 2013. 5. 22., 2017. 3. 14.>

② 중앙행정기관의 장과 지방자치단체의 장은 제1항에 따른 정보화계획을 수립하는 경우에는 다음 각 호의 사항을 검토하고 그 내용을 과학기술정보통신부장관에게 제출하여야 한다. 이 경우 과학기술정보통신부장관은 이를 검토하여 의견을 제시할 수 있으며, 의견을 제시받은 중앙행정기관의 장과 지방자치단체의 장은 정당한 사유가 없으면 이에 따라야 한다. <신설 2013. 5. 22., 2017. 3. 14., 2017. 7. 26.>

1. 해당 중앙행정기관 또는 지방자치단체나 다른 행정기관에 이미 구축되어 있는 「전자정부법」 제2조제13호에 따른 정보시스템(이하 "정보시스템"이라 한다)과 중복되는지 여부
2. 해당 중앙행정기관 또는 지방자치단체나 다른 행정기관에 이미 구축되어 있는 정보시스템과 연계이용 또는 공동활용이 가능한지 여부

③ 중앙행정기관의 장이나 지방자치단체의 장은 제2항에 따른 검토 결과 다른 행정기관에 이미 구축되어 있는 정보시스템과 연계이용 또는 공동활용이 필요하다고 판단하는 경우에는 중복투자 방지를 위하여 과학기술정보통신부장관과 협의할 수 있다. <신설 2013. 5. 22., 2017. 7. 26.>

④ 과학기술정보통신부장관은 중앙행정기관과 지방자치단체가 제1항에 따른 정보화계획을 효과적으로 수립할 수 있도록 기술 및 인력 등 필요한 사항을 지원하거나 정보화계획 수립 및 시행에 관한 지침을 정하여 고시할 수 있다. <개정 2013. 3. 23., 2013. 5. 22., 2015. 6. 22., 2017. 7. 26.>

⑤ 중앙행정기관의 장과 지방자치단체의 장은 정보화계획이 적정하게 반영·시행될 수 있도록 관련 전문가로 구성된 사업관리 전문지원체계를 운영할 수 있다. <신설 2015. 6. 22.>

제14조(한국정보화진흥원의 설립 등) ① 과학기술정보통신부장관과 행정안전부장관은 국가기관등의 국가정보화 추진과 관련된 정책의 개발과 건강한 정보문화 조성 및 정보격차 해소 등을 지원하기 위하여 한국정보화진흥원(이하 "정보화진흥원"이라 한다)을 설립한다. <개정 2013. 3. 23., 2014. 11. 19., 2017. 7. 26.>

② 정보화진흥원은 법인으로 한다.

③ 정보화진흥원은 다음 각 호의 사업을 한다. <개정 2013. 5. 22., 2015. 6. 22.>

1. 기본계획과 시행계획의 수립·시행에 필요한 전문기술의 지원
2. 국가기관등의 정보통신망 관리 및 운영의 지원
3. 국가기관등이 보유한 주요 정보의 원활한 유통과 공동이용을 위한 시스템의 구축·운영 및 표준화의 지원
4. 국가기관등의 정보자원 관리 지원
5. 국가기관등의 정보화사업 추진 및 평가 지원
6. 국가기관등의 정보통신 신기술 활용 촉진과 이에 따른 전문기술의 지원
7. 정보문화의 창달과 인터넷중독의 실태조사, 예방 및 해소 지원

8. 정보격차의 해소를 위한 지원
9. 건강한 정보문화의 확립 및 정보격차의 해소를 위한 교육 및 홍보
10. 국가정보화, 정보문화 및 정보격차 해소와 관련된 정책 개발을 지원하기 위한 동향 분석, 미래예측 및 법·제도의 조사·연구
11. 국가정보화, 정보문화 및 정보격차 해소와 관련된 국제협력 및 홍보
12. 광대역통합정보통신망 구축과 활성화 지원
13. 다른 법령에서 정보화진흥원의 업무로 정하거나 정보화진흥원에 위탁한 사업
14. 그 밖에 국가기관등의 장이 위탁하는 사업

④ 국가기관등은 정보화진흥원의 설립, 시설, 운영 및 사업 추진 등에 필요한 경비에 충당하도록 하기 위하여 정보화진흥원에 출연할 수 있으며, 정부는 정보화진흥원의 설립 및 운영 등을 위하여 필요한 국유재산을 무상으로 대여할 수 있다.

⑤ 정보화진흥원은 지원을 받으려는 국가기관등에 그 지원에 드는 비용의 전부 또는 일부를 부담하게 할 수 있다.

⑥ 정보화진흥원에 관하여는 이 법 및 「공공기관의 운영에 관한 법률」에서 정한 것을 제외하고는 「민법」 중 재단법인에 관한 규정을 준용한다.

⑦ 정보화진흥원이 아닌 자는 한국정보화진흥원의 명칭을 사용하지 못한다.

⑧ 제1항부터 제7항까지에서 규정한 사항 외에 정보화진흥원의 설립과 운영에 필요한 사항은 대통령령으로 정한다.

제3장 국가정보화의 추진

제1절 분야별 정보화의 추진

제15조(공공정보화의 추진) ① 국가기관등은 행정 업무의 효율성 향상과 국민 편익 증진 등을 위하여 행정, 보건, 사회복지, 교육, 문화, 환경, 과학기술, 재난안전 등 소관 업무에 대한 정보화를 추진하여야 한다. <개정 2015. 6. 22.>

② 국가기관등은 제1항에 따른 정보화(이하 "공공정보화"라 한다)를 효율적으로 추진하기 위하여 정보기술아키텍처를 도입·활용하는 등 필요한 방안을 마련하여야 한다.

③ 국가기관등은 공공정보화를 효율적으로 추진하기 위하여 「정보통신 진흥 및 융합 활성화 등에 관한 특별법」 제2조제1항제2호에 따른 정보통신융합 기술이 적극적으로 활용될 수 있도록 불필요한 규제를 적극적으로 개선·정비하여야 한다. <신설 2015. 6. 22.>

제16조(지역정보화의 추진) ① 국가기관과 지방자치단체는 지역 주민의 삶의 질 향상과 지역 간 균형발전, 정보격차 해소 등을 위하여 하나 또는 여러 개의 지역·도시에 대하여 행정·생활·산업 등의 분야를 대상으로 하는 정보화를 추진할 수 있다.

② 국가기관과 지방자치단체는 제1항에 따른 정보화(이하 "지역정보화"라 한다)를 추진하는 경우 지역의 수요와 특성을 고려하여야 하며, 관계 기관의 의견을 수렴하고 그 결과를 최대한 반영하여야 한다.

③ 국가기관은 지방자치단체가 추진하는 지역정보화를 위하여 행정, 재정, 기술 등 필요한 사항을 지원할 수 있다.

제17조(민간 분야 정보화의 지원) 정부는 산업·금융 등 민간 분야의 생산성 향상과 부가가치 창출 등을 위하여 기업의 정보화 및 정보통신기반의 구축·이용 등 민간 분야의 정보화에 필요한 사항을 지원할 수 있다.

제18조(지식·정보의 공유·유통) 국가기관등은 국가정보화의 추진을 통하여 창출되는 각종 지식과 정보가 사회 각 분야에 공유·유통될 수 있도록 필요한 기반을 마련하여야 한다.

제19조(민간기관 등과의 협력) ① 국가기관등은 공공정보화를 추진할 때 민간투자를 적극 유치하고, 관련 민간사업자와 민간사업자단체에 필요한 지원을 할 수 있다.

② 국가기관등은 공공정보화를 추진하기 위하여 대통령령으로 정하는 바에 따라 민간기관 등과 협의체를 구성·운영할 수 있다.

제20조(정보통신응용서비스 이용 등의 활성화) 정부는 인터넷, 원격정보통신서비스 및 전자거래 등 정보통신망을 활용한 응용서비스의 이용을 활성화하고 우수한 콘텐츠의 개발을 촉진하기 위한 시책을 마련하여야 한다.

제21조(표준화의 추진) 정부는 국가정보화를 효율적으로 추진하고 정보의 공동활용을 촉진하며 정보통신의 효율적 운영 및 호환성 확보 등을 위하여 표준화를 추진하여야 한다.

제22조(정보통신망의 상호연동 등) ① 정부는 국가기관과 지방자치단체가 구축한 정보통신망의 효율적인 운영과 정보의 공동활용을 촉진하기 위하여 정보통신망 간 상호연동에 필요한 시책을 마련하여야 한다.

② 국가기관과 지방자치단체가 정보통신망을 구축·운영하려는 경우에는 다른 기관의 정보통신망을 공동활용하는 방안을 우선적으로 마련하여야 한다.

제23조(국가정보화 관련 영역과의 연계) ① 정부는 정보통신산업의 기반조성을 위하여 필요한 시책을 마련하여야 한다.

② 정부는 정보통신기반을 조기에 구축하고 사회 각 분야에서 이용을 활성화하기 위하여 필요한 시책을 마련하여야 한다.

제23조의2(정보화 선도사업의 추진 및 지원 등) ① 정부는 사회 각 분야에 과학기술과 정보통신기술을 접목하는 사업(이하 "정보화 선도사업"이라 한다)을 적극적으로 추진하여야 한다.

② 정부는 정보화 선도사업이 효율적으로 추진될 수 있도록 행정적·재정적·기술적 지원 등 필요한 지원을 할 수 있다.

[본조신설 2015. 6. 22.]

제23조의2(정보화 선도사업의 추진 및 지원 등) ① 정부는 정보통신 신기술의 활용을 촉진하고 사회 각 분야에 과학기술과 정보통신기술을 접목하기 위한 사업(이하 "정보화 선도사업"이라 한다)을 적극적으로 추진하여야 한다. <개정 2019. 12. 10.>

② 정부는 정보화 선도사업이 효율적으로 추진될 수 있도록 행정적·재정적·기술적 지원 등 필요한 지원을 할 수 있다.

[본조신설 2015. 6. 22.]

[시행일 : 2020.6.11.] 제23조의2

제23조의3(데이터센터의 구축 및 운영 활성화) ① 정부는 정보통신서비스의 제공을 위하여 다수의 정보통신기반을 일정한 공간에 집적시켜 통합 운영·관리하는 시설(이하 "데이터센터"라 한다)의 안정적인 운영과 효율적인 제공 등을 위하여 데이터센터의 구축 및 운영 활성화 시책을 수립·시행할 수 있다.

② 과학기술정보통신부장관은 민간 데이터센터의 구축 및 운영 활성화 시책을 수립·시행하고 이에 필요한 지원을 할 수 있다. <개정 2017. 7. 26.>

③ 행정안전부장관은 정부 및 공공 부문의 데이터센터의 구축 및 운영 활성화 시책을 수립·시행하고, 민간 데이터센터를 이용하는 공공기관의 정보통신서비스의 안정성과 신뢰성 등을 높이기 위하여 필요한 지원을 할 수 있다. <개정 2017. 7. 26.>

④ 제1항부터 제3항까지의 규정에 따른 시책의 수립·시행과 지원 대상·방법 등에 필요한 사항은 대통령령으로 정한다.

[본조신설 2015. 6. 22.]

제23조의3(정보화 선도사업 거점지구의 지정 등) ① 과학기술정보통신부장관은 정보화 선도사업의 추진 및 확산을 위하여 필요한 경우에는 대통령령으로 정하는 바에 따라 정보화 선도사업 거점

지구(이하 "거점지구"라 한다)를 지정할 수 있다.
② 과학기술정보통신부장관은 제1항에 따라 거점지구를 지정하려는 경우에는 다음 각 호의 사항이 포함된 거점지구 조성계획을 수립하여야 한다.
1. 거점지구 조성의 목표·전략 및 추진체계에 관한 사항
2. 거점지구에서 추진할 정보화 선도사업의 내용 및 정보통신기술의 종류에 관한 사항
3. 재원의 조달 및 운용에 관한 사항
4. 그 밖에 거점지구의 조성 및 지원을 위하여 필요한 사항
③ 국가나 지방자치단체는 거점지구의 조성 및 운영을 위하여 필요한 경우에는 그 조성비 및 운영비의 전부 또는 일부를 지원할 수 있다.
④ 과학기술정보통신부장관은 다음 각 호의 어느 하나에 해당하는 경우 거점지구의 지정을 취소할 수 있다. 다만, 제1호에 해당하는 경우에는 그 지정을 취소하여야 한다.
1. 거짓이나 그 밖의 부정한 방법으로 지정을 받은 경우
2. 거점지구의 지정 목적을 달성하기 어렵다고 판단할 만한 상당한 이유가 있는 경우
[본조신설 2019. 12. 10.]
[종전 제23조의3은 제23조의4로 이동 <2019. 12. 10.>]
[시행일 : 2020.6.11.] 제23조의3

제23조의4(데이터센터의 구축 및 운영 활성화) ① 정부는 정보통신서비스의 제공을 위하여 다수의 정보통신기반을 일정한 공간에 집적시켜 통합 운영·관리하는 시설(이하 "데이터센터"라 한다)의 안정적인 운영과 효율적인 제공 등을 위하여 데이터센터의 구축 및 운영 활성화 시책을 수립·시행할 수 있다.
② 과학기술정보통신부장관은 민간 데이터센터의 구축 및 운영 활성화 시책을 수립·시행하고 이에 필요한 지원을 할 수 있다. <개정 2017. 7. 26.>
③ 행정안전부장관은 정부 및 공공 부문의 데이터센터의 구축 및 운영 활성화 시책을 수립·시행하고, 민간 데이터센터를 이용하는 공공기관의 정보통신서비스의 안정성과 신뢰성 등을 높이기 위하여 필요한 지원을 할 수 있다. <개정 2017. 7. 26.>
④ 제1항부터 제3항까지의 규정에 따른 시책의 수립·시행과 지원 대상·방법 등에 필요한 사항은 대통령령으로 정한다.
[본조신설 2015. 6. 22.]
[제23조의3에서 이동 <2019. 12. 10.>]
[시행일 : 2020. 6. 11.] 제23조의4

제24조(국제협력) ① 정부는 국가정보화에 관한 국제적 동향을 파악하고 국제협력을 추진하여야 한다.
② 정부는 국가정보화에 관한 국제협력을 추진하기 위하여 다음 각 호의 업무를 할 수 있다. <개정 2013. 5. 22.>
1. 국가정보화 관련 기술과 인력의 국제교류 지원
2. 국제표준화와 국제공동연구개발사업 등의 지원
3. 국가정보화와 관련된 국제기구 및 외국정부와의 협력
4. 국가정보화와 관련된 국제평가
5. 국가정보화와 관련된 민간부문의 국제협력 지원
6. 정보문화 창달, 정보격차 해소 및 인터넷중독 예방·해소와 관련된 국제협력
7. 그 밖에 국제협력과 관련하여 대통령령으로 정하는 사항

제2절 지식정보자원의 관리 및 활용

제25조(지식정보자원의 관리 등) ① 국가기관과 지방자치단체는 지식정보자원을 효율적으로 관리하여야 한다.

② 과학기술정보통신부장관은 지식정보자원의 효율적인 수집, 개발, 활용과 유통 등을 촉진하기 위하여 행정안전부장관 및 관계 기관의 장과 협의를 거쳐 다음 각 호의 사항이 포함된 중장기 지식정보자원 관리·발전계획을 대통령령으로 정하는 바에 따라 수립·시행하여야 한다. <개정 2013. 3. 23., 2014. 11. 19., 2015. 6. 22., 2017. 7. 26.>

1. 지식정보자원 관리의 기본방향
2. 지식정보자원의 관리 및 활용
3. 지식정보자원의 표준화 및 공동이용
4. 지식정보자원의 유통체계 구축
5. 지식정보자원 관리의 평가
6. 지식정보자원의 관리를 위한 재원 확보
7. 그 밖에 지식정보자원의 효율적인 수집, 개발 및 활용 등을 위하여 필요한 사항

③ 중앙행정기관의 장과 지방자치단체의 장은 소관 지식정보자원을 효율적으로 관리하고 그 활용을 촉진하기 위하여 적절한 시책을 마련하여야 하며, 과학기술정보통신부장관은 해당 기관의 시책 추진을 효율적으로 지원하기 위한 대책을 마련하여야 한다. <개정 2013. 3. 23., 2017. 7. 26.>

제26조(지식정보자원의 표준화) ① 과학기술정보통신부장관은 지식정보자원의 개발·활용 및 효율적인 관리를 위하여 다음 각 호의 사항과 관련된 표준화를 추진하여야 한다. 다만, 「산업표준화법」 등 다른 법률에 관련 표준이 있는 경우에는 그 표준을 따라야 한다. <개정 2013. 3. 23., 2017. 7. 26.>

1. 지식정보자원의 수집, 보존 및 전송
2. 지식정보자원의 공동활용
3. 그 밖에 지식정보자원의 개발·활용 및 효율적인 관리를 위하여 필요한 사항

② 지식정보자원의 표준화에 관한 사항은 대통령령으로 정한다.

제27조(중요지식정보자원의 지정 및 활용) ① 과학기술정보통신부장관은 행정안전부장관 및 관계 기관의 장과 협의를 거쳐 지식정보자원 중에서 보존 및 이용 가치가 높아 특별히 관리할 필요성이 있는 지식정보자원을 지정할 수 있다. <개정 2013. 3. 23., 2014. 11. 19., 2017. 7. 26.>

② 해당 중앙행정기관의 장과 지방자치단체의 장은 제1항에 따라 지정된 지식정보자원(이하 "중요지식정보자원"이라 한다)에 대한 디지털화 추진, 중요지식정보자원의 유통, 표준화 계획 등을 수립하여 과학기술정보통신부장관에게 통보하여야 한다. <개정 2013. 3. 23., 2017. 7. 26.>

③ 중요지식정보자원을 이용하려는 자는 보유하고 있는 기관의 장에게 중요지식정보자원을 제공하여 줄 것을 요청할 수 있다. 이 경우 제공에 드는 비용은 제공을 요청하는 자가 부담하게 할 수 있다.

④ 중요지식정보자원의 지정기준, 지정절차, 관리, 유통 및 제공방법 등에 필요한 사항은 대통령령으로 정한다.

제28조(전문기관의 지정) ① 과학기술정보통신부장관 및 행정안전부장관은 지식정보자원의 관리·유통·활용·표준화 및 중요지식정보자원의 지정·관리 등을 위한 사업을 효율적으로 추진하기 위하여 전문기관을 지정할 수 있으며, 전문기관의 업무 수행을 위하여 예산의 범위에서 출연할 수 있다. <개정 2013. 3. 23., 2014. 11. 19., 2017. 7. 26.>

② 전문기관의 지정 및 운영에 필요한 사항은 대통령령으로 정한다.

제4장 국가정보화의 역기능 방지

제1절 정보이용의 건전성 · 보편성 보장 및 인터넷 중독의 예방 · 해소 〈개정 2013. 5. 22.〉

제29조(정보문화의 창달) ① 국가기관과 지방자치단체는 모든 국민이 국가정보화의 편익을 누릴 수 있도록 다음 각 호의 사항을 포함한 정보문화의 창달 및 확산 시책을 마련하여야 한다.

1. 정보문화 교육과 관련 인력의 양성
2. 정보문화 창달을 위한 홍보
3. 정보문화 교육 콘텐츠의 개발 · 보급
4. 정보문화 창달을 위한 사업이나 활동을 하는 단체에 대한 지원
5. 정보문화의 향유 및 교류 활성화를 위한 제도와 그 기반조성에 관한 사항
6. 그 밖에 정보문화 창달을 위하여 필요한 사항

② 과학기술정보통신부장관은 관계 중앙행정기관의 장과 협의하여 「유아교육법」 제13조 및 「초 · 중등교육법」 제23조에 따라 교육부장관이 정하는 교육과정의 기준과 내용에 정보문화에 관한 교육내용이 포함될 수 있도록 노력하여야 한다. <개정 2013. 3. 23., 2017. 7. 26.>

제30조(인터넷중독의 예방 및 해소 계획 수립 등) ① 과학기술정보통신부장관은 3년마다 관계 중앙행정기관의 장과 협의하여 인터넷중독의 예방 및 해소를 위한 종합계획(이하 "종합계획"이라 한다)을 수립하여야 한다. <개정 2017. 7. 26.>

② 과학기술정보통신부장관 및 관계 중앙행정기관의 장은 매년 종합계획에 따라 인터넷중독의 예방 및 해소를 위한 추진계획(이하 "추진계획"이라 한다)을 수립 · 시행하여야 한다. <개정 2017. 7. 26.>

③ 종합계획과 추진계획의 수립 · 시행에 필요한 사항은 대통령령으로 정한다.

[전문개정 2013. 5. 22.]

제30조의2(인터넷중독 관련 계획 수립의 협조) ① 과학기술정보통신부장관 및 관계 중앙행정기관의 장은 종합계획 또는 추진계획 수립을 위하여 필요한 경우에는 관계 행정기관, 공공기관 및 단체의 장에게 필요한 자료의 제출 등 협조를 요청할 수 있다. <개정 2017. 7. 26.>

② 제1항에 따라 협조 요청을 받은 자는 특별한 사유가 없으면 그 요청에 따라야 한다.

[본조신설 2013. 5. 22.]

제30조의3 삭제 <2017. 10. 24.>

제30조의4 삭제 <2017. 10. 24.>

제30조의5 삭제 <2017. 10. 24.>

제30조의6(인터넷중독대응센터) ① 국가나 지방자치단체는 인터넷중독의 예방 및 해소를 위하여 인터넷중독대응센터(이하 "대응센터"라 한다)를 설치 · 운영할 수 있다.

② 대응센터는 다음 각 호의 업무를 수행한다.

1. 인터넷중독자에 대한 상담 및 치료
2. 인터넷중독 예방 및 해소에 관한 교육 · 홍보
3. 그 밖에 인터넷중독의 예방 및 해소를 위하여 필요한 사업

③ 그 밖에 대응센터의 설치 · 운영에 필요한 사항은 대통령령으로 정한다.

[본조신설 2013. 5. 22.]

제30조의7(인터넷중독 관련 전문인력 양성) 과학기술정보통신부장관은 관계 중앙행정기관의 장과 협의하여 인터넷중독의 예방 및 해소와 관련된 전문인력 양성에 필요한 정책을 시행할 수 있다. <개정 2017. 7. 26.>

[본조신설 2013. 5. 22.]

제30조의8(인터넷중독 관련 교육) ① 국가기관 및 지방자치단체는 인터넷중독의 예방 및 해소를 위하여 필요한 교육을 실시할 수 있다.

② 다음 각 호의 어느 하나에 해당하는 기관의 장은 인터넷중독의 예방 및 해소를 위한 교육을 다음 각 호의 구분에 따라 실시하고, 그 결과를 과학기술정보통신부장관에게 제출하여야 한다. <개정 2018. 2. 21.>

1. 「영유아보육법」 제2조제3호에 따른 어린이집: 연 1회 이상
2. 「유아교육법」 제2조제2호에 따른 유치원: 연 1회 이상
3. 「초·중등교육법」 제2조 각 호에 따른 학교: 반기별 1회 이상
4. 「고등교육법」 제2조 각 호에 따른 학교: 연 1회 이상
5. 그 밖에 대통령령으로 정하는 공공기관: 연 1회 이상

③ 과학기술정보통신부장관은 제2항에 따른 교육 실시 결과를 매년 점검하여야 한다. <신설 2018. 2. 21.>

④ 과학기술정보통신부장관은 제3항에 따른 점검 결과 교육이 부실하다고 인정되는 기관에 대하여 대통령령으로 정하는 바에 따라 관리자 특별교육 등 필요한 조치를 하여야 한다. <신설 2018. 2. 21.>

⑤ 국가기관 및 지방자치단체는 제2항에 따른 교육에 필요한 재정적·행정적 지원을 할 수 있다. <개정 2018. 2. 21.>

⑥ 제1항 및 제2항에 따른 교육의 내용과 방법, 교육 실시 결과의 제출, 제3항에 따른 점검 등에 필요한 사항은 대통령령으로 정한다. <개정 2018. 2. 21.>

[본조신설 2013. 5. 22.]

제31조(정보격차 해소 시책의 마련) 국가기관과 지방자치단체는 모든 국민이 정보통신서비스에 원활하게 접근하고 정보를 유익하게 활용할 기본적 권리를 실질적으로 누릴 수 있도록 필요한 시책을 마련하여야 한다.

제32조(장애인·고령자 등의 정보 접근 및 이용 보장) ① 국가기관등은 정보통신망을 통하여 정보나 서비스를 제공할 때 장애인·고령자 등이 쉽게 웹사이트와 이동통신단말장치(「전파법」에 따라 할당받은 주파수를 사용하는 기간통신역무를 이용하기 위하여 필요한 단말장치를 말한다. 이하 같다)에 설치되는 응용 소프트웨어를 이용할 수 있도록 접근성을 보장하여야 한다. <개정 2018. 2. 21.>

② 정보통신서비스 제공자는 그 서비스를 제공할 때 장애인·고령자 등의 접근과 이용의 편익을 증진하기 위하여 노력하여야 한다. <개정 2013. 5. 22.>

③ 정보통신 관련 제조업자는 정보통신기기 및 소프트웨어(이하 "정보통신제품"이라 한다)를 설계, 제작, 가공할 때 장애인·고령자 등이 쉽게 접근하고 이용할 수 있도록 노력하여야 한다. 이 경우 장애인·고령자 등이 별도의 보조기구 없이 정보통신제품을 이용할 수 없는 경우에는 정보통신제품이 보조기구와 호환될 수 있게 노력하여야 한다. <개정 2018. 2. 21.>

④ 국가기관등은 정보통신제품을 구매할 때 장애인·고령자 등의 정보 접근과 이용 편의를 보장한 정보통신제품을 우선하여 구매하도록 노력하여야 한다.

⑤ 과학기술정보통신부장관은 장애인·고령자 등의 정보 접근 및 이용 편의 증진을 위한 정보통신서비스 및 정보통신제품 등의 종류·지침 등을 정하여 고시하여야 한다. <개정 2013. 3. 23., 2017. 7. 26.>

제32조(장애인·고령자 등의 정보 접근 및 이용 보장) ① 국가기관등은 정보통신망을 통하여 정보나 서비스를 제공할 때 장애인·고령자 등이 웹사이트와 이동통신단말장치(「전파법」에 따라 할당받은 주파수를 사용하는 기간통신역무를 이용하기 위하여 필요한 단말장치를 말한다. 이하 같다)에 설치되는 응용 소프트웨어 등 대통령령으로 정하는 유선·무선 정보통신을 쉽게 이용할

수 있도록 접근성을 보장하여야 한다. <개정 2018. 2. 21., 2019. 12. 10.>
② 정보통신서비스 제공자는 그 서비스를 제공할 때 장애인ㆍ고령자 등의 접근과 이용의 편익을 증진하기 위하여 노력하여야 한다. <개정 2013. 5. 22.>
③ 정보통신 관련 제조업자는 정보통신기기 및 소프트웨어(이하 "정보통신제품"이라 한다)를 설계, 제작, 가공할 때 장애인ㆍ고령자 등이 쉽게 접근하고 이용할 수 있도록 노력하여야 한다. 이 경우 장애인ㆍ고령자 등이 별도의 보조기구 없이 정보통신제품을 이용할 수 없는 경우에는 정보통신제품이 보조기구와 호환될 수 있게 노력하여야 한다. <개정 2018. 2. 21.>
④ 국가기관등은 정보통신제품을 구매할 때 장애인ㆍ고령자 등의 정보 접근과 이용 편의를 보장한 정보통신제품을 우선하여 구매하도록 노력하여야 한다.
⑤ 과학기술정보통신부장관은 장애인ㆍ고령자 등의 정보 접근 및 이용 편의 증진을 위한 정보통신서비스 및 정보통신제품 등의 종류ㆍ지침 등을 정하여 고시하여야 한다. <개정 2013. 3. 23., 2017. 7. 26.>
[시행일 : 2020.6.11.] 제32조

제32조의2(웹접근성과 이동통신단말장치에 설치되는 응용 소프트웨어접근성 품질인증 등) ① 과학기술정보통신부장관은 장애인ㆍ고령자 등의 정보 접근 및 이용 편의를 증진하기 위하여 인증기관을 지정하여 웹사이트와 이동통신단말장치에 설치되는 응용 소프트웨어를 통하여 제공되는 정보통신서비스에 대한 접근성 품질인증(이하 "웹접근성과 이동통신단말장치에 설치되는 응용 소프트웨어접근성 품질인증"이라 한다)을 하게 할 수 있다. <개정 2017. 7. 26., 2018. 2. 21.>
② 제1항에 따라 인증기관의 지정을 받으려는 자는 과학기술정보통신부장관에게 인증기관 지정을 신청하여야 한다. <개정 2017. 7. 26.>
③ 웹접근성과 이동통신단말장치에 설치되는 응용 소프트웨어접근성 품질인증을 받으려는 자는 제1항 및 제2항에 따라 지정된 인증기관에 인증을 신청하여야 한다. <개정 2018. 2. 21.>
④ 제1항부터 제3항까지의 규정에 따른 인증기관 지정의 기준, 인증의 기준ㆍ절차ㆍ방법ㆍ유효기간, 수수료 부과 및 그 밖에 웹접근성과 이동통신단말장치에 설치되는 응용 소프트웨어접근성 품질인증 제도 운영에 필요한 사항은 대통령령으로 정한다. <개정 2018. 2. 21.>
[본조신설 2013. 5. 22.]
[제목개정 2018. 2. 21.]

제32조의3(인증기관 지정의 취소 등) ① 과학기술정보통신부장관은 제32조의2제1항에 따라 인증기관으로 지정받은 기관이 다음 각 호의 어느 하나에 해당하면 그 지정을 취소하거나 1년 이내의 기간을 정하여 해당 업무의 전부 또는 일부의 정지를 명할 수 있다. 다만, 제1호 및 제2호에 해당하는 경우에는 그 지정을 취소하여야 한다. <개정 2017. 7. 26.>
1. 거짓이나 그 밖의 부정한 방법으로 인증기관의 지정을 받은 경우
2. 업무정지기간 중에 인증 업무를 한 경우
3. 정당한 사유 없이 인증 업무를 수행하지 아니한 경우
4. 제32조의2제4항에 따른 인증기관 지정 기준에 적합하지 아니하게 된 경우
5. 제32조의2제4항에 따른 인증 기준 또는 절차를 위반하여 인증을 한 경우
② 제1항에 따른 지정 취소 및 업무 정지 등에 필요한 사항은 대통령령으로 정한다.
[본조신설 2013. 5. 22.]

제32조의4(웹접근성과 이동통신단말장치에 설치되는 응용 소프트웨어접근성 품질인증의 표시 등) ① 웹접근성과 이동통신단말장치에 설치되는 응용 소프트웨어접근성 품질인증을 받은 자는 해당 정보통신서비스를 제공할 때 대통령령으로 정하는 바에 따라 웹접근성과 이동통신단말장치에 설치되는 응용 소프트웨어접근성 품질인증 내용을 표시하거나 웹접근성과 이동통신단말장치에 설치되는 응용 소프트웨어접근성 품질인증을 받은 사실을 홍보할 수 있다. <개정 2018. 2. 21.>
② 제32조의2에 따라 웹접근성과 이동통신단말장치에 설치되는 응용 소프트웨어접근성 품질

인증을 받지 아니한 자는 제1항에 따른 웹접근성과 이동통신단말장치에 설치되는 응용 소프트웨어접근성 품질인증의 표시 또는 이와 유사한 표시를 하거나 웹접근성과 이동통신단말장치에 설치되는 응용 소프트웨어접근성 품질인증을 받은 것으로 홍보를 하여서는 아니 된다. <개정 2018. 2. 21.>

[본조신설 2013. 5. 22.]

[제목개정 2018. 2. 21.]

제32조의5(웹접근성과 이동통신단말장치에 설치되는 응용 소프트웨어접근성 품질인증의 취소) 인증기관의 장은 웹접근성과 이동통신단말장치에 설치되는 응용 소프트웨어접근성 품질인증을 받은 자가 다음 각 호의 어느 하나에 해당하는 경우에는 웹접근성과 이동통신단말장치에 설치되는 응용 소프트웨어접근성 품질인증을 취소할 수 있다. 다만, 제1호에 해당하는 때에는 인증을 취소하여야 한다. <개정 2018. 2. 21.>

1. 거짓이나 그 밖의 부정한 방법으로 웹접근성과 이동통신단말장치에 설치되는 응용 소프트웨어접근성 품질인증을 받은 경우
2. 제32조의2제4항에 따른 웹접근성과 이동통신단말장치에 설치되는 응용 소프트웨어접근성 품질인증 기준을 지키지 아니한 경우
3. 「인터넷주소자원에 관한 법률」 제12조 또는 제18조의2에 따라 도메인이름등이 말소 또는 이전된 경우

[본조신설 2013. 5. 22.]

[제목개정 2018. 2. 21.]

제33조(정보격차의 해소와 관련된 기술 개발 및 보급지원) ① 국가기관과 지방자치단체는 장애인·고령자 등의 정보 접근 및 이용환경 개선을 위한 관련 기술을 개발하기 위하여 필요한 시책을 마련하여야 하며, 과학기술정보통신부장관은 관련 기술의 개발을 지원할 수 있다. <개정 2013. 3. 23., 2017. 7. 26.>

② 국가기관과 지방자치단체는 다음 각 호의 사업자에게 재정 지원 및 기술적 지원을 할 수 있다.

1. 장애인·고령자 등의 정보 접근 및 이용환경 개선을 위하여 정보통신제품을 개발·생산하는 사업자
2. 장애인·고령자·농어민·저소득자를 위한 콘텐츠를 제공하는 사업자
3. 제1항에 따른 관련 기술을 개발·보급하는 사업자

③ 제2항에 따른 지원대상자의 선정·지원 방법 및 절차 등에 관한 사항은 대통령령으로 정한다.

제34조(정보통신제품의 지원) 국가기관과 지방자치단체는 다음 각 호의 어느 하나에 해당하는 사람에게 대통령령으로 정하는 바에 따라 유상 또는 무상으로 정보통신제품을 제공할 수 있다.

1. 「장애인복지법」 제2조에 따른 장애인
2. 「국민기초생활 보장법」 제2조제1호에 따른 수급권자
3. 그 밖에 경제적, 지역적, 신체적 또는 사회적 제약으로 인하여 정보를 이용하기 어려운 사람으로서 대통령령으로 정하는 사람

제35조(정보격차해소교육의 시행 등) ① 국가기관과 지방자치단체는 정보격차의 해소를 위하여 필요한 교육(이하 이 조에서 "정보격차해소교육"이라 한다)을 시행하여야 한다.

② 국가기관과 지방자치단체는 다음 각 호의 어느 하나에 해당하는 사람에 대한 정보격차해소교육 비용의 전부 또는 일부를 부담할 수 있다.

1. 「장애인복지법」 제2조에 따른 장애인 중 대통령령으로 정하는 사람
2. 「국민기초생활 보장법」 제2조제2호에 따른 수급자
3. 「북한이탈주민의 보호 및 정착지원에 관한 법률」 제2조제1호에 따른 북한이탈주민
4. 그 밖에 국가의 부담으로 정보격차해소교육을 할 필요가 있다고 대통령령으로 정하는 사람

③ 정부는 정보격차해소교육이나 정보격차해소교육에 필요한 시설의 관리를 위하여 「병역법」

제2조에 따른 사회복무요원 등 필요한 인력을 지원할 수 있다. <개정 2013. 6. 4.>
④ 정보격차해소교육의 대상 및 종류는 대통령령으로 정한다.

제36조(재원의 조달) ① 국가기관과 지방자치단체는 다음 각 호의 사항에 관한 시책을 시행하기 위하여 필요한 재원을 확보하도록 노력하여야 한다. <개정 2013. 5. 22.>
1. 정보문화의 창달
2. 정보격차의 해소
3. 인터넷중독의 예방 및 해소
4. 건전한 정보통신윤리의 확립

② 국가기관과 지방자치단체는 제1항 각 호의 사항에 관한 시책을 시행하기 위하여 국가 예산 또는 지방자치단체의 예산으로 관련 사업을 지원할 수 있다. <개정 2013. 5. 22.>

제2절 정보이용의 안전성 및 신뢰성 보장

제37조(정보보호 시책의 마련) ① 국가기관과 지방자치단체는 정보를 처리하는 모든 과정에서 정보의 안전한 유통을 위하여 정보보호를 위한 시책을 마련하여야 한다.
② 정부는 암호기술의 개발과 이용을 촉진하고 암호기술을 이용하여 정보통신서비스의 안전을 도모할 수 있는 조치를 마련하여야 한다.

제38조(정보보호시스템에 관한 기준 고시 등) ① 과학기술정보통신부장관은 관계 기관의 장과 협의하여 정보보호시스템의 성능과 신뢰도에 관한 기준을 정하여 고시하고, 정보보호시스템을 제조하거나 수입하는 자에게 그 기준을 지킬 것을 권고할 수 있다. <개정 2013. 3. 23., 2017. 7. 26.>
② 과학기술정보통신부장관은 유통 중인 정보보호시스템이 제1항에 따른 기준에 미치지 못할 경우에 정보보호시스템의 보완 및 그 밖에 필요한 사항을 권고할 수 있다. <개정 2013. 3. 23., 2017. 7. 26.>
③ 제1항에 따른 기준을 정하기 위한 절차와 제2항에 따른 권고에 관한 사항 및 그 밖에 필요한 사항은 대통령령으로 정한다.

제39조(개인정보 보호 시책의 마련) 국가기관과 지방자치단체는 국가정보화를 추진할 때 인간의 존엄과 가치가 보장될 수 있도록 개인정보 보호를 위한 시책을 마련하여야 한다.

제40조(건전한 정보통신윤리의 확립) 국가기관과 지방자치단체는 건전한 정보통신윤리를 확립하기 위하여 미풍양속을 해치는 불건전한 정보의 유통을 방지하고 건강한 국민정서를 함양하며, 불건전한 정보로부터 국민을 보호하기 위하여 다음 각 호의 사항을 포함한 시책을 마련하여야 한다. <개정 2013. 5. 22.>
1. 정보통신윤리 확립을 위한 교육, 전문인력 양성 및 홍보
2. 정보통신윤리 교육 콘텐츠 개발·보급
3. 정보통신윤리 관련 연구 및 개발
4. 정보통신윤리 관련 단체에 대한 지원
5. 건전한 정보이용 환경 조성을 위한 제도 마련 등

[제목개정 2013. 5. 22.]

제41조(이용자의 권익 보호 등) ① 국가기관과 지방자치단체는 국가정보화를 추진할 때 이용자의 권익보호를 위하여 다음 각 호의 시책을 마련하여야 한다.
1. 이용자의 권익보호를 위한 홍보·교육 및 연구
2. 이용자의 권익보호를 위한 조직 활동의 지원 및 육성
3. 이용자의 명예·생명·신체 및 재산상의 위해 방지
4. 이용자의 불만 및 피해에 대한 신속·공정한 구제조치
5. 그 밖에 이용자 보호와 관련된 사항

② 정보통신서비스 제공자는 사업을 할 때 이용자를 보호하기 위하여 필요한 조치를 마련하여야 한다.

제42조(지식재산 및 지식재산권의 보호) ①국가기관등은 국가정보화를 추진할 때 「지식재산 기본법」 제3조제3호에 따른 지식재산권이 합리적으로 보호될 수 있도록 필요한 시책을 마련하여야 한다. <개정 2011. 5. 19., 2015. 6. 22.>

② 국가기관등은 국가정보화를 추진할 때 정보통신서비스 제공자 등의 「지식재산 기본법」 제3조제1호에 따른 지식재산에 관한 권리 또는 이익을 침해하여서는 아니 된다. <신설 2015. 6. 22.>

③ 제2항의 위반으로 그 권리 또는 이익을 침해받거나 침해받을 우려가 있는 자는 「정보통신 진흥 및 융합 활성화 등에 관한 특별법」 제7조제5항에 따른 실무위원회에 진정을 제기할 수 있다. <신설 2015. 6. 22., 2018. 10. 16.>

④ 제3항에 따른 진정의 접수, 처리 등에 필요한 사항은 대통령령으로 정한다. <신설 2015. 6. 22.>

[제목개정 2011. 5. 19., 2015. 6. 22.]

제5장 정보통신기반의 고도화 〈개정 2015. 6. 22.〉

제43조(전담기관의 지정 등) ① 과학기술정보통신부장관은 광대역통합정보통신기반의 원활한 구축과 이용촉진을 위하여 필요한 때에는 홍보, 국제협력, 기술개발 등 그 업무를 전담할 기관(이하 "전담기관"이라 한다)을 분야별로 지정할 수 있다. <개정 2017. 7. 26.>

② 정부는 광대역통합정보통신기반의 구축 및 이용촉진과 관련된 업무를 수행하는 데 소요되는 자금을 전담기관에 출연하거나 융자 등을 할 수 있다.

③ 전담기관은 제2항에 따른 자금을 별도로 관리하여야 한다.

④ 전담기관의 지정 및 운영 등에 관하여 필요한 사항은 대통령령으로 정한다.

[전문개정 2015. 6. 22.]

제44조(초고속국가망의 관리 등) ① 과학기술정보통신부장관은 국가재정으로 공공기관과 대통령령으로 정하는 비영리기관(이하 "비영리기관등"이라 한다)이 이용하는 초고속정보통신망(이하 "초고속국가망"이라 한다)을 구축・관리하거나 제43조에 따라 지정된 전담기관으로 하여금 구축・관리하게 할 수 있다. <개정 2017. 7. 26.>

② 과학기술정보통신부장관은 비영리기관등이 초고속국가망을 최소의 비용으로 이용할 수 있도록 필요한 시책을 강구하여야 한다. <개정 2017. 7. 26.>

③ 초고속국가망의 구축・관리에 관하여 필요한 사항은 대통령령으로 정한다.

[전문개정 2015. 6. 22.]

제45조(광대역통합연구개발망의 구축・관리 등) ① 과학기술정보통신부장관은 광대역통합정보통신망의 구축을 촉진하기 위하여 국가재정으로 광대역통합연구개발망을 구축・관리・운영하거나 제43조에 따라 지정된 전담기관으로 하여금 구축・관리・운영하게 할 수 있다. <개정 2017. 7. 26.>

② 과학기술정보통신부장관은 광대역통합정보통신망의 품질관리를 위하여 필요한 시책을 강구하여야 한다. <개정 2017. 7. 26.>

[전문개정 2015. 6. 22.]

제46조(광대역통합정보통신망 확충을 위한 협조 등) ① 정부는 광대역통합정보통신망의 원활한 확충을 위하여 관로・공동구・전주 등(이하 "관로등"이라 한다)의 시설의 효율적 확충・관리에 필요한 시책을 강구하여야 한다.

② 「전기통신사업법」 제6조에 따른 기간통신사업자, 「방송법」 제2조에 따른 종합유선방송사업자 및 중계유선방송사업자(이하 이 조에서 "기간통신사업자등"이라 한다)는 도로, 철도, 지하철도, 상・하수도, 전기설비, 전기통신회선설비 등을 건설・운용・관리하는 기관의 장에 대하여 필요한 비용부담을 조건으로 전기통신 선로설비(「방송법」 제80조에 따른 전송・선로설비를 포

함한다)의 설치를 위한 관로등의 건설 또는 대여를 요청할 수 있다.

③ 기간통신사업자등은 제2항의 기관과 관로등의 건설 또는 대여에 관한 합의가 이루어지지 아니할 경우 과학기술정보통신부장관에게 조정을 요청할 수 있다. <개정 2017. 7. 26.>

④ 과학기술정보통신부장관은 제3항에 따른 조정요청을 받아 조정을 할 경우 관계 중앙행정기관의 장과 사전에 협의하여야 한다. <개정 2017. 7. 26.>

⑤ 제2항부터 제4항까지에 따른 건설 또는 대여의 요청 및 합의와 조정에 관하여 필요한 사항은 대통령령으로 정한다.

[전문개정 2015. 6. 22.]

제47조(인터넷주소자원의 이용) 국가기관등이 「인터넷주소자원에 관한 법률」 제2조제1호에 따른 인터넷주소를 사용하여 정보통신기반 및 웹사이트를 신규로 구축하거나 이미 구축・운영하고 있는 정보통신기반 및 웹사이트를 재구축할 때에는 128비트로 확장된 인터넷주소를 이용하도록 노력하여야 한다.

[전문개정 2015. 6. 22.]

제6장 보칙 〈개정 2015. 6. 22.〉

제48조(연차보고 등) ① 정부는 매년 국가정보화의 동향과 시책에 관한 보고서를 정기국회 개회 전까지 국회에 제출하여야 한다.

② 과학기술정보통신부장관은 다음 각 호의 사항에 관한 실태조사를 하고 그 결과를 종합하여 제1항에 따른 보고서에 포함하여야 한다. <개정 2017. 7. 26.>

1. 정보화 선도사업의 추진 실태
2. 지식정보자원 관리의 실태
3. 정보문화 시책의 추진 실태
4. 정보격차의 실태 및 해소 현황
5. 인터넷중독 실태 및 조치 현황
6. 그 밖에 대통령령으로 정하는 사항

③ 제2항에 따른 실태조사에 필요한 사항은 대통령령으로 정한다.

[전문개정 2015. 6. 22.]

제49조(지표조사) 과학기술정보통신부장관은 사회 각 분야의 정보화에 대한 지표를 조사하고 개발하여 보급하여야 한다. <개정 2017. 7. 26.>

[전문개정 2015. 6. 22.]

제50조(자료 제출의 요청) 과학기술정보통신부장관은 다음 각 호의 사항을 위하여 필요하면 국가기관등에 자료 제출을 요청할 수 있다. <개정 2017. 7. 26.>

1. 제6조에 따른 기본계획의 수립 및 변경의 지원
2. 제7조 및 제8조에 따른 시행계획의 심의 및 조정의 지원
3. 제24조에 따른 국제협력
4. 제27조에 따른 중요지식정보자원의 관리
5. 제48조에 따른 연차보고

[전문개정 2015. 6. 22.]

제51조(권한의 위임 및 위탁) ① 이 법에 따른 과학기술정보통신부장관 및 행정안전부장관의 권한은 그 일부를 대통령령으로 정하는 바에 따라 과학기술정보통신부 및 행정안전부 소속 기관의 장이나 지방자치단체의 장에게 위임하거나 다른 행정기관의 장에게 위탁할 수 있다. <개정 2017. 7. 26.>

② 과학기술정보통신부장관은 다음 각 호의 권한을 대통령령으로 정하는 바에 따라 정보화진

흥원에 위탁할 수 있다. <개정 2017. 7. 26.>
1. 제13조제5항에 따른 과학기술정보통신부 소관 사업관리 전문지원체계의 운영
2. 제23조의2에 따른 정보화 선도사업의 추진 및 지원
3. 삭제 <2017. 10. 24.>
4. 제32조의2제2항에 따른 인증기관 지정 신청의 접수
[전문개정 2015. 6. 22.]

제52조(과태료) ① 제14조제7항을 위반한 자에게는 500만원 이하의 과태료를 부과한다.
② 제32조의4제2항을 위반한 자에게는 300만원 이하의 과태료를 부과한다. <개정 2017. 10. 24.>
③ 제1항 및 제2항에 따른 과태료는 과학기술정보통신부장관이 부과・징수한다. <개정 2017. 7. 26.>
[본조신설 2015. 6. 22.]

부칙〈제15786호, 2018. 10. 16.〉
(정보통신 진흥 및 융합 활성화 등에 관한 특별법)

제1조(시행일) 이 법은 공포 후 3개월이 경과한 날부터 시행한다.

제2조부터 제4조까지 생략

제5조(다른 법률의 개정) 국가정보화 기본법 일부를 다음과 같이 개정한다.
제42조제3항 중 "제9조제1항에 따른 정보통신 활성화추진 실무위원회"를 "제7조제5항에 따른 실무위원회"로 한다.

저자약력

최기종

세종대학교 일반대학원 경영학 박사
경복대학교 관광학부 정교수/관광교육원장
대통령소속 지방분권촉진위원회 실무위원
국무총리실 정부업무평가위원회 평가위원
국가보훈처 자체평가위원회 위원
현) 행정안전부 합동평가위원회 문화체육분과 위원장
한국산업인력공단 관광분야 국가자격시험 출제위원
대구보건대학교 교수
한국축제관광연구원 원장/축제총괄PD
춘천강촌힐링페스티벌 조직위원회 총감독
춘천막국수닭갈비축제 조직위원회 총감독
춘천시 홍보대사
트로트작사가(대한민국 제1호 가사문학 등단)

저서 및 논문 | 관광서비스실무, 관광학개론, 문화관광, 관광자원해설, 소양강의 봄, 어머니와 인절미 외 다수
도시관광 행동에 영향을 미치는 이미지, 환경단서, 가치지각 변수의 구조적 체계에 관한 연구 외 다수

박상현

한양대학교 일반대학원 관광학과 박사
한양대학교 일반대학원 관광학과 석사
금오공과대학교 전자계산기공학과 학사
The University of Waikato, New Zealand, Visiting Professor
관광종사원 국가자격시험 심사위원
현) 한양사이버대학교 호텔관광경영학과 교수

저서 및 논문 | 롯데닷컴 여행사업부의 영업전략, 경영교육연구, 11(2)
Flow and Influence in Destination Website, International Journal of Tourism Sciences, 3(1) 외 다수

문승일

한양대학교 일반대학원 관광학과 박사 수료
한양대학교 호스피탈리티 아카데미 연구교수
한양대학교 관광연구소 책임연구원
베니키아(BENIKEA) 호텔운영본부 웹마스터 / e-business 실장
(사)한국호텔관광학회 이사
경찰청 인터넷 명예경찰관 / 무선종사자 국가자격

저서 및 논문 | 환경 친화적인 호텔 객실 속성에 관한 연구, 호텔경영학연구, 17(1)
외식산업진흥을 위한 관련 법률 제정의 타당성에 대한 입법학적 연구, 외식경영연구, 13(3)
의료관광 활성화를 위한 제도적 개선 방안에 관한 연구, 관광연구논총, 22(2) 외 다수

관광정보론

2011년 6월 30일 초 판 1쇄 발행
2020년 3월 10일 제3판 1쇄 발행

지은이 최기종 · 박상현 · 문승일
펴낸이 진욱상
펴낸곳 백산출판사
교 정 편집부
본문디자인 오행복
표지디자인 오정은

등 록 1974년 1월 9일 제406-1974-000001호
주 소 경기도 파주시 회동길 370(백산빌딩 3층)
전 화 02-914-1621(代)
팩 스 031-955-9911
이메일 edit@ibaeksan.kr
홈페이지 www.ibaeksan.kr

ISBN 979-11-5763-958-8 93980
값 23,000원